三民叢刊126

古典與現實之間

杜正勝著

三民書局印行

序言

杜正勝

本書收集的篇章大多是近幾年來我所寫的帶有學術意味的雜文，就我個人的文字分類，介乎學術論著和時局評論之間。承蒙三民書局劉振強先生和編輯部的美意，出版這類「非牛非馬」的文字，使我個人的一些理念得以問世，向社會人士請教，我個人由衷感激。

所謂個人的一些理念倒不全指各個篇章的內容，而是知識的領域和作文的形式。傳統的歷史學用世的目的至為明顯，對統治者來說，歷史知識是協助他治國理民的工具；現代歷史學，讀史則想從史書中尋求知識——不因個人或時代好惡而變異的真知識，相信這種真知識對人類才有實際的用處。不過歷史到底是探索人群之行為、思想、情感和心態的學問，與純粹自然物不同性質；歷史學家之於研究對象，和自然科學家之於研究對象，這兩組對立關係是不可能相似的。歷史家在真知識的探索之餘，避免不了對研究對象產生一些感發或關懷，自然科學家即使偶而有之，也不會像歷史家那麼明顯。

歷史學家從真知的追求到感與的抒發，像一道光譜，可以分成好些層次，一般用「客觀性」或「主觀性」來表達，並不正確。因為即使主觀的意見或議論，一旦獲得共鳴，便具有它的客觀基礎，至於以追求客觀真知為目的的學術著作那就更不用說了。但學術著作可能不帶一些歷史家的「主觀」嗎？倒也未必，諸如文化傳統對歷史家的規範，時空環境對歷史家的刺激，以及歷史家個性對外界的反應，任誰也難免這種「主觀性」的，所以在這光譜上我寧願用「有意識」或「無意識」來描述。學術著作的主觀性是無意識的，然而一旦命題論文，一字一句皆須力求客觀性，經得起檢驗。相對的，時局評論的主觀性則是有意識的，但非有其客觀基礎也不足以服人。這本集子既然介乎學術論著與時局評論之間，作者顯然針對他追求的客觀知識比較有意識地現身說法，交待他治學生涯的心路歷程，述說他走出學院面對現實社會的關懷。但話題仍然離不開知識，只是把學術問題講得淺顯些罷了。

前人教人讀書要讀「字裡行間」，尤其歷史這種知識，字面寫的容易，中人以上之資只要勤奮，終必有一定的成就，若要能「得其間」，則非人人可能的。得間，無疑是史學是否成家或達到極致的一項重要標準，自太史公「究天人之際」以下，到晚近令人擊節讚歎的論著，大概都能在大家習見的資料之「間」給我們開啟一片新天地。我用「古典與現實之間」做這本集子的書名，正表示我雖不能至而猶嚮往之的心情。說「古典」，因為我的史學專業是古典時代；說「現實」，因為我作為一個歷史家要時時提醒我關注我所處的時空環境。「古典」和「現實」的「間」是怎樣的一種境界？說得白一點是希望從古典文明尋找解決現實問題的泉源，從現實問題來理解古典文明的奧義。中國人說「獨具隻眼」，大概也只有獨具隻眼的人才能得各事物之「間」吧。這個「間」我追求過，現在仍然不斷地追求，不敢說能看得出多真實、多高妙，但對我而言，必有無數境界，而且它們是與日俱增的。讀者讀這本集子，當然也可能浮現種種不同的境界，盼望能用這種眼光來看這本集子涉及的課題。至於本書分作「歷史的滋味」、「古典的情懷」、「歷史家素描」和「史學新天地」這四個篇目，不過發揮一點提醒作用而已。

最後感謝允晨出版公司，他們允許我把〈孔子是力士嗎？〉以下四篇從《古代社會與國家》移來這裡，性質與本書比較相近。感謝訪問過我的幾位先生、女士，從他們的眼光，用他們的筆墨來敘述我的一些私見和我做過的一些工作，他們願意讓訪問稿收入本書，構成一個內容諧調而且可以互補的單元。這本集子的原稿大半是歷史語言研究所的助理林明雪和陳淑梅兩位小姐輸入電腦的，由於她們工作的俐落和細密，省卻我不少時間和精力，也是要特別感謝的。

民國八十四年乙亥十二月廿四日
于中央研究院歷史語言研究所

古典與現實之間 目次

古典的情懷

歷史家素描

史學新天地

歷史的滋味

新時代　新史學

史學是以時間發展為主軸的學問，對時代的變化比其他學科更敏感。一個時代必有一個時代的史學，新的時代往往蘊育出新的史學。

一九九〇年春天有一種以前瞻、開放、嘗試態度研究中國歷史的學術刊物在臺北問世，它就是《新史學》。

《新史學》創刊之日，二十世紀只剩下最後十年；值此世紀之末，一個新的世界秩序正急遽蘊釀中。由於電子計算機之深入社會，普及民間，我們清晰地看到人類智識將引起革命性的改變；由於太平洋盆地西沿生產力之崛起，全球經濟重心也必將大幅調整轉移；由於蘇聯與東歐最近一連串驚天動地的政治改革，二次大戰以來均衡與對立的局面也可能轉換，產生嶄新的架構。這些趨勢如果再持續發展下去，到二十一世紀，人類必另有一番新的世界觀，企盼另一番新的展望，本世紀來做為「正義」和「真理」化身的種種意識型態必喪失其激情與煽動力，但同時人類也會產生新問題和新危機。在一個眼光、觀念更新的時代裡，人類對於過往的歷史亦將重新反省，重新認識。我們相信世界局勢一旦打破資本主義與社會主義兩極化的對立，百餘年來依附在這兩大壁壘而締造的種種歷史觀，勢必紛紛修正；歷史家亦將自我解放，更自主、更客觀地了解歷史的本質和人類生存的目的。時代環境的轉變將是刺激新史學誕生的最佳契機。

大凡傑出史學家輩出的時代，他們的著作便代表一種「新史學」。第二次大戰以後，歐洲史學界蔚成一股風尚的年鑑學派，注重社會經濟以及心態文化的研究，相對於十九世紀的歷史著作是一種新史學，到七〇年代大家遂冠以「新史學」之名。然而十九世紀下半葉德國史學家利用政府檔案建立歐洲的政治史和外交史，在當時何嘗不是非常新穎的史學！最近已有人開始反省這股流行數十年的「新史學」：他們開始思考社會經濟是否一定比政治對人類歷史的影響更具關鍵地位？歷史著作分析是否一定比敘述更高明？古人說：「後之視今，亦猶今之視昔。」任何學風既然不可能一成不變，我們並不想再來提倡一種「新舊史學」或「新新史學」。

中國也曾發生史學新舊的問題。本世紀初梁任公針對傳統史學的弊端，提出「敘述人群進化現象而追求其公理公例」的「新史學」。二〇年代末特別強調新史料的傅孟真，三〇年代中專攻社會經濟史的陶希聖，和四十年來以馬恩史觀作骨架的中國大陸的史學，也都是各種不同形式的「新史學」。梁氏之新史學乃上世紀歐洲社會科學的餘緒；傅氏「史學即史料學」的矯枉過正，長年以來遭受不同程度的批評；陶氏的《食貨》過分重視經濟社會層次，亦有時而窮；至於以史觀作導引的大陸馬克思史學派，基本上已背離史學的本質。凡此種種都暴露近一世紀來，中國出現的各種新史學，並不盡令人滿意。近代中國多難，歷史研究不如歐美波瀾壯闊，然而推陳出新，新又成舊的軌跡則如出一轍。

史學本應隨著時代社會而發展，能揭發真理，啟示人類，導引文明的便是新，否則為舊。近人喜以「形式」衡量新舊，譬如說採取某某方法的研究謂之新，否則為舊；運用某某觀念的著述謂之新，否則亦為舊。研究著述的內容雖與形式不可截然分割，但形式只是達成目的的手段，過於偏重，難免有買櫝還珠之憾。

在新時代的前夕，臺灣一群史學工作者籌辦這份史學雜誌——《新史學》——以迎接新時代的到臨。《新史學》不想取代任何形式的所謂「舊史學」，而是要嘗試各種方法（不論已用未用），拓展各種眼界（不論已識未識），以探索歷史的真實和意義。他們吸取歷史教訓，不要創造某一新學派，毋寧更要呼籲史學同道，在新的解放時代中，共同培養一種不斷追求歷史真實和意義的新風氣。二十世紀以來中國或世界史學界所積累的問題：研究對象譬如個人與群體的平衡，研究進程譬如方法與資料的調適，表達方式譬如分析與描述的取擇，他們希望藉著砌磋、摸索，慢慢尋找出一條康莊大道。

研究歷史最能體會承先啟後、蘊育生息的道理。《新史學》的「新」不是天外突來的飛泉，而是舊有長河的新段落。它是從舊枝萌吐的新芽，生生不息，不斷成長。它代表一種企盼，企盼站在前人已經建立的基礎上，汲取其養分，承繼其業績；但也希望彌補其漏失，矯正其偏倚，拓展前人未見之視野，思索前人未曾觸及之問題，在舊有的基礎上注入新的生命活力，以期待鮮豔花朵的盛開。

《新史學》正值新時代來臨之際創刊，相信在新世界觀的照耀下，我們的史學同志將更勇於嘗試新的研究領域，尋找新的研究課題。我們敢預言，二十一世紀的歷史家必逐漸超越過去的命題，在更遼闊的天空中遨遊。當然，《新史學》在臺灣創刊亦自有其獨特的歷史任務。我們史學界一向太「遺世獨立」，希望本刊出現的論文題目能扣住時代變動的脈搏，從嚴格的學術基礎探討歷史發展的知識，使歷史研究能發揮指引國家民族以及人類前途的作用。我們史學界一向太「老死不相往來」，希望藉著研究討論，逐漸集中焦點，激盪大家的知識火花。我們史學界也一向太「孤芳自賞」，希望利用書評書介，一方面互通資訊，另方面建立客觀理性的學術評論風氣。

《新史學》不特別標榜社會、經濟、思想或政治的任何一種歷史，也不特別強調任何一種研究方法，但它也有所重視和關懷——對整個時代、社會、人群、文化的關懷。當天際浮現一線晨曦之時，正是萬丈光芒發皇的前奏。歡迎海內外所有史學同志一起攜手，共同創造二十一世紀中國的新史學。

《新史學》創刊號（發刊詞），民國七十九、三月

《歷史月刊》二十六期，民國七十九、二、一

古史鑽研二十年

序

自我從事中國古史研究，至今二十年，發表的論文主要結集成三本書，即《周代城邦》、《編戶齊民》和《古代社會與國家》，都凡一百五十萬言，別有一些論作不在此限。長篇累牘對現代讀者而言是一沈重負擔，即使專業學者亦不敢強求全讀；而作者似乎也有責任向讀者作一扼要的報告。近年我的研究領域稍微擴大，研究課題頗有調整，也許是自我總結過去這二十年研究成果的適當時機吧。

日前《中國歷史學會會訊》主編徵稿於我，固辭不獲，手邊沒有合適的存稿，乃臨時命題，綜述個人研究中國古史的一些淺見。因為是談自己的心得，難免有「老王賣瓜」之嫌，不過太史公早有「成一家之言」的明訓，個人「雖不能至，然心嚮往之」。茲分五點陳述，盼望學界前輩先進不吝斧正。

通史性的思考

按照現在大學歷史系的學程，我專門的研究範圍屬於「中國上古史」，是中國斷代史的一門。中國上古史是不是斷代史，見仁見智。有一種說法，《史記》雖屬於今天所謂的上古史，但太史公是當作通史來寫的，不是斷代史。當然，自太史公以後又有兩千年的歷史發展，我們以他類比，不一定合適，但中國上古史至少有幾千年可講，與秦漢以後的斷代史固宜有所區別。

「中國上古史」的斷限，我習慣定在新石器時代開始至秦統一天下，依現代考古學與古史知識，大概落在西元以前近萬年之內的範圍。這麼漫長的年代和相當遼闊的地域，我所能作的研究不過是滄海一粟而已。

民國六十二年九月間我草成〈城邦國家時代的社會基礎〉，準備翌年提交論文，即是拙作《周代城邦》的原稿，也是我進入古代社會的處女作。此書只涉及西周和春秋，地區限於黃河中下游及淮河流域。當時我對西周的了解還很粗淺，直到民國六十八年為《中國上古史》（待定稿）寫〈封建與宗法〉時才有進一步的補充，但春秋以後的領域，基本上仍然一片空白。民國七十一年我在史語所講論會報告〈先秦自耕農階層的興起與殘破〉，正式踏入戰國與秦的研究。此文長達十萬言，頭緒紛繁，作為單篇論文，失之枝蔓，於是分章擴充，陸續刊行，到民國七十九年裁剪發表之文，結集而成為《編戶齊民》。《編戶齊民》涵蓋的時間範圍從春秋中晚期到秦始皇統一，約西元前六〇〇～前二〇〇年；原來預計寫到漢武帝時代，約西元前一〇〇年，因篇幅太大，後段獨立作為《羨不足論》（有部分己刊載），與《編戶齊民》共同構成我對古典期轉型為傳統期的看法。

民國七十年出版的〈從村落到國家〉，初步搭起我對遠古歷史發展的一個粗略輪廓，從當時認識的早期農莊到國家的出現，約西元前六五〇〇～前二〇〇〇年，利用考古資料重建原始社會的面貌。後來隨著大量考古資料之公佈以及中國考古學觀念的更新，我在這範圍內續有所論，當比〈從村落到國家〉細密，但基本觀念沒有太大的改變。至於傳統夏商的部分，我的研究較少，大抵利用古城資料參證甲骨卜辭和傳世文獻，對當時的國家形態做一些推斷。這些論述都收在《古代社會與國家》中。

歷史發展譬如抽刀斷水水還流，很難確定人類歷史的起點，但為研究之便，也不可能漫無邊際地往上追溯。有人認為文字出現是歷史之開始，不過以今日考古資料之豐富和精密，歷史家如果捨棄文字以前的廣闊領域，未免「畫地自限」。相反的，遙遠的舊石器時代，由於解讀資料所應具備的學識非歷史家所長，這一大段人類演進史，歷史學似可存而不論。所以根據我的看法，歷史可從新石器時代或村落之出現講起，亦即是文明的開端。

從村落出現開始算起的中國史可以分作三大段，第一大段原始聚落，約從一萬年前（西元前八〇〇〇年）延續到四千五百年前（西元前二五〇〇年）國家出現為止，前後約五千多年。用大家熟悉的考古學術語來說，包含前仰韶、仰韶和龍山前段等幾種新石器時代文化。第二大階段是國家，我稱之為「城邦時代」，約從四千五百年到二千五百年前（西元前二五〇〇～前五〇〇年），包含傳統史學的五帝、夏、商、西周和春秋，考古學術語則是典型龍山文化與青銅時代。城邦時代歷時兩千年，經歷萌芽、發展、壯盛和式微的生命過程，其留存的文獻透過先秦與西漢人的解釋和整理，成為中國人治世的典範，所以也可以稱作「古典時期」。城邦沒落後，經過四、五百年的轉型，政治上出現皇帝制度、集權中央政府和地方郡縣制，社會上形成編戶齊民，中國歷史乃邁入第三大階段「帝制時代」，自西元前五〇〇年以下，扣除轉型期，大約即過去這兩千年。由於第三階段的史料相對的比較充實，向來中國的史學都以這階段為主要研究對象。不論政權之更迭，社會力量之興替，或文化成分的摻雜，這兩千年內當然不只一個模式，不同學者還有不同的階段劃分，但其中有相當高的共通性，所以也可以叫作「傳統時期」。現在，我們正在第四大階段的入口處，後人視今，大概也會定位在轉型期上。

由於古代資料殘闕，便於長程思考，我遂逐漸形成以上的通史架構。第一階段的原始聚落，我的成績只簡單鉤畫南北二大系統的聚落和居民生活型態，反對大陸學者用「從母系到父系」、「從公有制到私有制」的概念解釋原始聚落的發展，提議拋開馬克思主義的理論模式，代之以「村落共同體」，作物質基礎、聚落型態和社會結構等多層次的綜合考察。我的實證研究多集中在第二階段，提出「城邦說」和「編戶齊民論」，想在中國大陸通行的史觀——奴隸制到封建制——之外，另闢康莊大道，重建古代歷史真面貌。《編戶齊民》處理第二和第三兩大階段間的轉型時期，作為了解傳統政治社會的基礎，故副標題作「傳統政治社會結構之形成」。

總而言之，中國古史我並不把它當作一門斷代史，而是作通史性的思考，從宏觀的角度觀察中國政治社會結構的長期發展，基本上可以涵括在「城邦」和「編戶齊民」兩個概念之下，前一階段屬於「古典」，後一階段屬於「傳統」。根據我的分法，第二大階段始於國家的出現，與斷自黃帝的《史記》無異；第三大階段始於戰國秦漢，也是相當傳統的見解；不過參酌新知，還應加上「城邦」之前歷時五千年以上的原始聚落，中國歷史才稱完備。

國家起源的探索

「國家」作為人類政治社會發展之一種階段，其起源一般都是在古代的範圍內；中國歷史悠久，綿延不絕，亦不例外。然而由於文獻不足，中國國家起源的討論要待考古學發展到一定的程度後方始可能。

過去中國考古學者討論國家起源多半著重職業分工和貧富差距，後者尤其符合恩格斯所謂對立階級的形成。恩氏《家庭、私有制和國家的起源》一書界定「國家」的要素還有兩點，一是人群結合方式從血緣轉為地緣，二是公共權力的設立。這兩點不容易在中國的資料中找到適合的對應，有人引證較晚資料，試圖證明堯舜或夏初已有法律、警察和監獄等公共權力機器，但難以通過嚴格文獻學的檢驗。其實所謂公共權力，是可以從城邑的建築獲得間接證據的。

研討「國家」形成的要素，《禮記・禮運》揭櫫的「城」和「禮」頗可與新出資料印證。一九八〇年以後，龍山文化古城相繼披露，我曾根據登封王城崗、淮陽平糧臺、龍山城子崖、夏縣東下馮、偃師尸鄉溝、黃陂盤龍城和鄭州商城等資料推斷早期國家的形態。中國古城都是夯土城牆，從設計、丈量，鳩工，取材，至挖土、運土，版築，過程繁複，勞力密集，一方面聚集大批人力，加以指揮佈署，另一方面也要有足夠的糧食以養活這些不事生產的人口。前者顯示行政複雜化的程度，後者則是資源集中的儀表，也可以說是公共權力的表現，都是構成「國家」必要條件。我把中國國家形成時期定在西元前二五〇〇年左右，除了文獻解釋和考古所見其他社會現象的考量外，城邑的碳十四斷代也是重要的依據。

按照春秋戰國時人所說的「禮」，是統治秩序的準則，也是資源占有的象徵。用今日考古資料來核對，這種認識合乎歷史實情。考古所見的禮器絕大多數出自墓葬，標示墓主生前的身分地位。這類差別很早就存在，但具備比較嚴格統治意義的禮器，則要到龍山文化階段，即西元前三〇〇〇～前二〇〇〇年之間才逐漸普遍。我討論中原國家的起源時，重點地分析了山西襄汾陶寺和山東諸城呈子兩批龍山文化墓葬，其他相關的資料當然還很多。中國有些考古家在八〇年代末也放棄貧富分化的觀念，改採傳統所謂的「禮制」來看國家形成的問題，不過龍山階段的「禮」是否已經成「制」，我採取比較保留的態度。定規的禮制今知最早資料始於二里頭三期；當然新資料只會把年代推前，不可能延後，禮制的形成應該更早些，也許就是傳統歷史所謂的夏朝之始吧。

一次社會變遷的過程往往歷時數十、百年之久，時代愈早，演變的速度愈遲緩。以西元前二五〇〇年作為中國國家的開始也只是一種概括性的說法，實際上各地先後不一，而且國家形成還有前奏階段。中國考古家已經認識到仰韶文化晚期的聚落群內，中心聚落和一般聚落的差距有擴大的趨勢，而秦安大地灣也出現具備後世宮室規格的建築遺存。至於禮的前奏階段，資料更多，喀左東山嘴的祭壇、建平牛河梁的「女神廟」和積石塚，濮陽西水坡的龍虎蚌飾墓，以及餘杭反山瑤山之大批玉器隨葬墓都是很顯著的例子，與城邑宮室等資料可以互相輔證。「前國家」階段的特點是宗教作為政治社會的主導力量，軍政力量其次，「以人事神」，而與商周國家的「神道設教」有所區別。商周國家雖說祭政合一，宗教深入到政治社會各層面，但本質上宗教不過是政治統治的工具罷了。從這角度看，國家的形成是從「以人事神」進入「神道設教」，當然這也不是一朝一夕可以究竟其功的。

古代國家形態與社會特質的復原

所謂中國古代國家形態是城邦，並非只基於考古發掘的古城遺存而已，還有文字學和先秦歷史文獻作證；三者結合，作為「城邦說」的根據。

古代表示國家的文字有「邑」（或「國」）和「邦」，甲骨與金文「邑」字從口從人，象人在圍牆之下，也就是住在城內的意思。殷商西周的邑包含國家，並不像後世專指小聚落。「國」，甲骨金文寫作「或」，從口從戈，象執武器保衛城邑。至於「邦」，從丰從邑，「丰」作樹之形，表示邊界，這問題下文會說明，右半邊的邑，當然也是國的意思。可見涉及國家的古文字，造字時都把「城」當作必要的成分。

城邦的國家形態，其國際關係承認列國並存，無論大小國，內政皆相當獨立自主。考古家近年在泰山山脈北麓，西起城子崖，東經丁公、桐林到邊線王都發現龍山古城，間隔的距離最多五十公里，少則三十五公里，這是早期城邦的狀態，符合古書所謂的「萬國」、「萬邦」、「庶邦」或「多方」。爾後城邦之間不斷攻伐吞併，據說周武王伐紂，不期而會於孟津的諸侯猶有八百，這還不包括商紂陣營的城邦，可見距今三千年前，中國黃淮流域的國家為數依然甚多。即使晚到春秋時代，猶有小邦存在，如《左傳》所載邾之滅鄅，一天內就把整個國家滅了，晉荀吳所伐的鼓大概也差不多。誠如陳槃先生所說，一城即一國之所寄，一城破而全國亡。城邦時代甚至連所謂的附庸，如魯國境內的顓臾，負責東蒙山的祭祀，據《論語》孔子師弟的對答來看也是獨立自主的，否則季氏不會擔心「今不取，後世必為子孫憂」。這些都是城邦時代末期猶存有小邦的具體事例，相信年代愈早，應愈普遍，故將西元前二五〇〇~前五〇〇年稱作「城邦時代」。

城邦形態的國家當然不只有一座孤伶伶的城池而已，還包括城外的農莊、田野、森林，整個大範圍古書叫做「邦」，上面提到表示國家的「邦」字，金文或寫作丯，象樹木之形；或在木下加土，象土堆上有樹，右邊則作人形側立植樹狀，後來才演變為邑。散氏盤等金文資料記載古國多利用山嶺、河川、湖泊或林區作為外界的標誌，缺乏天險之處則壘土封隄植樹為記，謂之「封疆」。所以城邦的範圍有兩層，外層是封疆，內層是城牆，城內謂之「國」，城外謂之「野」。後世「領土國家」的疆界觀念主要以外層為主，但城邦時代則放在國都的城牆。封疆上是不設防的，故封疆之內的土地可以借給外國軍隊經過，謂之「假道」，而城下逼盟則被視為對當地國最大的侮辱。顧棟高已見及此，在他的名著《春秋大事表》中提出「春秋列國不守關塞論」。

想像我們進入「時光隧道」，返回城邦時代，走到一個國家，首先在封疆的關卡上接受關吏的盤查，然後進入該國的野，再到國，也就是首都。這段路程之遠近視國家大小而定，譬如商紂伐東夷，來到攸侯喜的攸國，從封疆的永邑到攸前後要三天。如果以兩天行程作半徑畫一圓周，這大概是西元前一千年左右一個頗為重要城邦的範圍。孟子所講「湯以七十里，文王以百里」而興，雖含有「王不待大」的政治理想，但他是懂得城邦的歷史的。

關於城邦的研究，我也結合多種資料，作過典型城邦地理景觀的復原。Henri Pierren 和 Marc Bloch 這兩位歐洲中古史大家曾一同抵達斯德哥爾摩，Pierren 馬上提議去看市政廳，因為他認為要了解歐洲國家的歷史，應先看市政廳的建築。我本此義，研究城邦時代亦重視廟寢、社壇和庫臺，目的在揭發以氏族貴族為主體的城邦政治社會結構之特質。然而城邦時代又有一顯著的歷史現象，「國人」參與政治既深且廣，為中國歷史上所僅見。上面說過城邦景觀分國與野，住在城內的是「國人」，住在城外的是「野人」，國人可以參與國君的廢立，決定國家的外交，左右貴族的鬥爭，甲骨卜辭叫作「眾」，傳統文獻叫作「庶」，當占居城邦大多數的人口。野人則未享有國人的參政權，賦役負擔比較重，但並無資料顯示他們的生命可被任意剝奪，他們的財產可被任意沒收，所以我認為不但國人不是奴隸，連野人也不是。他們是當時主要生產者，既然不具奴隸身分，那麼馬克思主義史學家所說的「奴隸制」或「奴隸時代」就失去了依據。在《周代城邦》中，我分疏貴族、國人和野人的身分地位，指出國人的社區和野人的農莊各自結合成「村落共同體」，大概由於社會基礎是血緣族群的緣故，即使高高在上的統治貴族與其采邑人民也建立了「假血緣聯繫」的緊密聯繫。這種「共同體」的性格遠紹新石器時代農莊的傳統，應該是古代社會重要的特色，近現代強調階級對立的思潮實有重新檢討的必要。左派史學還以人殉人牲來證成奴隸社會，其實殺殉所反映的禮俗意義恐怕比階級意義還重，也是值得深入研究的課題。這些看法都是結合多種史料而獲得的概念，不是刻意化妝「醜陋」的歷史。今人研究歷史往往先橫以研究者之時代或一己的成見，無法進入所研究的時代世界中，故多扞隔。我既非故意美化古代上下階級關係，同樣的，春秋時人所說「崇明祀，保小寡」，或「繼絕世，興廢國」，這些後代推崇景仰的王道政治理想，在我看來，其實也只是城邦社會條件下相當自然的產物而已。

城邦雖說獨立自主，但共飲黃淮水的諸邦是不可能雞犬相聞而民至老死不相往來的，天下還有一套秩序。於是有一個或少數幾個大城邦領袖群倫，可以稱作「共主」，但並不干涉各國的內政。這套秩序大概在城邦早期就出現，黃帝即是代表之一，我把早期階段稱作「城邦聯盟」，直到成湯夏桀的爭霸戰都還看到一些痕跡。但武丁卜辭所見商王對各邦國的約束力已不小，至晚這時已屬於「封建城邦」的階段，眾邦之間有一定的等差次序，這在周代文獻和金文是看得很清楚的。維繫這套秩序的憑藉是「服」和「爵」，古書所謂「五服」和「五等爵」即是封建城邦天下秩序的反映。

城邦的秩序理念雖然肯定諸邦共存，但大概自有城邦就有攻伐，強凌弱，弱暴寡，野人和一部分的國人即是勝國的苗裔。兼併攻伐不已，終於在西元前五〇〇年左右結束城邦體制，中國歷史乃進入另一階段。

封建與宗法的新解釋

〈封建與宗法〉是我繼《周代城邦》之後比較嚴肅的古史論著，文長，可以當作一小本書看待。這篇論文比《周代城邦》運用更多的金文和考古資料，技巧也比較成熟，建立日後我以傳世文獻詮釋新出資料的治學風格。我對自己的治學風格所以有一些信心和興趣，不能不歸功於先師高曉梅（去尋）先生對此文的肯定和鼓舞。

「封建」和「宗法」是兩千年來經學和史學的老問題，然而真正可用的歷史資料並不多，戰國以下的經說與注疏雖汗牛充棟，但只能當作一種意見，很難原原本本據以重建歷史。經由新出資料和比較可信的經史文獻的詮釋，我還原的歷史面貌得出周以西方一小部族逐漸壯大，摶結西土之人，代殷而為天下共主，再東進征服殖民。所謂封建就是征服殖民，這觀點近現代有些歷史家雖也提過，不過〈封建與宗法〉根據考古出土的以及傳世的金文重建周人經營東方的戰略，提出四個據點和三道戰線的說法，四據點是以天下樞紐的成周為東進大本營，以衛國為支援東進的補給站，占據東人舊地的齊魯以為前哨，於是構成一把鉗剪，「小東」「大東」都在剪刃的籠罩之下，北上燕冀，南下徐淮江漢。此一戰略形勢，第一線齊魯，第二線衛，第三線成周，構成宗周的三道防線，征服占據之後所建的諸侯便散佈在這些防線上，此之謂「以藩屏周」。征服、殖民和分封三位一體，不過周人新建的殖民封國為數有限，其意義在於盤踞了東方要衝，若論當時天下大多數的國家，還是自古相傳的城邦。

殷周更替之際不但古邦晏如安處，從各地出土的銅器銘文看，我們發現周人多與當地世家大族合作，連關中也有不少東方舊族高居政治要津。所以我提出周人對征服地區採用懷柔安撫政策之說，並對殷遺亡國之痛的論調有所辨正。周人懷柔政策固由於他們是西方新興小邦，人口結構脆弱，然深究其因，恐怕還是由於城邦的社會政治結構所致，「城邦論」正可作為這種分析的基礎。

關於當時的社會結構，戰國以下的經學家給後世不少提示，總結為「宗法」。宗法有大宗小宗之分，按照他們的說法，目的在尊祖敬宗收族。可見西周宗法是一種人群結合的方式，也是另一種統御人群的手段，與政治的演變必然相關，絕不是平面的、不變的結構。可是歷來講宗法的人很少把它放在西周歷史的脈絡中探尋其發展，毋寧抽離出時空架構，偏於一種永恆的義理。〈封建與宗法〉則從封建的歷史看宗法社會的變化。我既然認為封建是周人東進征服與殖民合一的運動，考察新舊資料，周人征服殖民運動最活躍的時期莫過於成康這四十年，到西周中期以後大概就停止了。西周早期因為征服成功，不斷殖民建國，於是大量起用周王族的疏屬，遂有「文王孫子，本支百世」的歌頌。然而連旁支疏族也可以傳之百世，顯然與「有百世不遷之宗，有五世則遷之宗」的大小宗制度不合。一代代繁衍的宗族人口當征服殖民停頓之後，沒有新土地可以安置新繁衍的族人，於是有的可以繼承領地為貴族，有的則淪落為平民。大小宗應該是西周殖民運動停滯後的產物，是為適應新情況而產生的一種新的結合族群方法。此一過程我稱之為「從昭穆到大小宗」。我認為昭穆是早先兄弟共權的遺留，西周初期曾因征服之成功而一度復活，等到殖民停頓，有限資源集中在所謂「大宗」的少數人手中，遂形成大小宗制度，昭穆便剩下表徵族人世代、只在宗廟中或祭祀時才顯現一點作用的標記而已。

向來經學家說大小宗必定重視嫡長制，而且認為是宗法的基本內涵，其實嚴格嫡長制實行到什麼程度是有待考證的。以信守周禮的魯國來說，「一生一及」乃西周以來最常見的君位繼承法，與嫡長制絕不相容。以公羊家發揮嫡長制之義所憑藉的「隱攝桓立」之故事來說，最關鍵的桓公母子出身問題，《春秋》三傳說法都不一致。桓公繼立的條件，既然不是嫡母長子，公羊的說法失去歷史依據，所謂嫡長制要概推為天下之通制是相當困難的。不過，我並不輕率推翻「立嫡所以息爭」的考量，故提出「樹子制」來補充，強調不論是否嫡長，都必須經過立嗣儀式，才能成為繼承人。關於樹立的史事，《左傳》倒不乏充分的證據。其次，歷來討論宗法也必涉及世卿巨室，王國維所謂「世卿者後世之亂制」當然也是經學家的一種主觀理念，新出不少金文資料，使得封建城邦的家族史研究比較可能進行。我除了分析累世巨族，也考察同族之最高官守在不同世代間的傳承，得出的結論是：封建城邦的「世官」是某家某氏對他家他氏的壟斷，貴族對平民的壟斷，但這種壟斷性在氏族內部並不存在，不是某一支的專制，毋寧說世官具有族內尚賢「民主制」的性格。

周代宗法既然與封建互為表裡，封建崩潰之日也就是宗法解體之時，然而宗法解體的問題更不能忽略族群意識的沒落。上面說過，宗法之義在尊祖敬宗和收族，因尊共同所出之祖而激起同體意識，族眾於是推崇族長，在他領導之下團結一致，共同創造宗族的前途，宗法制度賴此精神遂得以長期維繫。西周到春秋，周統治貴族雖然經過一番大調整，但只是某些家族升上高岸，某些家族落入深淵而已，就社會結構來看，其為宗法則一也；要到春秋中晚期以後，氏族親情破裂，宗法制的社會結構才敲響喪鐘，最好的新資料便是「侯馬盟書」。從這批盟書得知晉國趙氏兩支家族鬥爭，分別聯繫外族，對同族不同派者趕盡殺絕。封建宗法制至此崩解，新時代來臨了，進入我所研究的「編戶齊民」的時代。

傳統政治社會結構基礎的編戶齊民

城邦時代城裡城外人的身分是有差別的，城邦崩潰，國野的差異泯除，人民身分平等，這段「齊民化」的過程，在《周代城邦》初稿完成後八年才得續筆，結集出版，是為《編戶齊民》。

我所論「編戶齊民」形成的時代即是傳統中國史學認為古代大變革的時代，政治上從封建到郡縣，學術思想上從王官到百家，社會風俗則從尊禮重信轉為崇武尚詐。近人的研究比較周密，但仍不出封建到郡縣的範疇，可以分成兩大流派，中國大陸史家多闡述所謂奴隸制到封建制的轉變過程和原因，日本東洋史家則歸結於中國古代帝國的形成。這是本世紀五〇年代中期到六〇年代前期古史研究的風潮，大陸出版過幾本論文集，日本有幾位學者爾後相繼結集成書，奠定他們的學術地位，即使四十年後，他們的後輩猶未能超越。臺灣對此一課題的具體回應，大概只算一九六〇年許倬雲先生的 *Ancient China in Transition*（《先秦社會史論》），著眼於社會流動，再結合戰國官僚制的研究，為臺灣取得一些歷史解釋權。二十年後我寫《編戶齊民》，也是要對中國古代轉型期提出一種理論性的看法，但它的解釋效應並不限於古代，這點上文已經表明。

迎接真正全民民主時代的來臨，歷史學家也應該寫作真正屬於人民的歷史。《編戶齊民》研究對象是平民百姓，據個人一己的認定，它是一部在馬克思主義史學陰影之外的人民史。古史界討論這個課題，六〇年代日本木村正雄使用過「齊民制」一詞，八〇年代韓國李成珪大約與我寫作同時，也揭櫫「齊民支配體制」的說法。然而木村氏係以Wittfogel東方專制論為基礎，把先秦和秦漢都稱作齊民制，和我嚴格分別為兩個歷史階段者不同。李氏則把齊民限於秦國，特指介乎有爵者和讁民（或奴婢）之間的一小層人口。他是我的畏友，對於他的理論，我戲稱是夾心三明治式的齊民論，與我所指構成戰國秦漢以下中國社會主要人口的齊民當然完全不同。我認為新時代不只人民身分齊等，集權政府對於人力資源的控制也變得更有效，其所憑藉之手段是編訂戶籍，按籍索人，平民百姓乃為所用，當作支柱兩千年集權統治政府的社會基礎。因此我不單講「齊民」，而合稱「編戶齊民」。

《編戶齊民》全書超過四十萬言，先論證戶籍的出現及其對統治政權存在的意義，接著證明這些編入戶籍的人口身分都是齊等的。根據《左傳》，最早的編戶與徵兵並存，所以我推測編戶齊民的形成應係戰事仍頻的結果，於是論述春秋晚期之擴大徵兵及戰國的新兵制和新戰術。這些編戶之民以軍隊方式編組，而由各級行政機構掌控，於是論述地方行政系統的建立。人民向政府提供賦役，相對的從政府獲得耕地，並且繳納租稅，土地屬於人民的名下，遂為人民所私有，於是分析封建時代以來的各種土地所有權及其變化。新創的行政機構雖將人力資源重新調整，平民百姓卻依然過著千百年來的聚落生活，聚落仍然保有古老的「共同體」的性格，不過領導階層有些新猷並非全是舊慣，於是討論聚落的人群結構。編戶齊民做為國家的成員，與國家建立直接的關係，國家創制法典，採用刑罰直接約束之，於是研究傳統法典的起源和從肉刑到徒刑的轉變。編戶齊民雖先出現在東方，後來六國卻滅於嬴秦，我認為其中很重大的關鍵是秦國創立的二十等爵制塑造了勤耕善戰的新社會；東方卻沒有平民爵制，在戰爭與賦役之外還受苛政與豪商的雙重聚斂，脆弱的齊民自然不堪勁秦之擊。本書遂以秦之平民爵制和六國編戶齊民之衰微作結，至於人民遭受的雙重聚斂則準備在《羨不足論》中論述。

一般而言，近代史學學風，宏觀者難免疏忽細節，微觀者往往迷戀支離，理想的著作應該會通二者，從堅實的細證走到宏觀的建構。此一理念我心嚮往之，每執筆為文都懸作鵠的，責備自己。《編戶齊民》可以作為檢驗我這種理念的標本，其中涉及大小歷史問題的考證、分析和解釋甚夥，這裡無法述說，留待細膩的讀者去判斷。傅斯年先生提倡史學家的工作應放在考證歷史，不要忙著寫史。這話也和「史學即史料學」一樣，引起一些誤解，比較周延的說法似乎是先以考史為工夫，然後達成寫史的目標。考史工夫精到才可能產生上乘的史學著作，否則寫史也只是抄書而已。現代史學家看重小考證的多，欣賞通識的少，《編戶齊民》嘗試在精密論證中理出歷史發展的大動脈，能不能給臺灣史學界爭得一絲絲歷史解釋權，最有資格評定者之一應該也是臺灣的學術界。

《編戶齊民》所論國家對人力的掌握，人民身分的齊等，地方行政系統的建立，土地權屬的私有，共同體性格的聚落和以盜賊二律為骨幹的法典以及勞役徒刑的懲處手段，應該都是傳統兩千年的共相吧，所以我把「編戶齊民」看作傳統政治社會結構的基礎。倒是秦所以決勝的二十等爵制乃特殊時空的產物，到西漢前期就開始式微廢弛，爾後甚至連名亦不存。可是日本知名的東洋史家西嶋定生研究漢代國家權力結構，卻把皇帝與人民的統治關係建立在以民爵作基礎的所謂「人身支配」上。史識不算高明，因為昧於史實，想要證成他的理論恐怕是不可能的！

學史感懷

這次有機會結算自己過去二十年完成的主要工作，行文思緒，時光倒流，從做學生到當老師，一幕幕的情景歷歷在目。第一部習作《周代城邦》我是窩在臺灣大學第九宿舍的一個角落，盡六夜七日之力完成初稿的。記得每天清早還到臺大校園做瑜珈，維持清醒的腦力和健康的體魄。我們的寢室一間四人，一人一個角落，一床一桌，笑稱「各霸一方」。中間沒有任何間隔，深夜讀書，只能把檯燈壓到最低，以免妨礙室友入眠。當時另一角落最常徹夜通明的檯燈主人就是現在出色的人類學家黃應貴先生。

《周代城邦》初稿寫就，常到臺北市青田街臺灣大學宿舍先師沈剛伯先生寓所，向他老人家報告我的文稿。沈師當時患白內障，無法閱讀，他聽我逐章逐節講述，然後一一評論指正。個人治史，多受沈師啟發，雖沈師仙去將近十七載，每讀《文集》，猶多有所啟發，猶如我當研究生時，他對我的耳提面命。

沈師挾天縱之資，學貫古今中外，識見深邃，意境絕俗，這是我所無法學的。他長臺灣大學文學院長達二十年，五〇至七〇年代臺灣文史哲學界的秀傑之士多出其門下。我是他晚年的門生，兩人同肖猴，整整相差四十八歲，情同祖孫。我第一次親謁沈師是在民國六十二年秋天，考中教育部公費留英之後。我到青田街沈寓，屋宇雖清幽，室內陳設則極其簡陋，與外傳的沈師生活頗不類。這時我深深折服，了解一代學人的風範。

撰寫第二部《編戶齊民》時，我已到中央研究院歷史語言研究所任職。那時的史語所上下二層，黑瓦灰牆，我的研究室在樓下，偏靠西牆。窗外一排老榕，枝葉扶疏，每當太陽西照，樹影透窗，灑在書桌上，隨風搖曳。斗室低濕，不論晝夜，蚊蚋淩厲，深受其擾。《編戶齊民》原稿各篇各章就在蚊蚋攻防戰中問世，當時每每寫到深夜，有時疲極伏案，不知東方之既白。

這二十年我除建構上述古代社會國家發展的脈絡外，也研究一些相關課題，諸如傳統宮室格局、中國第二次「城市革命」、封建身分地位的禮制等等。這些論述有的已經發表，有的是長年的積稿，有的在特定場合演講過，雖然萬流歸宗，可以附麗在上述的大脈絡中，但如再經營損益，也可獨立成書。

另外有感於中外文化早已流通，我遂研究北方式青銅器，核對以貝加爾湖區、南西伯利亞、阿爾泰山區以至黑海北岸等地所出文物的動物文飾，討論古代北方民族遷徙和歐亞草原帶文化交流的問題。這是另一條路線的中西交流史，在絲路以前一千多年就存在的。此文係紀念先師高曉梅先生而作。高師早年沈潛於北方民族和文物，對歐亞草原之文化交流用力甚深，在他身後我才步其所學，但已請益無門，成為我一生的遺憾。

至於近年我倡議新社會史，研究古代生命觀等問題，應該歸入我學術生涯的另一階段，也許十年二十年後再來回顧吧。

目前臺灣的中國古史研究與社會相當脫節，二者似有愈離愈遠的趨勢。二三十年前我選擇這條路，當時的認識，古史研究是史學的主流（至少在氣勢上），名家輩出，而今在這裡卻成為極其冷落的園地，個人的學術知音亦多僻在天涯。每思及此，固難掩「牽彼曠野」之歎。這篇報告有何意義，我也有點惘然！

《中國歷史學會會訊》四十七期，民國八十三、六、三十

從《周代城邦》到《編戶齊民》

《周代城邦》和《編戶齊民》是我研究歷史二十多年來對中國古代社會的特質及其發展脈絡所提出的一點粗淺的看法。兩書出版相距十一年，核計實際寫作時間的差距大抵亦稱是，所以從它們也可覘測我個人求知作風的一些轉變。

自開始學習歷史，我就喜歡古代史，分析起來，原因是很複雜的。小時候聽說書先生講《東周列國誌》，初中時郭雲中老師指導我讀《戰國策》和《史記》，以至大學時李濟和許倬雲兩位先生的中國古代史的課講得最覺得精彩，我想都種下我選擇研習古史的原因。及至年事日長，愈發覺古史研究理論性高、解釋性廣、挑戰性強，令人陶醉，這些都是後話。回憶始初學習古代史，難免有年輕人崇拜名流的通病，那時知見所及，凡著名的史家多治古史，或與古史有關，故遂心嚮往之，走上這條路。首先也是時髦地準備研究思想史，等到讀書較多，識見較熟之後，才知道非先了解社會，不易了解思想。按照向來的學術分類，我就從思想史轉入社會史了。

中國社會史研究自發軔之初就沾上左派的色彩，這些史家多與國民政府敵對或疏離，國民政府對他們的著作也採壓抑的態度，所以民國六十年左右在臺北能讀到的中國古代社會史著作仍相當有限。民國五十年代許倬雲先生宣揚社會科學方法，引入史學研究，我雖是他的學生，慚愧不精於此道。至於李玄伯（宗侗）先生的人類學方法與比較古史學，我只算私淑，亦不得其門而入。當時我要研習古代社會史，主要方法是勤跑中央研究院傅斯年圖書館，借閱大陸特藏書刊，可以說，我的古代社會史是從左派著作入門的。

古人說「入室操戈」，我於中國大陸著作的理解不敢自謂達到「入室」的程度，但「操戈」的志氣倒是有的。我一邊閱讀大陸史家對古代社會性質、古史分期的辯駁，一邊沈潛於《詩經》《左傳》等古典，一幅古代社會藍圖逐漸在腦海中浮現，對那些千言萬語的博辯愈覺得僵硬不化，他們奉作金科玉律的馬克思主義的史觀，在當時的我看來，已非不可超越的藩籬。我遂提出周代城邦之說，以史料為基礎，勾勒周代社會封建貴族、城內自由民與城外農人的歷史風貌，在左派奴隸制與封建制的既定模式外建構一個歷史解釋的新天地。我注意到城邦、國人，無可否認的，是受到侯外廬氏的啟發，但我沒有他的包袱，故能還給歷史真面目，從封建貴族、城內國人和城外野人三方面來建構城邦的政治社會結構。而當我讀到徐復觀先生關於國人的論著時，我的「城邦說」基本上已經成形了。

周代城邦不是完全針對中國大陸六〇年代古史分期之辯論而發的，它另有更廣泛的歷史關懷。從大學開始我就有感於中國歷史發展，政治力量獨大，社會力量日益萎縮，遂形成使中國人萬劫不復的中央集權制。這是那個時代多數知識分子的共同無奈。在研習古史的過程中，竟然發現中國古代有過內政外交相當獨立自主的城邦，而且住在城內的「國人」也確實有過輝煌的參與政治的經歷，遂由衷欣喜，高唱城邦，表彰國人。不過研究歷史不能忽視事實，城邦崩潰後，國人野人（城裡、城外人）的差別身分雖然泯除，他們的政治社會地位真的提高了嗎？民國七十一年我開始接觸這個問題，先從先秦自耕農的興起與殘破入手，遂漸發展成多篇相關論文，而約束在「編戶齊民」這個概念下。

《編戶齊民》用制度史的材料分析社會史的問題，重點放在政府控制的人力資源，人民的權益、身分及法律地位，和社群結構。我認為沒有這批默默無聞的平民百姓，就沒有歷代的王朝，身分齊等的平民才是兩千年來政治社會的基礎，所以這本書的副標題是「傳統政治社會結構之形成」。它的用意不只在說明春秋中晚期到秦這五百年的歷史，更想說明秦漢以下傳統中國政治與社會的一些基本特質。過去中國史學界有所謂奴隸制到封建制的解釋模式，日本史學界也有古代帝國的總總議論，我現在揭舉從「城邦」到「編戶齊民」，亦不妨作為一種說法，提供讀者評斷。進一步，形成比較長遠的史觀。我把中國幾千年歷史分作國家形成以前的「氏族農莊」（約八〇〇〇～四五〇〇年前）、國家形成後的「城邦」（約四五〇〇～二五〇〇年前）和封建崩潰後的「帝國」（約二〇〇〇年前以下）三大階段，作為理解中國史的一個粗略架構。《編戶齊民》實質上討論第二、三兩段中間的五百年過渡期，但也是第三段的基礎。

這些年來我對城邦的研究時空範圍都有所擴大，內容也增益充實，其詳參見拙作《古代社會與國家》的相關篇章，但大體用意則無改變。《編戶齊民》帶有相當濃烈的悲觀與憤慨，為歷史主人公——平民鳴不平；但在寫作方式上受到現代學術規範的牽制，反而不如《周代城邦》有「初生之犢不怕虎」的銳利。現在我站在編戶齊民的基礎上，從歷史的表層走到歷史的深部，以生活、禮俗、信仰等範疇為重點，開始嘗試鑽研中國文化的精義，算是我學術研究生涯的第三階段。

政治是變幻的，文化才永恆，對一個年已半百的歷史家而言，擾攘的政治真如白雲蒼狗，瞬息即逝。歷史研究和他的生命不能斷作兩橛，他不但要解答歷史客觀存在的問題，也要從歷史中參透人生的意義。文化史的研究自然而然繼政治社會史而進入我的日常生活課表。我心目中的中國文化不是別的，那是中國人過他們一生的方式以及教人如何過好一生的方法，文化應該是全民的，所以日後我的研究仍然脫離不了齊民。離不開芸芸眾生的悲哀喜樂，離不開他們怎麼來怎麼去的過程，我對於這種學術研究稱作「新社會史」。雖然是研究新領域，成績亦不可卜，但它的來龍去脈我是瞭然於心的。歸根結蒂，不能不從《周代城邦》與《編戶齊民》說起。

《聯合報》三十七版，民國八十三、五、四

古代史研究的現代意義

一

在這個匆忙浮躁，急功近利的現代社會，古代史真比《天方夜譚》還「天方」。現在來談古代史研究而強調現代意義，倒不一定趨時應勢，一方面我覺得歷史學終究有義務回答「現代意義」的問題；其次我個人也相信古代文化對現代人類的確還有它的價值在。

古代距離現代非常遙遠，年輕朋友之所以覺得疏遠是有原因的，譬如語言文字的障礙，中國還好一點，文字在漢代隸定之後，兩千年來基本沒有大改變，所以我們現在閱讀漢人整理的先秦著作，文字的困難度還不太高，不像西方人對希臘、羅馬或是更久遠的兩河流域和埃及，文字的障礙則更大。不過，對於現代的年輕人來說，古典的、先秦的典籍，到底還是艱深的。第二，若真要研究古代史，單憑傳統書籍並不夠，還必須能讀甲骨卜辭和商周金文等，歷史學者不是文字學家，雖然不必自己解讀，但至少要能恰當地運用專家的研究成果。基本上，甲骨金文已經算是另一種文字了，即使它與後來的漢字一脈相傳。這是令現代年輕人對古史望而生畏的緣故。

二十世紀下半葉以來，世界各地普遍對古典疏離，除上述因素外，學習者心理的障礙也不可忽視，若以中國古典來說，相對於埃及學和巴比倫或亞述學，中國古典在現代中國社會還是活的，還有聯繫，不比埃及學等對現代歐洲人真成為一種死學問了。

二

夏商周三代文化到了周代達到鼎盛，孔子所謂「郁郁乎文哉，吾從周」，我們可以統稱之為古典文化。中國古典對於現代的中國人，其意義比希臘羅馬之於現代西方文化的密切關係，似更有過之而無不及。大家素知中國古典是中國兩千年來思想的大泉源，其實不只思想方面，很多禮制習俗直到晚近都還看得出痕跡。中國先秦的古典時期與秦漢以後的傳統時期，文化的延續性、傳承性非常地強，構成中國文化發展的特點。這方面近現代頗有學者大力強調，大部分也可以肯定。但有些論點一經仔細推敲，所謂的「現代意義」並不一定具有很人的說服性。譬如討論儒家學說的人喜歡強調孟子「民貴君輕」說，證明中國文化含有「民主性」，但對一些只企盼未來而不願回顧過去的人來說，中國的民主發展史，與其「披沙揀金」地講民貴君輕，不如注意西方民主思潮之進入中國、或是中國（至少臺灣）民主化的過程，這些顯然更為重要，現在再談民貴君輕，未免有點像「放大的小腳」。平實而論，孟子的民本思想在兩千多年前或傳統的專制政治格局中的確偉大，但在現代民主火炬的照耀下，並不那麼光輝。

現代很多談新儒家的學者多強調儒家與經濟發展的關係，於是有所謂亞洲四小龍都與儒家有關係的論調。外國學者如此倡議，當然給研究中國古代文化的人一劑強心針，不過把儒家跟資本主義經濟發展這麼單純地結合起來，構成簡單的因果關係，這種思考方式是有欠周密的。臺灣、南韓、香港、新加坡四地的經濟發展，除了儒家因素外，有沒有其他因素？這四個地區幾十年來經濟發展的過程是否真有類似或共通的倫理因素，大概還須要仔細檢證。以我親身的經歷來說，臺灣經濟起飛之日正是儒家倫理在臺灣社會逐漸淪沒之時，如果儒家思想真的與經濟發展有那麼密切的關係，儒家思想最居主導地位的中國是不是早就該進入資本主義時代了？所以真要由這方面來肯定中國古典對現代的意義，恐怕也很勉強。

有些肯定中國古典對現代有意義的人也喜歡講「內聖外王」的政治理想。這句話是針對統治者而言，不指平民百姓。現代提倡此論的人會說，「內聖」更重於「外王」，但事實上中國歷史何嘗有過先聖而後王的呢？歷史先例還不多是先王而後自命為聖。傳統知識分子強調統治者應該具備理想的人格，是可以理解的，因為自從戰國以來，知識分子基本上是社會的游離分子，他沒有龐大的社會基礎，與春秋以前的貴族不同，用今天的術語來說，即是無群眾。他空有理想，卻缺乏實行理想的工具或手段，例如：我要治國、平天下，空自一人如何治、平？終歸到底，還是要弄個官做，官位愈高，所治的範圍愈廣。做官當然是做皇帝老爺的官，皇帝就是他的主人，他不可能指使這個主人，只能聽主人的指使。這位全國的主人既然不受任何約束，傳統儒家在這種格局下，不得不想一些辦法來約束他，「內聖外王」就是一件法寶，要求君王做一聖人。「內聖外王」的理想在傳統政治格局中可能有些警示意義，但真正發揮作用的時期恐怕微乎其微，放在今天的民主政治與社會，反而有點格格不入。因為「內聖外王論」具有潛在的危險性，當一個人自以為是聖人，而又有權力時，往往流於放辟邪侈無所不為。沒有權力的聖人倒還可愛，一旦有權有威，聖人就可能變成巨魔。這麼說是不是太過悲觀呢？中國古典文化對我們現代社會真的沒有什麼意義嗎？那倒也未必。我個人專研歷史，歷史學首要之務在於求真，唯有建立在「真」（也就是客觀事實，至少在現有資料下所能求得的客觀事實）的基礎上的理念，才可能成為有效用的知識，我看待古典文化的現代意義是從真知之追求出發的，現在分幾層來談。

三

首先在人類文明進展的洪流中給中國的古代確定一個序位。遙遠的舊石器時代暫且不論，只從中國境域內的人開始過村落生活，開始有農業，有社會組織，即所謂的新石器時代來說，第一階段距最保守估計超過八千年前，第二階段是國家的開始，距今約有四千五百年。從八千多年前到四千多年前之間，將近四千年，考古學稱作「新石器時代」，社會史的術語叫做「原始社會」，這是第一大段落。第二階段的開始，約略等於傳統歷史所謂的五帝時代，直到春秋戰國之際，距今兩千五百年前，大約兩千年間是傳統的五帝三代，而以「三代」為主，若下限劃至秦始皇統一則超過兩千年，這是中國的「古典時代」。中國古代經典在周代完成，雖反應周代政治社會與文化思想，但周集三代之大成是由夏而商慢慢演變過來的。到了春秋戰國有人就親眼所見，親耳所聞，或是傳聞及檔案而留下記載，再經過漢人整理編纂，而成為兩千年來中國讀書人閱讀的經典。近人參證新出資料發現其中有些可以推溯得比較早，遠在周代以前，絕非東周或秦漢之人所能作偽。總而言之，三代因襲損益，周集大成，這些經典成為以後中國人的人格修養、行為倫理以及社會秩序和國家統治的最高準則。經典是大道，人人要走的大馬路，經學的意義在此，所以經學也就是治國平天下之學，秦漢以後的中國人從古典經書中汲取經驗教訓，再賦予解釋；時代不斷轉變，解釋隨著不斷翻新，但大本大源永遠在這裡，這就是「古典」。我故謂中國的古典不曾死亡，它一直活著，至少直到清末。所以我們把夏商周三代當做古典的時代。那麼繼第一個大段落四千年的原始時代之後，就是第二個大段落兩千年的古典時代，再往下即是不斷解釋古典的傳統時代，歷時也有兩千年之久。

當然秦漢以下，每個朝代都不斷發生新事情，增添新因素，但中國文化之所以做為一個獨特的單位而有別於其他文明，其特質早在古典或傳統初期就形成了，以後兩千年的傳統時代，基本面貌沒有太大改變。魏晉南北朝至隋唐（三至九世紀）佛教加入中國文化；清朝後期（十九世紀中）以來歐美文明加入中國文化，現在我們正處於這個衝擊點上。

雖然歷史上每個人都有他們的「現代」，我們這個「現代」跟歷史上任何的「現代」相當不一樣。我們的確正在經歷一個驚天動地大變動的時代，往後五十年、一二百年甚至兩百年，會變到什麼局面，誰也無法預測，有一點可以看得比較清楚的，古代經典勢必無法再占有傳統時期的地位。但古典是不是因而沈淪？我倒還不至於那麼悲觀。我想孔孟、老莊、釋迦、耶穌即使在數千年來，他們的人格風範依然是人類的明燈。從中國的五經到希臘羅馬的哲言，總還有不少可以供後人借鑑的智慧。「古典時代」不但永遠成為歷史上事實的存在，也將是提供智慧的淵藪。尤其在中國，不研究中國文化發展則已，若要研究中國的文化、社會、歷史，以及中國人的特性，不明古典時代及其典籍，恐將難以深入。這一層勢必涉及古代研究方法的更新，也就是如何建立新的「古典學」。

由學術研究角度來說，古代史的研究有一層更新的意義。我們現在研究古史不能僅靠那幾本經書，或《史記》、《國語》、《左傳》之類的舊籍，我剛剛已經說過，要應用新的文字材料，例如甲骨文、金文，這是晚清，尤其是民國以來蓬勃發展的新知識，雖然可以追溯到趙宋，但以近現代最為發達。周代銅器上的長篇銘文，其史料價值猶如《尚書》誥辭，提供我們不少古代社會的訊息。還有西方考古學的引進，史料不再局限於文字，沒有文字的資料也是史料。當你發掘一個墓葬，從墓葬形式到一件件的隨葬品，不論是精美的玉器，莊重的銅器，或日常使用的陶器，以至於一根髮簪，一枝別針，在在反應當時的經濟水平、社會生活、政治階級、精神情操以及生死觀念。又譬如聚落遺址，考古資料及其歷史解釋要能帶領讀者進入村莊或城市中，這裡也沒有一個字，只是一些地基，但卻能反應當時社會的人際關係、家居生活以及行為倫理。這些無文字的考古新資料既然都能構成歷史，所以古代史研究在吟經誦典之餘，還要不斷地吸收考古出土的新知識，運用新材料，中國古代史研究遂成為既是一門最古老的學問，也是最新的學問。戰國時代的人已經開始討論孔子了，歷代讀書人也不斷研討先秦典籍，這門學問當然老。新呢？今年是一九九三年，要研究古代史，若漏掉一九九二年的考古報告，和同行論述很可能就會落伍，甚至鬧出大笑話來。現在古史研究者，稍一鬆懈，往往脫節。譬如一個人說中國早期稻作在河姆渡，距今七千年時，殊不知這是七〇年代的舊知識了。到八〇年代後期，在湖南洞庭湖西邊的醴縣已有更早的證據，可以早到八千年前。可見古代史這門學科在歷史學領域中，推陳出新的動力比其他的段落要強，它還在不斷發展，不斷壯大。事實上，任何一門稱得上知識的學問大概都具有這個特點，能使知識不斷翻新的學科才是能增益人類知識的工具，一義定千秋，應該歸屬於宗教，不是學術。古代經典雖然字句珠璣，歷經傳統兩千年的敷衍鋪陳，已經增添很多色彩，不一定符合史實，我們現在了解古代不比傳統時代遜色，經典的意義第一須建立在我們所理解的古代社會之上，然後再探求它的現代意義，這就是我所謂的新古典學。這層意義下面還會說明。

四

上面所談的兩點純就歷史學而言，離開學術圈而問古代史研究對現代的意義，我想最緊要的還是中國文化的延續性。上面說過古典在傳統時代不斷出現，古典沒有死亡。以往談這個問題，往往由思想史的角度出發，我們現在則可以就基層社會更通盤全面地觀察，我們探索的不限於大思想家，而是中國人、中國社會。古典文化沈積在中國社會底層，並且變成非常牢固，非常複雜的成分者是家族以及從家族衍生出來的種種文化，也許可以給予一個名稱，叫作「家族文化叢」。中國人從生到死離不開的家族結構要從「五服制」來看才真切，近代學者習用的大小家庭、主幹、核心家庭不見得比傳統的術語「五服」更貼切。五服大別為三年、一年、九月、五月及三月這五種服喪的時間，其中配合孝服的輕重，還有更細緻的分別。這是中國人親屬結構網絡的具體表現，用喪服之輕重，喪期之長短來表示生者與死者的遠近親疏。以自己為中心，往上為父、祖父、曾祖、高祖，往下為子、孫、曾孫、玄孫，旁及兄弟、堂兄弟（從兄弟）、再從兄弟、三從兄弟（古書應叫昆弟而非兄弟）。共父親的是兄弟，共祖父的是堂兄弟（從兄弟），共曾祖的再從，共高祖的三從。所以由兄弟的期一年喪，堂兄弟的大功九月喪，再從兄弟的小功五月喪，最後是三從兄弟的緦麻三月之喪，構成一個嚴格的父系家族。維繫父系家族的重要標識便是「姓」，每個家族都戴上一個姓，不可隨意改變的（初期並不嚴格，後來愈嚴格）。中國平民有姓是世界各種文明中最早的，歐洲在中古以後才逐漸有姓，而且和職業息息有關，所以一般取姓不是麵包師（Baker）就是鐵匠（Smith），不是漁者（Fish）就是木工（Carter），甚至連某某人的兒子也成了姓（如Johnson）。日本直到明治維新平民才逐漸有姓，故有田中、柳下、江上、貝塚等姓，這都是很晚才有的文化，但中國人早在秦漢之際已經相當普遍了。姓是一個標誌，它用來維繫家族，人的行為準則先從家族中規範起，這就是所謂的倫理。長輩晚輩如何對待、親疏遠近如何相處，推廣到五服以外的族人以至沒有血緣關係的鄰里鄉黨，相待之道都是家族倫理的擴大化。甚至非血緣的人群結合也模倣血緣模式，我稱作「假血緣聯繫」，後世祕密社會的結義拜把就是典型的例子。可以說中國人的行為規範十之八九都從家族倫理發展出來。甚至國家統治手段的法律也脫離不了家族色彩，現在考古發掘雖然出土秦律、漢律，但都不夠完整，目前最完備的法典還是唐律。唐律所定的刑罰，犯同一罪行，一般人對一般人與親屬關係中上下、尊卑之互犯截然不同，尊對卑比一般人減輕，卑對尊則加重，法制史學者稱為「法律的家族主義」。這是刑法。民法方面，譬如財產瓜分也以五服的親疏遠近定準則。做為中國人，橫的方面，既然無所逃脫於家族網絡之外，縱的一生也無法離開前有源後有流的家族傳承脈絡。從生到死都離不開家，而且離不開祖廟，《儀禮》記載人生幾項大典，如成年的冠禮，成人的婚禮以及生命結束的喪禮，都在祖廟舉行，這樣的家對個人的意義自然既深且重，祖先崇拜之成為中國人最根本也是最重要的宗教行為，絕對不是偶然的。人群組合、行為倫理、法制、信仰糾結一體，構成「家族文化叢」，根源來自古代，雖然今天稍稍鬆動，但不見得一定會解體。事實上「家族文化叢」對我們現代社會也不一定有百害而無一利，世界上或歷史上何嘗見只有利而無弊的文化，「家族文化叢」是現代社會的阻力或助力，恐怕將取決於我們現代人的智慧。今天我不談孔孟，只說一般人。以「家族文化叢」來說，古代對我們似乎並不遙遠，也許反而覺得十分接近。

再看政治結構，先秦到秦漢是封建轉到郡縣的過程，兩千年來中國的行政體制是郡縣制，今天的省縣制基本上也是郡縣制，歷來只在郡與縣當中再多加一兩級，骨幹還是這兩個，上面才是中央，以皇帝為首。中國皇帝的角色是帶有神性的，他自命為天子，這種神性和天命觀念可以遠紹商周，原來商代的「天」和「帝」是祖先神，《尚書》記載商王盤庚和其他族長的談話，就說他們的祖先都在天上，而商王的祖先則是最高的天帝，其他各族族長到天上也都成為天神。到周代才脫離祖先神而產生一個照顧全民福祉的上帝，這當然有現實意義，祖神當上帝已被商人先占有了，周人不得不提出一個更高境界的普遍天神來，但還是天命。我們看《詩經》歌頌上帝降臨人間，他看看東邊的商紂王烏煙瘴氣，回過頭來看西邊的周文王，文王順從上帝，以上帝為法則，於是助文王取天下。以後中國的皇帝都喜歡玩這套天命把戲，皇帝制度雖為三代所無的，但皇帝的神性則是由三代傳下來的。三代社會氏族力量甚強，天子雖然具備神性，尚受貴族甚至一般人民的牽制，秦漢大一統以後，這些社會力量垮了，皇帝獨尊，再加上神性，便如虎添翼，這是中國歷史發展的大不幸。

傳統政治格局，以皇帝為首的中央政府，下面有郡縣統轄萬民，這就是我所謂的「編戶齊民」。雖然今日政治領袖沒有以前皇帝那麼大的權威，也不再具有神性，但是中央與地方的結構依然未變，以個體家庭做為主要的社會單位，還是與戰國到秦漢所形成的情形一樣。我的《編戶齊民》專門討論西元前六〇〇年至前二〇〇年間社會轉變的問題，這次的轉變塑造了傳統兩千年政治社會的基本形態，所以這本書的副標題是「傳統政治社會結構之形成」。編戶的戶是指戶籍，今天戶口名簿的基本格式見於敦煌文書所載的唐代戶籍，再往上追溯，秦漢簡牘已有類似的痕跡。可以說今日戶口名簿的基本規格秦代已經有了，兩千年來政府就是利用戶籍控制人口，操縱人力。當然，這兩千年中也有不少時候中央政府式微，於是發生逃漏戶口的現象，戶籍不修，政府收不到稅、徵不到兵、派不到勞力，就非垮臺不可。在這樣的政治結構下，平民百姓實在是中華帝國的基石。這樣的平民兩千年來存在過，即使今天也同樣做為國家之基石而存在著。

中國古代文化之長期存在並不限於結構性的層次，如果注意一些與人民日常生活有關的禮俗，就不能不驚嘆中國基層之民俗文化韌性有多強大。三年前我鼓勵一位韓國學生利用睡虎地秦簡的日書研究古代宜忌，類似今天所謂的黃曆或農民曆，即是一例。一九七〇年代湖北省雲夢縣睡虎地發現一批秦墓，其中有一座墓主人名叫喜的，是秦國中下級的官僚，他死的時間大概在秦始皇統一天下後四、五年。這座墓出土大批竹簡，一部分是法律文書，一部分是關於日常生活宜忌的日書。蓋房子要看日子，婚嫁要看日子，出門、做事皆看日了，那天宜什麼，忌什麼。這類資料後來在秦到西漢的墓葬中還陸續在其他地方出土，直到兩千多年後的今天也一直存在。無可否認的這關係中國人日常生活行為的習俗以及他們的心態觀念至深且巨，可以說是中國文化的重要成分，不論你喜歡不喜歡，卻不能忽略它的存在，而中國古代文化綿延力之強韌由此亦可見一斑。活存到現代的古代文化當然不限於我所舉證的「家族文化叢」、「編戶齊民」以及宜忌日書三方面而已，隨著新資料的出土以及學術研究的深入，可能有更多的文化質素愈被揭露出來，也就是說，我們可能愈來愈發現現代的自我與遙遠的古代其實是滿接近的。

五

這些看法對歷史感比較不深的人也許還不覺得痛癢，所以我想更直截了當地談談古代史的現代意義，對時下一些熱鬧話題直接反應。十幾年前我寫《周代城邦》，提出「城邦論」來解釋周代的政治社會特性，和大陸當時流行的奴隸制理論不相容。《周代城邦》寫作的動機係因當時我對政治社會關懷而起，那時我們做學生，感受到最沈悶的問題是中國（或臺灣）中央政府何以那麼集權，一人統治的權威為什麼那麼高張，我上研究所，讀《左傳》，發現春秋時期這種住在城裡面的人，叫作「國人」的，他們卻享有相當大的政治權力，與我一向熟悉的中國歷史上的平民截然不同。他們可以參與國君的廢立，可以決定國家的外交，可以左右貴族集團的鬥爭，《周代城邦》實有感於國人的特殊歷史地位而作，因為我覺得中國自秦漢帝制成立後，中央政府就變成龐然怪物，力大無窮，把人民社會踩在腳下，我們應發展足夠的社會力量來制衡，中國才有前途。

從七〇年代以來，臺灣社會快速改變，商業發展，經濟起飛，中產階級於是形成，接著而來的是一連串的政治改革，我們的方向算是走對了，當今許多國家的改革都付出了相當高的代價，臺灣所付出的代價還算便宜，所以「城邦論」的現實使命應該完成了，不必再述說它的現代意義；但不意最近兩年的統獨情結如火如荼，令我覺得「城邦論」並未過時。統一，獨立，都是秦始皇滅六國以後的事情，也是秦始皇以後才有的問題，在三代，在城邦的時代，中國境域內有好多國家並存，但無礙於天下一家，我們應跳出一刀切的統獨二分對立的思考模式，以先秦之古為鏡，思考現在面臨的國家認同問題。「城邦論」認為古代許多城邦在共通的治國理念下，各國仍保持他們的獨立性和自主權。據說最早萬國，至春秋還有一兩百個國家。像季氏所伐的顓臾，位於魯國邦域之中，主管東蒙山的祭祀，是一個非常小的國家，在封建體制中屬於附庸，沒有資格參加周天子召開的諸侯大會。即使如此，它也是一個政治實體，並且自有武備，所以季氏擔心「今不取，後世必為子孫憂」。歷史當然是殘酷的，如果說夏禹時有萬國，商周之際可能有一兩千，到春秋剩下一兩百，吞併征伐顯然無時無之，但有一個共主的大國出來維持天下諸邦的均衡穩定，在同一種文化下，能維繫各個政治實體內的獨立性，對今天臺海兩岸的局面，未嘗不是統獨之外的另一方案。北京當局固然害怕這裡獨立，那邊違令，終至於土崩瓦解，中國人也不願見到這種局面。不過為中國前途籌策，歷史證明強大的中央政府對人民委實害多於利，中國的課題在於怎樣維持一個和諧的整體，又讓各個地方能發揮他們的動力，完成他們的特殊性，以適應各地人民的生活，這才是中國政治領袖應該考慮的問題。中國唯有各個地方能發揮出力量來，對所有的中國人才可能幸福，這樣的政治社會基礎應該近於古代的城邦，而非帝制，用現代的政治學術語說，就是聯邦或邦聯。

古代城邦的基礎在於古代文化的多元取向，今天從考古資料得知古代社會文化演進的歷史，不是一元向外放射，而是四方多元逐漸融合，這觀念已獲得大部分考古學家所承認。考古學家蘇秉琦先生把中國新石器時代分作六大地區的文化體系，提倡「滿天星斗」的文明起源論；進入古典時期，多元性也一直很強，這就是我所說的城邦時代。不過在分歧的多元結構下，也不斷融合，時代愈下，形成的共同文化模式及價值取向也愈大，歷史上所謂的華夏民族和華夏文化是在這古典的兩千年中逐漸造成的，慢慢地異中求同，公分母愈大，共通性就愈強。即使秦漢大一統的政局下，我們不宜忽略「百里不同風，十里不同俗」的事實，中國文化的確同中依然存異。文化多元論才是中國歷史的實情，過去講成單元，不符合歷史。在多元的融會過程中，公分母愈大，涵蓋範圍愈廣，中國文化的認同也愈強。這種文化先於政治的古史傳統應該可以給「政治掛帥」的現代人一些啟示。

古代文化特別重禮，中國經過近代的反傳統，「禮」不但變得一文不值，而且是反動、落伍的象徵，這恐怕也是中國現代文明庸俗化的一種原因吧。「禮」當然離開不了「儀」，但正如孔子說的，「禮云禮云，玉帛云乎哉！樂云樂云，鐘鼓云乎哉！」禮樂不只是擺在那裡的禮品或樂器而已，它還有更深的意義。我們在反傳統的洗禮之下，已經把傳統的「禮」棄如敝屣，所謂法制的新規範多年來尚未建立起來，弱肉強食的叢林景象並不比「禮教吃人」遜色。寖假而至今天，我們看到的多是以自己做中心，且是以自己一時的喜怒好樂為評判標準，實在是現代文明的大危機，古代重禮的文化對現代人也許可以有震聾啟聵的作用。

其實西方任何一個上軌道的法制國家，也都是禮義可風的美好社會，禮和法不但不必互相排斥，實際可以相輔相成，即使是所謂形式主義的「儀」，我們也不可一筆抹殺。譬如西方宗教離不開教堂，教堂行禮就是儀，禮的規範作用和陶冶功能沒有儀是發揮不出來的。我曾到英國研究一年，孩子就讀於倫敦聖保羅主教座堂唱詩學校，該校每年十一月舉行頒獎典禮，頒獎給去年各科成績優異的學生。典禮肅穆莊嚴，學生、家長、社會知名人士應邀參加，舉行宗教禮拜，校長演講治校理念，受獎學生倍覺榮耀。向來獎品，有無儀式以及儀式之是否莊重，對人的精神心靈所產生的洗滌作用是截然有別的。中國古代多種禮儀的程序記錄下來，成為《儀禮》而留傳到今天，譬如成年的冠禮，父親替孩子聘選一位來賓主持儀式，成人的青年接受親人道賀。冠禮提醒年輕人對自己的行為更加負責，對家族社會更多一份擔待，總比現在糊裡糊塗長大而要求權利有意義。至於婚禮、喪禮，古代那些儀式都能提醒人生命的莊嚴與尊貴，不像現代的臺灣社會這麼踐踏人性的尊嚴。我當然不至於要復兩千年前之古，但「儀」不可廢，「禮」能昇華人的心靈，不知浮華的現代人聽不聽得進去？禮化深，人格自然高貴，古典時代的君子就是禮儀陶冶出來的典型人格。閱讀《左傳》，發現那是一個君子的時代，敵人對陣，相互之間還是那麼客氣，講話還是那麼恭順，若敵人比他身分高，他還要下車敬禮，但敬禮歸敬禮，仗依然要打，我如果不賣力，就是輕視你，為尊重你故，我非拼命不可。以前我寫過一篇小文給國中學生看，題作〈君子的戰爭〉，那些君子武士的人格實在令人嚮往。

六

總而言之，我覺得古代文明對現代還很有意義，中國傳統文化和歷史發展的特質在古代已經生根，而且形成中國文化的特色，站在比較文化的宏觀角度來看中國，更非把握古代不可。這些都不能只限於少數幾個思想家，應從全民文化去發掘。至於針對現實的議論，我說的也不是理想，都是根據實際研究出來的結果發揮，所以本文我不說三皇五帝的黃金時代，也沒有王霸義利之辨。宋明理學家往往把他們的主觀意願投入歷史，以想像的歷史來批判現實社會，這種做法違背歷史學的基本原則，我寧願從事實出發，而求事中之理。我相信歷史可以告訴我們人生在世的真諦，不絕對完美，但往往有柳暗花明的意趣。

《當代》九十三期，民國八十三、一、一

古典的活水泉源

年輕時我初讀一點聞名學者的著作，便對歷史（尤其是古史）產生興趣，進入大學以後，遂毅然走上這條路。將近三十年來，個人由學生而為師長，知識趣味雖然一以貫之，反觀時勢丕變，「好古敏求」的青年日益遞減，古史對現代人而言亦若天方之譚。即使像我這種以古史獲得一點浮名的人亦不免自問：古史真有意義嗎？日前《中央日報》舉辦「全國作家新春聯誼茶會」，李登輝總統應邀致詞，有一部分涉及古代文化，副刊主編章益新（梅新）先生希望我發表一點意見，就學術責任而言，我固不容推辭。

李總統以全國最高領導人而兼中華文化復興總會會長，籌思「要復興什麼」的問題，而且指出應該復興儒家以前的文化，這番識見坦白說不在專業學者之下。中華文化歷經數千年的發展，糟粕與精華並存，理應知所取捨，才是復興之道。大體而言，在秦始皇統一之前，中國文化多元性強，多元是自由的基礎，有自由才有創造，所以文化的原創性也高，這是我們提倡文化復興應有的基本認識。

不過臺灣提倡文化復興，如果我記憶無誤的話，是在中共文化大革命全面破壞傳統文化之後所提出的政治號召，不但與西方近代初期恢復希臘羅馬之古的文藝復興不同，甚至與五四以來清算傳統文化的「文藝復興」也大異其趣。

近代初期北義大利繁榮商業城邦中市民階級尋求文學藝術新的表現方式，以希臘羅馬的古代文化為典範，擺脫他們心目中的「黑暗」中古，而達到思想自由的目的，這一連串的歷史過程史家謂「文藝復興」(Renaissance)，本義就是再生——原來已經有的，曾經死寂一段時期，現在讓她重獲新生。如果用西歐這段歷史經驗來檢討中國五四運動的「文藝復興」，反抗傳統是相同的，但古典並不是復興的模範。按照胡適先生的說法，五四文藝復興是以活白話取代死文言的新文學運動，是反抗傳統各種束縛個人自由之思想與制度的運動，是理性對傳統，自由對權威的運動。總之，是一種追求新文化、新思想、新潮流的反傳統運動。如果想要在此文化運動中尋覓一絲一毫「古」的氣息，大概只有運用歷史批判法的「整理國故」吧。然而整理國故和宣揚民主、科學不同，不是以國故啟發新思想，因為反傳統的思潮並不承認古典能給現代什麼啟示。

中國有過一個古典時代，大約在西元前二五〇〇～前五〇〇年，也就是古書記載的五帝和夏商周三代，但留傳到後世的文獻大多則晚到東周才著成，這就是鄒魯搢紳之士所誦讀、講習的經書，兩千年來學者不斷詮釋的經典。經典是歷代中國人的思想泉源，從政治理念到倫常規範無不取資於此。唯時間一久，有的變質，有的僵化，有的惡化，沈澱的糟粕拖累中國社會日益遲鈍，喪失活力，終至於面對十九世紀西歐東滾的浪潮而手足無措。五四青年救亡之不暇，羞於肯定古典是可以理解的，不過西諺說得好，傾倒洗澡水，不能連澡盆裡的孩子也拋掉。清新活力的古典與變質僵化的傳統自應分別看待，舊典新詮，史學研究重建的古典社會對我們現代可能比傳統兩千年還更具有啟示性。現在就我們社會比較關切的幾個問題來談談中國古典對現實生命的意義。

近來臺灣上下各層備受「國家認同」的困擾，在政治上形成統一與獨立的對立，在思想上也浮現類似分明的壁壘。說來應該慚愧，目前臺灣社會的對立正暴露我們思想的貧乏。大家不知珍惜臺海兩岸分裂分治其實是中國人一個很好的省察機會，反省什麼樣的政治體制才最適合中國人。所謂「國家認同」應該是探尋最合情理、最合人性的政治制度的問題，而不是偏執某種信仰或情感的意識型態之爭。最合乎中國人的政治制度果真非統即獨嗎？有沒有其他路徑？

從歷史來考察，統獨是秦始皇以後才出現的思考模式，秦始皇之前，中國人至少經過比秦始皇到現在還久的時期無所謂統獨，那是一種小國的政治形態，我稱作「城邦」，每個國家的內政基本上獨立自主，各邦之間有一定的聯繫方式，有點像今天的聯合國。隨著時代的演變，有的小邦逐漸變成大國，而居於領袖國家的地位，但對其他小邦的內政並不強力干預。國際之間雖然時啟戰釁，但消滅一個國家只是把統治階級夷為平民，只摧毀代表貴族的宗廟而不摧毀代表平民的社壇，人民並無後世的亡國之痛。即使到春秋時代，已經是城邦時代的晚期了，我們還看到戰敗的國君肉袒，自縛，扶著棺材，來到戰勝者面前，請求賜他一死，而保全人民的財產和生命。懂得古禮的戰勝者也照例要親自為敵人鬆綁，將棺燒掉。只要歸順，君仍為君，民仍為民，秋毫無犯。在這種時代裡，一個令人敬佩的領袖國家還會重建滅亡之國家，延續斷絕的世系，《禮記》、《中庸》叫做「繼絕世，舉廢國」。成為天下共主最主要的手段不是逼人就範的武功，而是使人心悅誠服的文德，孔子謂之「修文德以來遠人」。這些政治規範在古典的城邦時代都曾出現過，都是歷史事實，絕非少數人的理想。如果我們能多讀一些古典，多從古典中吸取新義，應該可以免於墮入統獨的泥淖，而站得更高，看得更遠，不但為中國人的前途開一條路，也許對世界上戰亂頻仍的民族也有一點貢獻。

其次關於民權。中國的古典城邦雖然沒有提出「主權在民」的理念，但住在城內占絕大多數的人口的「國人」是擁有相當程度的政治參與權的。單以城邦趨於式微的春秋時代來說，中原許多城邦的國人可以決定國君的廢立，過問外交的和戰，參議國都的遷徙。我們讀《左傳》也發現國君和貴族政爭，勝負往往取決於國人的動向，凡獲得國人支持者，終占上風。國人有高度的言論自由，周厲王以天子之尊，由於鉗制人民的批評而被流放，老死異地。鄭子產有鑑於此，故不關閉人民議政的鄉校，而給中國統治者留下「防民之口甚於防川」的千古名言。《尚書・皋陶謨》說：「天視自我民視，天聽自我民聽」，在那個神權時代，天意的具體表徵既然在於人民的好惡，難道不是「主權在民」最具體的落實？這些權力（或權利）的表現也都是歷史，絕非少數人的理想。孟子所說「民為貴，社稷次之，君為輕」，也是有歷史根據的。城邦「民權」的根源不是天賦，也不是神授，它是在國人所居的里所開出的花朵，里即今日所謂的社區。根據我早年對城邦的研究，國人發揮舉足輕重的政治力量，係有他們的社會組織——利害一致的「共同體」作後盾，這對我們朝向民主邁進的努力也有一定的啟示作用。中國人講民主已快百年，介紹理念，移植制度，借鑑法律，不一而足，但那些理念、制度、法律似乎又有點失真走樣，我們到底欠缺什麼呢？參照西歐自治城市發展的經驗，近百年來提倡民主的人士是不是太迷信思想的傳播而忽略社會組織的健全化，他們也許看到傳統時期鄉里淪為宣導專制的工具，而不知古典城邦那種獨立性格的鄉黨共同體。缺乏自主自動的社區而侈談民主政治，恐怕是緣木求魚吧。

如果有朝一日我們的國家真正民主化了，大家可曾設想那是怎樣的境界。是不同黨派分別選出代理人在國會殿堂上瓜分利益？是不同黨派祭出各式扣人心弦的文宣爭取人民的支持而攫取主導國家前途的權力？是各行各業人士自己結社，合法地爭取本團體的權益？我不知道這樣的境界算不算真正的民主，也不知道這樣的民主是否最適合人類的生活。但即使一切方式都合法，似乎也還欠缺什麼東西？我想大概就是某一種人格境界吧，作為民主國家之國民的人格境界。

中國文化頗不以「黨同伐異」為然，粗看似乎與現代民主的政黨政治背道而馳，但其中有更深一層含意。黨同的「同」就是孔子所說「君子和而不同，小人同而不和」的「同」，「和」與「同」有何區別？孔子的前輩晏嬰解釋得很透徹。他說譬如作羹，以火燒水，水中摻入醋醬鹽梅，熬成羹湯烹魚燜肉乃成美味。這種美味是從各種互相抵觸的東西調和出來的，如果只用單一調料，不是太鹹，便是太酸。晏嬰不是廚師，不過藉作菜說明政治的道理罷了。他責備齊景公喜歡聽順耳之言，寵臣遂曲意逢迎，君臣如聲應響，得出的政見就像用同一種調料熬出的羹湯，單調難嚥，這是君臣之「同」。相反的，當政者說「可」卻聽到「否」，當政者說「否」卻聽到「可」，臣之「否」可補正君之「可」，臣之「可」可除去君之「否」，他們得出的政見就像用幾種不同調料熬出的羹湯，美味可口，這是君臣「和」。這番道理並不是他的創見，至少〈商頌・烈祖〉這篇宗廟頌歌就這樣唱的。這種人格在城邦時代便稱作「君子」。我不曉得將來的民主人格是「同」還是「和」，或是諸小同中的一大和。這個問題恐怕不是現代政治學能夠解答的吧？不過如果西方民主政治沒有 gentleman 的人格作基礎，不知將成何種的局面？現代中國人宣揚民主，似乎太迷信制度而忽略教育文化，我們是不是也該重視君子或 gentleman 的人格典範，否則社會力量難保不流於弱肉強食的叢林法則。古典君子離現代民主遠嗎？以「和而不同」來說，毋寧是現代民主應該追求的目標。

秦始皇統一天下以前的中國社會多元發展長達數千年，其多元性格表現在政治、社會、文化等層面，構成古典時代的特質。我們相信多元是自由的根基，也是民主的泉源，遙遠的古典城邦反而比秦漢以下兩千年統一帝國更切合現代中國人的需要，與現代社會的發展趨向也更吻合。其實不論中外，古典永遠是活水清泉，供應不同時代人擷取他們所需要的養分。西方人至今仍然不斷復習希臘羅馬之睿智、猶太基督教的聖書，這是西方的古典。中國的古典則在先秦所謂王官之學的經典和它們反映出來的政治社會與人生的智慧。我們復興中華文化應當重視古典，詮釋古典，這不是走尊經的老路，而是我們與古典政治社會形態有比傳統帝國時期更容易會通相契的地方。古典新詮，勝義難以一一枚舉，這篇小文所談的三則不過大鼎一臠而已。臺灣蕞爾小國，經濟繁榮有似近代初期北義城邦，我們如果能吸取古典精華，創造一種新的政治體制和生活方式，那才是真正的「文藝復興」。歷史巧合嗎？似乎亦有其客觀性存在，不過成敗關鍵端在於人。

《中央日報》十八版，民國八十四、二、十八

讀史方法抒懷

有人要我談談讀史方法，我想不宜論述那些艱深博奧的學說，只平白淺近地抒發個人的一點感想，通俗地說就是講「怎樣讀歷史」。

按照邏輯思考程序，應該先問「什麼是歷史」，其次是「為什麼要讀歷史」，最後才輪到「怎樣讀歷史」的問題。然而真能把「怎樣」講出一個所以然來，那兩個前提大概也可以獲得比較具體的解答，我不敢肯定能達到這個目標。

電影「霸王別姬」平劇班的師傅說：狗不聽戲，貓不聽戲，只有人才聽戲，不聽戲的不是人。如果把這段臺辭的「戲」字改成「歷史」，「聽」字改作「讀」，恐怕也相當貼切。其實只要識字的人必讀過歷史，不識字的人也聽過歷史，看官除非存心輕侮歷史，否則不必擔心挨罵。

能讀史、聽史的人當然和貓狗不同。人類所以有別於禽獸即在於他是站在前人的肩膀上更進一步地發展，一代才比一代進步，不像禽獸，一代代都得從頭開始學起。人在這當中體驗到個人生命即使短暫，整體的生命則極綿長，認識自己是歷史大洪流中的一段細流。這是個人歷史意識覺醒的初步，唯有這樣，歷史對他才產生意識，歷史著作也才讀得進去。

人雖然自命為萬物之靈，真能自主的成分並不多，你我作為二十世紀下半葉生活在臺灣之人，這個共通條件固然區別了我們與中國大陸的人，也與世界各地的人持抱歧異的認同意識，這些差異即是歷史的因果。從寬廣和長久的時間結構來看，個人只能在歷史的「天羅地網」中盡一己之所能來創造自己的歷史。所以不要妄想逃避過去，更不要自欺欺人地指實為虛，歷史上沈澱下來的總有發酵的一天，這是「過去」對「現在」的作用，懂得這點才曉得讀史的迫切性，而也唯有深切體認「過去」與「現在」之交光互影，聰明的讀者才能從現實生活深入故紙堆中。

學任何知識總要先有親切感才有收穫，讀史也一樣。知識的親切感不能單憑趣味性，一個人認識他的生命是群體大生命的一部分，體驗他的種種積存（連語言也不例外）都是歷史的遺留，於是產生切膚之感，由切膚感而蘊育出親切感，自然而然會找歷史來讀。譬如現在大家已認識到教育非徹底改革不可，但有多少人真能屏除傳統熱中功名的心態，如果說我們的社會還是一個科舉社會似亦不為過。以這種角度讀歷史，才會覺得歷史是自己的事。

有人強調讀史的目的在「知人論世」，明白上面所說人在歷史洪流的地位，就知道「知人」和「論世」是分不開的。不以我個人的好惡強加在歷史人物身上，也不以我所處的時代苛責歷史人物，反而從他所處的時代社會去分析他的言行作為，即是「同情」，這是讀史應有的恕道。史家錢賓四先生有感於近代風氣對待古人「磨刀霍霍」，勸人讀史要存一份溫情和一份敬意，溫情敬意應該都是從「同其情」來的。

「同情」的態度對讀史者自己亦至關緊要。歷史上沒有兩件一模一樣的事，粗看相似的，往往名同而實異，或者個別相近但在時空脈絡中卻又有天壤之別。照這麼說，歷史不能重覆，它的知識是不是毫無用處呢？絕對不。我們讀歷史不是要去找一個適合你用的模式，而是從前人的特殊條件下體察他們怎樣完成特殊事業。近代有些專門著作喜歡講歷史規律或模式，作者固有權從其所好，但嚴格說這是近乎玩物喪志的文字遊戲。歷史上不可能有模式供我們使用，我們只能在特殊個人與特殊時空環境的「分際」，體察其間的契機。分際、體察和契機，比什麼理論模式都重要，這樣讀史才能入味，而對自己所處的時代社會也才容易感興。

中國雖然歷史著作非常豐富，但在中國人的知識體系中，史學的地位並不尊崇，兩千年來永遠有個老爺——經學騎在它頭上。中國人根據對經典的片面解釋設想出一個美好世界，以對照歷史的真實世界，歷史便顯得齷齪，徒供批判，不值得追求。所以宋代有位理學家勸人「讀書不要讀史」，另一位理學家補充得很好，他說：「看史只看人相打，相打有甚好看處？」當然，如果我們能在自己建構的夢境打發一輩子，倒也無妨，事實上只怕不易；何況個人即使打發一輩子，民族可不能永遠沈酣於夢境中！

其實史學透過長期的考察仍能給人生帶來一些啟示。先師沈剛伯先生畢生提倡歷史教育，認為史學自有人生義理可求，除事實外，還能從「事」中見「理」。沈先生說，讀史可以通古今而明是非，正疑似而辨義利，終至於幫助自己面對現實人生以定猶豫。歷史人物多是凡夫，如三人同行之我師，對同為凡夫的我們來說比較親切。然而聚古今諸凡夫於一堂，讀通歷史的人豈有不能尋覓人生方向的道理？

該讀什麼樣的史書呢？我不能給讀者開書單。讀者依性之所好、人生感懷或實際需求，參考上面說的一些方法，自己去找來讀，能讀出味的便是好史書。嚴格說，我也不曾告訴讀者什麼方法，不過談談讀史的態度罷了。

《中國時報》人間副刊，民國八十三、六、三

臺灣中國史研究的未來

中央研究院院士會議建議政府召集相關學者研商人文社會科學發展之方向，值此世紀之末，人文社會科學各學門也有必要作一總檢討。歷史學門的研究與教學向來分為中國史和西洋史（近來大家習慣改稱「世界史」），但西洋史介紹遠多於研究，直到最近臺灣史才快速地成為顯學。所以過去在臺灣的歷史研究基本上以中國史為主。這是過去的情形，往後的局面必然會有所改變，但可以預測者，中國以她豐富的內容以及與臺灣人民、文化、前途的密切關係，中國史的研究依然會占居主要的地位。但也由於現實情勢的轉變，中國史學家面臨的問題將更複雜。

臺灣中國史研究的世代

在臺灣的中國史研究，以具備學術意義者而言，應從民國三十八年稍前大陸歷史學家播遷來臺開始算起。這些史學前輩是臺灣中國史研究的奠基者，屬於第一代。他們的史學思想和歷史研究對學生與後輩起了規範性的作用，塑造臺灣中國史研究的一些特點。

一般地觀察，這些特點，可以歸納為下列幾項：第一，學術與現實保持適度的距離。選定的課題強調學術意義的單純性，不必呼應現實的政治社會情境，更不屑於為現實問題作詮釋。其次，研究對象重政制而輕社會，重個人而輕群體，重菁英而輕群眾，重思想而輕物質，所以政治制度史、學術思想史比較發達。第三，研究態度崇尚實證，不喜理論，實證方法蓋以辨別史料真偽，發掘原始史料為主，較少涉及歷史學之外其他各種學問的方法和觀念。因此歷史論述容易流於單線的因果關係，而忽略整體性和有機性的繫連。

這三項特點大概可以反映五〇年代臺灣中國史研究的通相，當時外國史缺乏研究的條件，臺灣史少人研究（或說少人敢研究），中國史研究的通相即是史學研究的通相。因為學術的傳承，這三種特點或多或少地維持到現在。

大體上第一代史家的心態是開放的，並不刻意營造嚴格的學派，所以當六〇、七〇年代，他們教出的學生出國留學帶回許多新的歷史研究的觀念和方法時，並沒有遭到阻礙，很快地成為歷史研究的新潮流。這是臺灣中國史研究（也是臺灣的歷史研究）的第二代。他們治史也有一些特色，最突出者莫過於援引社會科學方法到歷史研究的領域。臺灣的歷史學家重視社會科學方法固不始於第二代，譬如第一代的李玄伯（宗侗）先生便是很好的例子，但強調運用社會科學方法無疑是第二代的特點，當時傑出的史家即使不以提倡「社會科學的史學」為職志，也多和社會科學方法有些關係；歷史家和社會科學家經常有學術對話，甚至創辦社會科學的史學雜誌。於是青年學子聞風影從，極端者甚至輕史料而重方法，尤其是社會科學方法。然而社會科學的領域廣泛龐雜，每一學門都有它重視的課題、探索的旨趣和特殊的方法，歷史學不可能無所不包，歷史學家也不可能無所不學。就這二十年的業績來說，當時引介的社會科學方法如量化和心理分析便不一定適合中國的史料。附麗社會科學方法的史學著作雖然比比皆是，但真正令人膺服的著作並不多，反而暴露漂浮無根的困境。

不過臺灣第二代中國史學者的貢獻是不容低估的，他們拓展歷史研究的領域，推動社會經濟史研究，成為顯學，至今未衰；他們也引導年輕學者具備更寬廣的研究角度和更活潑的研究方法，遂奠定八〇年代以來臺灣史學研究的基礎。八〇年代走上檯面的學者屬於歷史研究的第三代，大多有外國學習的經歷，對歐美或日本的史學潮流也能掌握，今日臺灣的史學研究還以這批人為主幹。

由於七〇年代中期以後臺灣的經濟起飛，第三代歷史學者風雲際會，他們的客觀條件比第一、二代師長輩改善甚多，圖書資料益加充實。又因為八〇年代中期以後政治禁忌日弛，中國大陸研究訊息的傳遞化暗為明，由零星片斷而大宗全面，臺灣的中國史研究者逐漸能夠充分掌握大陸學者的研究成果，也了解他們的研究路徑。這些變化使得臺灣的歷史學者化被動為主動，增強信心，更清楚地認識自己，也看清別人。第三代中國史學家討論的面向寬廣，層次深入，解釋角度多元而細緻，即使介紹外國理論也比較不生吞活剝，顯示臺灣史學界對那個迷信方法的時代的反省，不過他們也有新的困境和難題。

學術發展策略的省思

進入九〇年代，臺灣歷史學界的研究陣營產生比較大的變化，首先是臺灣史研究蔚為大國，與中國史的界限劃分日益分明；而在「臺灣主體性」意識逐漸確立時，中國史研究者不得不思考一個似乎不是問題的問題——該如何對待中國史？誠如上言，自五〇年代以來，臺灣的歷史研究基本上等於中國史研究，在臺灣的中華民國政府是中國的正統政權，在臺灣的中國文化也是純正的中國文化。當世界史仍然只停留在介紹和教書的階段，而臺灣史也只是中國史的一段尾巴時，所謂歷史研究自然只剩下中國史研究了，歷史學家也幾乎是中國史學家的同義詞。過去政治力量限制臺灣史的研究，學術傳統及經濟條件限制世界史的發展，遂令中國史研究一枝獨秀。但今日中國史壟斷的局面已經打破，政治現實催促臺灣史的研究加速成長；以貿易立國的經濟現實，臺灣人也需要具備世界史的知識。即使單從學理考量，歷史研究和教學都應該朝臺灣史、中國史和世界史三大領域規劃，推動發展，所以這三大領域內如何合理分配資源，便成為國科會這類規劃學術發展的機構應該思考的問題。相對於個別歷史學家，在新的客觀情勢下，中國史學者也到了拋棄唯我獨尊心態的時候，重新嚴肅思考怎樣研究中國史，怎樣對待中國史的問題？

無可諱言的，目前臺灣的歷史學者學術探索頗有受到現實政治立場污染的威脅，進而造成某種程度的裂痕。我們固無意要求史學家放棄個人的政治觀和世界觀，也很難斷然否認史學家沒有個人的主觀偏好，但我們仍然相信可以在追求歷史真實的大前提下重新審視未來的中國歷史研究，因為客觀的真知識對任何立場的人都具有啟示作用的。基於這個信念，相信不同立場的中國史學家仍能在追求真知的路途上，探索中國歷史上對我們有意義的課題，開發新的研究領域，運用新的資料和方法以建構我們的中國歷史觀，提出我們對於中國歷史發展的解釋。

為完成上述的目標，在學術發展的策略上可能有幾個方面值得考慮。第一是拓廣研究的基盤。以往中國史的研究傾向比較習慣於從中國看中國，不但如李濟先生所說上了秦始皇的當，以長城為限，對中國南方的歷史，向來歷史學者的眼界也超不出今日的疆域。大家都知道今日的中國疆域晚到清初康乾盛世才確立，中國歷代大部分的政治疆域多比今日小得多，然而如果只在今日的疆域內尋求，要徹底了解人民生活和文化的歷史，是遠遠不足的。

以我比較熟悉的上古時代而言，北方的小麥、南方的稻米，三代的青銅冶鑄、戰車和武器，以及家畜如馬、牛、羊的飼養等等，都應該放在整個亞洲大陸的歷史來研討才可能得到比較客觀的結論。殷商時期中原地區使用的獸頭兵器，不論形制和花紋顯然與外蒙古、貝加爾湖區、葉尼塞河中上游的 Minusinsk 盆地的出土文物都有其共通性；象徵王權的銅鉞，其雙肩造形很可能源自東南沿海，屬於西太平洋到南中國海沿岸，自新石器時代來普遍存在的有肩石斧的文化系列。所以要深入了解殷商文化，不能只限於殷墟或黃河中下游，它涉及的範圍遠超出近代人的想像之外。

有此認識，那麼對於西周時期周原出土高加索人種頭臉造形的骨笄就不會訝異，如果探討年代較晚的南方銅鼓，當然需要涵蓋中南半島才全面。放眼古代世界，從太平洋西岸以西，存在著幾大文明中心，中國、印度、伊朗、伊拉克，到地中海的希臘、義大利，他們與北方草原的民族互有交流，中國境內的歷史也因北方草原民族東西向的遷移，或利用草原帶通道，而與這些文明古國有直接或間接的文化交流。史學家如果擺脫中國中心本位，把中國歷史從今日中國的疆域解放出來，拓寬領域，用整個亞洲大陸（或歐亞大陸）作基礎，對於中國歷史文化可能會有新的認識。

第二，調整研究的立場。所謂立場的調整可以分幾個層次來說，傳統史學比較重視菁英而輕忽群庶，頗少觸及庶民的歷史，不太符合民主時代的史學要求。其實傳統史學不是沒有關於人民歷史的資源，譬如占有重要地位的政治制度史，只要掉換角度，調整立場，即可作成人民的歷史，否則平凡庶眾既難列入史冊，史家又不能製造史料，如何建構人民的歷史呢？換句話說，傳統制度史的資料，如戶籍、地籍、兵役、徭役，以至財稅、教育、法律等等，不再只是一朝一代的典章，也可把它們當作人民庶眾歷史的文獻，只要史家的立足點從國家體制轉移到庶民生活，便可以根據這類史籍建構人民的歷史。這是上下立場的調整，此其一。

其次，傳統史學偏重中央而輕忽地方，研究成果多環繞政治史或與政治有關的課題，造成的歷史觀遂不免有所偏頗，往往把複雜多元的歷史單一化，不符合歷史的真相。如果歷史家的立足點能走出帝都，在各地經濟的、工業的、文化的、宗教的或藝術的中心看天下，應該會得到不同的歷史面貌。譬如宋元的廣州、泉州，自黃河流域的政治中心來看，雖遠在東南海隅邊徼，但在它們本身則看到一個包含南中國海、印度洋到波斯灣的更寬廣的多元世界，種族多元，語言多元，宗教多元，生活也多元，這裡反映的中國史卻是一個多元化的歷史。此其二。

立場調整第三例，傳統史學家往往不自覺地以漢族作中心，而忽略「土著民族」或「移徙民族」的觀點，以及他們遺存的事實。所謂「漢族」是一個發展的概念，始自先秦時代，指中原華夏國家的民族和文化，但非華夏諸族凡能採行華夏文化者便也視同華夏族。由於今日中國境內的人種，體質上都屬於東亞蒙古種，故族群劃分基本上是根據歷史和文化的因素。從漢族或漢文化中心來看，一部中國史也許就是漢族或漢文化的擴張史；但從其他民族作中心來看，也是漢族或漢文化不斷增添新成分，不斷改變其內涵的歷史。

自先秦時代以降，原來獨立的小邦國被吞併，成為大一統帝國的郡縣，而強勢的華夏文化，所謂衣冠禮樂者，也隨著強勢的軍政力量入侵，許多地方的人民經過一段時期的「華夏化」或「禮樂化」後變成漢人，久而久之，並以漢族自居。但在這樣的漢文化內，土著文化依然以各種不同的形式相當頑強地保存下來，一般表現在風俗上，故自古以來便有「十里不同風，百里不同俗」的謠諺。長江流域及其以南地區的歷史研究，土著的成分往往被忽略，我們如果在漢族觀點之外也能從土著民族的觀點去發掘事實，應該會建構不同的歷史面貌吧？至於黃河流域以北及長城內外地帶，長久以來便是農耕民族和游牧民族交爭之地，原出於先秦「中原」一小地域的漢族觀念是無法符應橫亙亞洲草原帶的眾多民族和文化的。所以走出漢族或漢文化中心的思維而研究中國史，並不是刻意求新，不過努力去除一些思考障翳而已。

不論用制度史資料研究平民，以多元化觀點看待不同範疇的歷史，或擺脫漢族及漢文化的中心觀念，基本上多只涉及研究立場的調整而已，還不是下文即將談到的新領域的問題。

第三，開發研究的領域。如果把歷史家比做廚子，歷史著作便是桌上的菜餚，有什麼原料做什麼菜，但同樣的原料也可能做出不同的菜。歷史家的研究植基於充分信實的史料，善於運用各種方法而裁著成佳作。新史料提供前所未知之事實，往往可以發展出新的史學，近代學者之重視卜辭、漢簡、敦煌文書、內閣檔案即是這道理。從中國古代史學發展的經驗來看，幾十年來考古資料不斷累積，連帶地不斷改寫中國上古史，新資料之影響歷史研究是不言而喻的。另一方面，借助別學科的概念或經驗，重新解釋舊有的資料，也可啟發新問題，證成新成果，過去不少傑出的史學著作往往也走這條路子，而令讀者耳目一新。關於新資料和新方法的重要性，六、七十年前傅斯年先生籌辦歷史語言研究所時，已不遺餘力地闡揚，對史學產生的衝擊作用在今日看來仍然歷久而彌新，日後歷史研究要有所突破，恐怕離不了這兩大支柱。

不過近年來的實踐，我們覺得歷史研究可以在新資料和新方法的基礎上再向前推進一步，探索新領域。新領域不但發掘歷史的真實，也可為歷史學的發展帶來新生活力。依我們初步的探索，新領域可能產生在既有學科範疇的邊緣地帶，尤其是兩種以上範疇的交集區。過去的歷史學把人類社會的總體行為分成政治史、經濟史、社會史、法制史、思想史、科技史等等範疇來研究，只分別解答歷史的一部分，難以得其全體。過去史學家多從其中一種範疇入門，然後求各範疇的貫通。然而學門一旦成立，自成體系網絡後，學者往往能沈潛於內，而不易出乎其外。

現在我們把歷史看作一個整體，譬如人體一般，雖然醫院分出許多科別，能個別解決一些病痛，但大病仍然要靠多科醫生共同會診。以往學術界的會診即是科際整合。不過就學術發展而言，科際整合是一種新學科未形成之前，在原有科別基礎上的變通辦法，不是一門學科的終極目的；而且我們相信，如果真的整合，日久也會脫離原來的學科限界，形成一門新學問。歷史學各分科的交集，近似醫療的會診，會診可以診查出原來分科看不出的現象，找到各學科的交集區，便容易解答歷史的問題。交集區就是新領域對新領域的研究便形成一種新學科。譬如生命是凡生而為人者都必須面臨的問題，但不同民族對待生命的方式卻各不相同，於是也形成不同的文化。歷史學既以人群為主體，當然應該研究該人群對待生命的看法及衍生出來的各種文化。以我曾考察過的中國古代生命觀念來說，涉及的學術領域包括醫療史、思想史和宗教史，當然更脫離不了生命觀的文化基礎——人群所賴以生存的政治、社會、經濟等環境，亦即離不開政治史、社會史和經濟史。這個新領域並不是上述各史的總集，而是這些歷史部門的交集地帶，研究者從一個交集區看人群的歷史和文明，希望能發掘以前不曾注意的現象。諸如此類的新領域一旦相繼開發，集腋成裘，相信會給歷史學塑造一種新風貌，而在人類知識體系中，歷史學也會有新的地位。

中國史研究社群的洗鍊

二十世紀中國史學與傳統史學差距甚大，有人籠統稱之為「新史學」。檢討過去百年的經驗，我們不難發現中國歷史學家勇於嘗試的精神，努力開展視野，從不同立場探索歷史現象，故史學領域迭有新創，社會史、科技史等等新學科就是最好的例子。上節提出的反省牽涉個人對史學的認識和偏好，只算是拋磚引玉的淺見，但放在二十世紀中國史學史的脈絡來看，也不違背史學發展不斷求新求變的原則。當然，每位歷史學家對於追求的內容自有仁智之見，不必強求相同；而未來歷史研究（或中國史研究）的活力，我甚至相信即使在原來的基盤上，站在習慣的立足點，探索傳統學門的課題，仍然有人可能創作不朽的名著，不一定非新不可。本文所述基盤的擴大，立場的調整以及領域的開發，目的在探求歷史之真實，開啟新的歷史觀念，傑出著作也許更容易產生。

針對過去中國史研究的社群，還有不少急切的問題等待解決。就一般的體驗和觀察來說，過去中國史研究社群可能存有幾種現象，一是論述迴避現實，二是課題缺乏焦點，三是成果較少傳承，四是研究未能紮根。這些現象如果不能適度改善，臺灣中國史學的未來恐怕只有個別的傑出表現，無法形成壯大的學派。

史學比起其他一些學問，與現實的關係較為密切，在過去戒嚴專制的局面下，自由派學者為維護學術獨立自主，以免淪於御用，倡議學術與現實政治保持距離，其用心至艱且苦；但相對的也把歷史研究禁錮在象牙塔中，與社會隔絕。長遠地看，為知識而知識雖不失為一種高尚的目標，時日一久，像歷史學這麼關係現實人生的學科恐怕會喪失它的活力泉源。這是一般的情形，戒嚴時代個別史學家並沒有放棄他們對現實政治與社會的關懷與評騭，只不過言語更含蓄，文字更婉約而已。回顧那個時代，大體上也只有歷史家還能發出一點聲音。大概從七〇年代後期以下，歷史學者在臺灣社會的發言地位轉而沈寂。當時臺灣經濟已經起飛，政治傾向開明專制，上上下下都有改革的預期，但臺灣歷史學界由於種種因素，反而退出論壇，填補這個新空缺的則是新興的社會科學家。

到了九〇年代，沈寂的歷史家所要面對學術與現實的糾結反而遠比戒嚴時期複雜，尤其中國史研究者在臺灣與中國大陸分裂分治的格局中，面臨的現實壓力（或是尷尬），恐怕不是「政治歸政治，學術歸學術」一句話就能化解的。何況史學家之間還有不同的政治立場，平添史家社群不必要的困擾。往後如何在不同的政治觀中尋求一個平衡點，保持理性客觀的對話，恐怕也是臺灣史學家的一大考驗。不過，如果歷史家仍能秉持追求真實歷史的理念，雖承認史料的解釋潛藏著研究有主觀的陷阱，但不至於天真地相信大家要記憶什麼，歷史便呈現什麼，大家要遺忘什麼，歷史便消失什麼，我想臺灣的中國史學者還是會有一些共同的對話基礎，共同探索客觀史事，以便合理地處理現實的問題。

為求史學研究之突破，我相信臺灣歷史學者宜多尋求焦點性的課題，也就是重點突破。過去我們的史學社群人際來往雖然頻繁，但論題較少交集，同輩之間缺乏討論的焦點，異代之間也鮮見學說的傳承，所以看不出研究的發展方向。我們看到的不外是外國學說一波波刷洗而過，一代代的學子隨風旋轉，幾十年下來我們缺乏純正的學派，除承襲大陸移來的一點傳統外，臺灣的史學界並沒有建立自己的學術傳統。我們說純正學派，即指真正的學術社群，有一批人「以文會友」，形成嚴肅的學術對話，大家可以有不同的意見，但不能沒有共同的關注焦點。要達成這種社群，歷史學家應先自覺地走出自己的書室，走出自己的專業和興趣領域，去認識別人，在認識別人之中清楚地認識自己。經過這樣不斷的激盪，不斷的鑽研，和不斷的創發，假以時日，對一些重大課題我們多能提出解釋時，就可能造成有本有源的學派了，而且不止一個學派，臺灣的歷史學界於是形成她的傳統。

除了學術社群，臺灣中國史學者還有問題要面對，一是社會科學，二是國際社群，三是臺灣史研究。自從社會科學引入歷史學之始，史學家就很謙虛地學習與社會科學家合作，但所謂合作往往是奉社會科學理論作指導，歷史學不過提供資料佐證而已；歷史家幾近社會科學家的僕役，而有些社會科學家也慨然以主人自居。其實凡屬於經驗的學科，其理論皆來自某些實例的驗證，所謂社會科學理論基本上亦脫離不了這種性格。中國歷史時代長久，地區遼闊，內容複雜，是實證資料的大寶庫，史學家如果敢於拋棄成見，重視史事，發掘史實，當能締造新的觀念，形成新的解釋理論，提供給社會科學家參考。面對這個浩瀚的史學天地，我們對未來臺灣的中國史研究，具有無比的信心與樂觀。

其次是國際社群。今日世界上中國史研究除臺灣外，主要集中在中國大陸、歐美和日本等地，以學術傳統、人力資源和物質條件來比較，臺灣相對於這些地區雖或見優劣，整體地衡量，還是相當優越的。我們該如何發揮自己的長處，以便在國際性的學術園地中占居舉足輕重之地位，固然繫於每位歷史學者的成就，但與學術政策方向之擬訂、學術資源之分配也是密不可分的。臺灣的中國史學家無可避免地要投入國際社群，所謂「國際化」雖有不同的理解，但基本上離不開與上述那些地區的學者展開對話，對話的本錢則是我們有自己的看法。九〇年代的臺灣，中國史家應該有條件掌握一部分的中國歷史解釋權，如果大家沒有這個覺悟，還一直謙抑自己，就難免類似捧著金碗而沿門求乞了。

最後，在臺灣的中國史學者應不應該或可不可能探研臺灣史？基本上我們是抱持肯定態度的。所謂應該是責任問題，可能是能力問題。我們生在臺灣，長在臺灣，本來就有責任認識臺灣的歷史；而以中外史學名家為例，他們在自己專業領域之外，往往對自己所處的時空環境也有深刻的反省。我認為中國史研究者不要畫地自限，自外於臺灣史。至於能力，理論上任何新領域只要投入應該都會有所收穫，何況臺灣歷史與中國歷史有相當時間不可分割，現在臺灣的居民與文化又以漢族與漢文化為主體，中國史研究者就其專業所長，應能對他生息土地的歷史貢獻一點棉薄之力。

* * *

九〇年代快過一半了，二十世紀即將結束，臺灣中國史研究的第四代也逐漸出頭了。他們會怎樣評論如我所屬的第三代，我無法預測，但第三代尚有研究的活力，還有極大可能發展的餘地。可以斷定者，未來二十年中國史研究的成就還繫於第三、四兩代人的身上。上文所述學術發展的策略和史學社群的洗鍊只是一己私見，不一定正確，但這些問題恐怕是值得思考的。即使不對未來做什麼預測，我仍然相信新領域之開拓和社群的健全化對日後臺灣的史學發展必起積極的作用。

國科會「歷史學學門現況與發展研討會」，民國八十四、六、十一

古典的情懷

流浪者之歌

——重新認識孔子

楔子

我學習、教授歷史這麼些年，基本上都走歷史重建的路。重建的終極目標要還歷史的本來面目，可是歷史留下的資料大多是片斷的，時代愈遠愈支離破碎，並不是把那些殘片原原本本擺在一起就可能重建歷史的原貌，這過程仍然非經過解釋不可。

解釋得愈合理，距離原貌應該愈接近，歷史重建的工作也就愈完美。那麼怎樣才夠得上完美的歷史重建呢？希望我們能回到歷史時代，不但接觸到個人，也觀察到群體；不但看到表象，也能體會內心。這樣的重建工作恐怕已超出嚴格的客觀知識範圍，多少要加上一些心領神會的想像，才能與古人精神相往來。

這些年來偶而和史學界朋友閒談，曾夢想製作一部像樣的歷史劇，既有客觀知識作基礎，又能體會古人的心靈。所以當華視教學部邀請我參與拍攝歷史劇，也知道合作對象是臺灣電影界頗負盛名的陳坤厚導演時，我就欣然答應了。

華視、中國時報和廣電基金會三個單位合作，要拍的是孔子。這可是一個棘手的難題。對一般國人而言，孔子是一位似乎大家都認識但誰也不敢說能認識清楚的聖人，聖人的戲，能拍嗎？對近代知識分子來說，孔子是保守頑固的孔家店的老掌櫃，已有刻板的印象，大家會平心靜氣地接受我們塑造的形象嗎？對時下潮流來說，孔子的一生除了那吉光片羽的「子見南子」外，肯定沒有什麼豔麗的女人，纏綿悱惻的故事，一部幾乎沒有女人的戲，能拍嗎？

前些時候山東電視臺已完成一部長達十六小時的「孔子」，佈景、服裝、道具的考證遠比臺灣以前的「古裝劇」（不是歷史劇）講究，孔子的故事雖也有所考證，但對於孔子人格的重建和體會，我們並不滿意。就電影藝術而言，陳導演也覺得可以有截然異趣的表現手法。這些考慮都因為先有山東那部「孔子」的緣故，正如別人已經寫了一本書，如果你沒有相當不同的看法，是不宜再作同一題目的。不過我們心底下最根本的動力還是在於應該讓現代人重新來認識孔子，所以我參與了「孔子的故事」電視劇（民國八十四年四月二十八日華視首播），總共十三集，擔任總策劃，讓我所認識的孔子在兩千五百年後重現。

歷史考據與歷史想像的結合

孔子是兩千多年來中國人人格的典範，中國主導思想的根源，只要貼上他的標籤，不論真假，任何片言隻語，兩千多年來皆不斷有人探索其義涵。照說孔子應該被研究透徹了，其實不然。第一部「孔子傳」當數《史記》的〈孔子世家〉，司馬遷雖然是中國最偉大的史學家，《史記》也是中國最偉大的歷史著作，但〈孔子世家〉的資料真偽雜陳，孔子事蹟行止也多先後錯亂，前人言之頗詳，不必申述。〈孔子世家〉以下，孔子事蹟的考證代代有之，最全面而徹底的當推清朝崔述的《洙泗考信錄》和《續錄》，近現代錢穆先生的《先秦諸子繫年》第一卷和《孔子傳》則在前賢的基礎上，考證孔子事蹟更稱精審，他並且希望能超過事蹟之考據而洞達孔子的人格。雖然如此，如果我們想依憑錢著《孔子傳》來拍一部電影，是萬萬不可能的，因為它距離孔子的心靈世界相當遙遠，反而不如考訂孔子事蹟極為粗疏的司馬遷，能夠體會到孔子的心境。歷史劇的孔子似乎應該立足於崔、錢二氏的成果，再加上「司馬遷式」的體會，適度地發揮歷史想像。當然，我們的想像即是我們對孔子的詮釋，進入孔子的時代來了解孔子。所以我們更注意從孔子的時代背景，所處的環境和文化傳統來塑造他的人格。

首先我們注意的是人物的年齡，歷史劇出場的人物年紀一亂就不成其為歷史了。譬如孔門高足顏淵，少孔子三十歲，絕不可能當孔子初期的學生，孔子三十五歲到齊國，四十歲到成周，都不可以出現顏淵。顏淵入門，最早當在孔子四十五、六歲之間，前面那幾個場面倒是可以有顏淵的父親顏路。另外一位後人也很重視的學生曾參，少孔子四十六歲，孔子去魯周遊時不過九歲。他之入門應在孔子返魯之後，但他的父親曾點卻可能是孔子四、五十歲時的學生，而且也不宜太晚。因為《論語》有一章說子路、曾點、冉有、公西華侍坐，孔子說：「平常你們總說沒人了解你們，現在如果有人知道你們的才能，要用你們了，則當如何？」我們知道孔子五十一歲出仕為中都宰，次年升為大司寇，學生逐漸出頭，這章大概放在五十二歲稍前才適合。不過也有一個破綻，史載公西華少孔子四十二歲，此時豈非只有十來歲嗎？雖然公西華回答得最謙虛，但太小也不妥當，所以四十二歲有可能是三十二歲之誤，因為古代「四」字寫作四劃，與「三」易混淆。談話時公西華大概二十來歲。

我們採用的史料以《論語》為主，背景資料則參用《左傳》。《論語》有些章節可以比較肯定地估測年代，作為孔子行誼、言論、思想和人格的定點，那麼孔子人格的發展就有些軌跡可循了。定點標準之一是人物，譬如孔子與魯哀公的問答，都應在孔子六十八歲周遊列國返魯之後，因為哀公即位時，他五十八歲住在衛國。季康子亦然，哀公三年季桓子卒，康子即位，哀公十一年季康子接納冉求建議才迎接孔子回國。而與葉公的談話必是孔子六十三歲浪跡於負函之時。定點之二是情勢，譬如閔子騫辭費宰，必定在陽虎出奔、公山弗擾以費叛之後，至墮三都之前，大概在孔子五十二、三歲之間。子路使子羔為費宰，也應該在這段時間內，現實生活孔子最為得意，季孫對他與子路相當信任。又如公伯寮在季孫面前說子路的壞話，錢穆先生的《孔子傳》也定在這時段，但如果考慮憤憤不平的子服景伯，說他有能力當朝把公伯寮宰了，似乎應放在孔子師徒周遊反魯之後才合適，根據《左傳》，子服景伯有權勢是在哀公的時代。定點之三是事件。譬如衛君父子爭位冉有問夫子是否站在衛出公這邊，應該是六十三歲到六十八歲之間第二度居衛的事，因為靈公死，孔子就離開衛國，出公輒繼立，後來其父蒯聵回國爭君位，相持不下，這是孔子再來衛國所面臨的問題。

孔子歷史的重建工作有一個重要關鍵就是他與學生的年紀要把握準確，我們主要依據《史記・仲尼弟子列傳》，司馬遷每每記錄某人與孔子相差的歲數，他大概是根據「弟子籍」來的，基本上與《孔子家語》符合，應該可信。這樣《論語》所記載的師生對答才能適當安置，而孔子的行誼以及人格或思想的發展也才可能比較正確地顯出來。本劇劇情的發展，對話的安排，多有根據，想像的部分也符合時代情境，我們的取捨下文將有一些說明，當然為了劇情的需要，我們創造一個「甘草」人物——高柴，他的言談除最後來報子路之喪外，大抵不必當真。

歷史劇當然須要借助於歷史想像，但想像是在考據基礎上進一步的發展，是有史事根據、可以忍受的合理建構。有些記載雖不一定合乎史實，但可以傳神，歷史想像應該掌握傳神的「龍睛」。譬如《禮記・檀弓》記孔子母喪，弟子築墓是不可信的，但「丘也東西南北之人也」則刻畫孔子一生的心境。有些記載在疑似之間，歷史想像則採取一些可以接受的部分，譬如這部戲營造孔子赴周見老子的故事對嚴格的考據家來說也許不可信，但像莊子距孔子身後不到一百五十年的人尚且相信有個老聃，孔老二人曾有所接觸，我們在二千五百年後有什麼絕對的理由反對這幕可以忍受的想像呢？

生命六階段

這是一部電視劇，受到間隔演出的限制，不可能像電影一氣呵成，所以我們基本上採取編年體，按年代順序呈現孔子一生的成長和心境。我們第一件要做的事便為孔子事蹟繫年。

孔子晚年總結他一生人格成長的過程說，十五歲志於學，三十而立，四十不惑，五十知天命，六十耳順，七十從心所欲不踰矩。但就他一生的事蹟來說，也許換另一種分法更能看出他生命史的轉折，也更適合劇情的需要。我們將孔子虛歲七十三年的生命分作六個階段：第一階段，從誕生到十七歲。孔子三歲喪父，童年和青少年時期與母親相依為命，至十七歲稍前母喪時，基本上已完成六藝之教育，故稍後成為季氏的家臣。孔子在什麼地方受教育，受什麼樣的教育，皆不可考，我們考慮他既隨著母親從陬邑遷居魯，住在國都城內，屬於「國人」，是可以和貴族庶子一樣在鄉校受教育的；從他後來擁有的才藝推斷，鄉校教的應該是禮樂射御書數，即所謂的「六藝」。他長得比同學高，比同學孔武有力，心智發育也比同學早熟，尤其在孤兒寡母的貧困家境中成長，他所體會的世界應與別人不同。

第二階段，母喪之後到三十歲稍前開始授徒之時。母喪之年根據《史記》，一說二十四歲，但加冠、娶妻、生子諸情節皆不好安排，故不取。《左傳》記載在三十歲這年孔子與學生琴張的對話，可見授徒不晚於此年。但孔子自述「三十而立」，又說「己立立人，己達達人」，所以也不可能太早。《左傳》又載孔子二十七歲時郯子朝於魯，孔子向他請教，感歎說：「天子失官，學在四夷」，似乎升起文化傳承的自覺，也許開始授徒是在二十八、九歲之間，《禮記・檀弓》說孔子喪母時已有學生，當是傳聞之誤。這十年孔子擔任季氏的家臣，晚年自道

「吾少也賤」，應包含二十多歲的青年時期。

孔子何時辭去家臣？教書是否只靠束脩就能過日子？我們都不知道，但自二十八、九歲到五十一歲，屬於第三階段，孔子主要的身分是教師，從鄉里先生而成為全魯國的先生，甚至名聲遠播到鄰國。這二十多年是孔子的壯年，也是思想成熟的時期，強調君子人格，提倡仁說，大概都在這時完成。

他可能兩度出國，一次是三十五歲魯昭公出奔時，他到齊國，一年就回來。另外一次可能到周。孔子有沒有到過成周，有沒有見過老子，甚至有沒有老子這個人，是近現代史學界的一大懸案。我們這部歷史劇當然不可能判決這宗筆墨官司誰是誰非，但中國歷史上兩大學派、兩種人生指導思想的創始人，安排他們相見論道，實在太美了，我不忍以一些不是絕對可靠的證據輕易否定長久以來中國人的「集體記憶」。何況我們一向只知孔子教訓別人，安排一位老子來開導他，好給孔子的生命史增添一點「人味」，也比較合理。孔子到底不是「生而知之」的聖人，他「好古敏求」，是靠不斷學習而造就完美的人格的。那麼他何時到周呢？如果南宮敬叔隨行，恐怕非在孔子四十歲左右不可，這時敬叔大約十八、九歲。

第四階段五十一到五十四歲，孔子出仕，從中都宰做到大司寇，這是他一輩子唯一任官的時間，也是生命史上年代與事蹟最清楚的時期。五十一歲這年的六月，季氏權臣陽虎出奔齊國，孔子才出仕，先做地方官中都宰，第二年調升為司空，又升大司寇。升遷原因我們不清楚，在短短四年的從政生涯中，《左傳》記載他兩件大事，一是五十二歲齊魯兩君之會，他相禮，為弱國的外交樹立典範。這是孔子現實生活最風光的時期，他的政治理念將藉機會付諸實施，於是在五十四歲主張墮毀季、叔、孟三家大貴族的都城，但最後受到抵制，黯然離開魯國。

古人衰老得快，以五十五歲的高齡僕僕風塵於曠野之間，的確充滿著淒涼和落寞。孔子去魯，史稱周遊列國，其實是流浪，前後足足十四年，先在衛住了五年，然後南走曹、宋，抵達陳國，前後停留三年，吳伐陳，難民流離，於是又南走，經蔡到楚國北界的負函。聞知楚國賢君昭王病逝，乃北返衛，又住了五年，季康子接納冉求之議，孔子才被迎接回去。這是孔子生命史的第五個階段。

此一時期孔子的行止《史記》的記載最錯亂，我們根據歷來學者的研究，配合劇情，做了一些折中和簡化，以免只看到孔子一行人進進出出，沒有實戲，但基本上還是合乎史實的。比較大的取捨是我們認為孔子並沒有到過鄭國，地理懸隔太遠了，而且不在往南的路上。但「纍纍若喪家之狗」那句自嘲的幽默很能表現孔子的個性，我們不忍割捨，便安排在逃離宋國桓魋的追殺後，流浪到附近某個小城的故事。其他如孔子想去晉國，也準備應占據中牟叛亂的佛肸之召，歷來考據家為維護聖人形象多矢口否認，我們認為從這件事可以窺探孔子的心靈世界，這點下文將有所分析。所以也不忍割捨。時間就安排在畏於匡之後，孔子一生行止也只有在這段時間才比較有可能看到黃河。

孔子生命史最後一個階段是六十八歲年底返魯，到七十三歲夏四月去世。這短短的四個年頭，孔子被尊為國老，有名無權，物質生活應該很充裕，但接二連三遭到情感的打擊，六十九歲獨生子孔鯉卒，七十一歲最好的學生顏回卒，七十二歲最心疼的學生子路死於衛，而且被剁成肉醬，三個多月後，孔子就離開人間了。魯哀公哀悼說：「老天不良，連一個老人也不讓他暫時留下。」命運對這位恂恂老者的確太殘酷了，但這些年孔子仍然很堅強，他還是教書，學生更多、更年輕，而那部一字褒貶的《春秋》很可能就在這階段完成的。他對後世中國學術思想所發生的影響，基本上也是靠晚期這些孫子輩的學生發揚光大。

家庭生活

中國似乎有一個傳統，賢達者的家庭生活外人很少知道，孔子就是典型的代表，與他最接近的親人應該是母、妻和獨生子，但這三人的形象和蹤跡則相當模糊。

孔子三歲喪父，對父親的印象是人家轉述給他的；母親則不同，他們母子二人相依為命有十四年之久，而且是孔子人格發展最關鍵的童年和青少年時期，母親的影響應該很大。可是這位中國「聖母」除了與丈夫「野合」的一段傳聞外，幾乎沒有留下任何資料，早在西漢劉向編《列女傳》時已蒐集不到足夠的史料為「聖母」寫一篇小傳了。我們衡情度理，塑造顏徵在的形象，明事理，識大體，對孔家的歷史也有一些了解，但絕不是公父文伯之母那種博學的貴族婦人（參本書頁一六九）。根據當時慣例，她和叔梁紇結婚該在十五到二十歲之間，何況她又是么女，年紀不可能太大，所以她頂多只活了三十來歲，因為太過操勞，顯得有點蒼老。

孔子的同父異母兄叫做孟皮，跛足。顏徵在母子被孟皮之母趕出孔家，孔子童年、少年時期可能與陬邑孔家沒有來往，我們只能確定後來孔子將孟皮的女兒許配給他一個「三復白圭」的學生南容，至於兄弟兩人如何聯繫，歷史當然沒有記載，我們安排母喪後到陬邑問父墓所在，及加冠、結婚由孟皮主持，也只是一種合理的想像而已。

和孔子相關的第二個女人是妻子幵官氏，資料更缺乏。孔子雖然貧寒，但到底屬於士的階級，父親擔任過地方長官，遠祖則更飛黃騰達，可以追溯到殷商的王室。幵官氏原來也是宋人，和孔子的祖先一樣，遷到魯國來定居。我們設想女方愛惜「沒落王孫」而下嫁，當然也看上孔子本人的才幹和人品，應該是有教養的家庭，女孩子也受教育，所以在孔子婚禮合巹之夕，安排這對青年男女吟《詩》酬唱。

古代習俗，「有事弟子服其勞」，從孔子三十歲到五十歲，不少學生經常在孔宅進進出出，而《論語》竟然沒留下幵官氏一言半語，這是「史有闕文」，不是師母二十年沒出來接待學生。我們同樣毫無任何可信的資料可以重建孔子夫婦的感情或其家庭生活，我們只知道孔子三十五歲遊齊時，妻子並未隨往，二十年後孔子去魯，幵官氏也只在城外送別，沒想到卻成為永別，十二年後，孔子六十七歲那年，幵官氏過世，孔子仍旅羈於衛。她真是一位苦命的女人，難怪兒子伯魚在喪滿一年後，一想起母親就悲傷不能自抑。但按照喪服之禮，父在為母服喪一年，孔子告訴伯魚不應該太過悲傷。後人不解，竟然說孔子出妻，以禮「出母無服」立論，故說伯魚被孔子責罵。這些都是不求真解的游談。

兒子孔鯉活了五十歲，孔子對他並無特別指導，他只在一次偶然場合從孔子面前匆匆走過，孔子叫住問他學詩未？學禮未？教他「不學詩無以言」，「不學禮無以立」兩句話，這是別的學生沒聽過的，其他一律公開、平等。陳亢很高興問一句話得到三種教訓，除學詩、學禮外，還了解君子應該「遠其子」。這是我們所知比較可信的片斷，不過當時人的父子關係大概也可從這裡體會一二。

師生情同父子

孔子生活史最精彩的部分是師生情誼，他一輩子教了四十五年的書，幾乎沒有一大不與學生在一起，在外流浪十四年，離別妻子家庭，卻不曾離開學生。粗略地劃分，可以分作前期生和後期生，《論語》謂之「先進」、「後進」，大致的時代分野可以晚年返魯為斷。返魯前的「先進」主要表現在事功方面，有的年紀與孔子甚為接近；返魯後的「後進」主要表現在學問方面，都是一些相差四十歲以上的孫子輩的學生。當然前期還可再細分，但不一定每個人都可估算得準。

這部歷史劇所展現孔門師生行誼基本上是經過年齡的考訂，而將比較可信的記載安排在孔子適當的生命階段，從這種複雜的時間和人際網絡來體會孔門師生的感情。

如果有人問我孔子最心疼的學生是誰？我會毫不遲疑地舉子路。《史記》和《孔子家語》載子路入門的經過，鬧學堂，「陵暴孔子」，孔子「設禮」折服他。子路少孔子九歲，初見孔子顯然是不良青少年的行徑，所以入門的年歲大概在二十出頭，也就是約孔子三十歲之時，屬於初期的學生。孔子赴齊，適周，他都陪在身邊。孔子出仕，子路也受到季氏重用；墮三都，與其說是孔子的主張，根據《左傳》，毋寧是當時任季氏宰的子路的堅持，因而使孔子在政治上遭到大挫折，子路痛心疾首，後悔不已。這些歷史都沒有明白記載，但我們投入他們師生的世界，依稀可以體會出來。

孔子以五十五歲的高齡自我放逐，離開魯國，子路一直跟在身邊，過了十四年的流浪生涯。孔子對子路真比獨生子伯魚還親，如果要選擇海邊的夷人地區居住，孔子需要的跟隨不是別人，而是子路。孔子雖然經常責罵子路，但罵中帶著疼惜的意味，並不疾言厲色，所以子路也不放在心上，還愛跟老師抬槓。子路永遠是子路，他愛孔子，敬孔子，但似乎從沒想到要改變自己成為另一個「孔子」。孔子一生教導學生擺脫家臣倫理，追求君子的人格，擺脫私人間的小義小信，是非抉擇以眾人的利益為依歸。這點子路並未領會，所以公山弗擾以費叛，佛肸以中牟叛，二人召孔子，孔子動心想應召，子路堅守家臣倫理，看不起他們兩人，抵死反對。孔子見南子，子路也反對。

子路對孔子「聖之時者」義是無法理解的，他始終堅持「言必信，行必果」的做人做事原則。他也果真以此聞名，孔子稱讚他「片言可以折獄」，稱讚他無宿諾。根據《左傳》，他的信用舉世都看重，人家寧願信他一句話而不敢信千乘之國的盟誓。然而這種堅愨的言行其實只是封建武士家臣倫理的典範，子路晚年遭公伯寮之讒，不得不離開故國，大概在孔子七十一歲時仕宦於衛，當孔悝的家臣，這時他已六十二歲矣。衛國政爭，孔悝遭到母親和舅父的挾持，子路趕去救主，半途遇見師弟高柴，高柴勸他「城門已閉，來不及了，不必去赴難」。子路說：「食主人之俸祿，不可逃避主人的災難。」硜硜然的子路終於戰死，被剁成肉醬，孔子對這個「憨子」，內心的哀痛真是淚淚滴血啊！

孔門最好的學生當然是顏回，孔子稱讚他最好學，再稱讚他其心三月不違仁，其他學生頂多一個月而已，稱讚他窮困不改其樂，稱讚他是學生當中唯一能和老師一樣進退自如的人。整部《論語》大概最好、最多的讚美都顏回領去了，和子路成為明顯的對比。

顏回對老師也的確佩服得五體投地，說愈仰望老師愈覺得高不可及，愈鑽研老師，愈覺得堅不可入，看看在前面，突然閃到後面去了。孔子人格的偉大，顏回似乎有相當程度的體會和把握，但又不敢說準。司馬遷也認為他們師生兩人最能心心相印，只可惜用「不容然後見君子」來體現孔門師生在最困窘時的心情，未免有點酸味，火氣也大了些，似乎不足以真切地描繪他們師生心靈交流的境界。孔子說什麼，顏回就心領神會，故不像別人老發問，更不像子路愛唱反調。他總默默坐在一旁，像個呆子，但誰都不會忽略他的存在。

顏回四十一歲的生命中至少有一半以上是跟著孔子過的，他沒有什麼事功，沒有什麼讜論，甚至也沒傳孔子的學術，但他的死竟使孔子哭得死去活來，說「天喪我！天喪我！」這是什麼緣故呢？孔子一生不忘情於用世，顏回則寧願不做官，長居陋巷陪老師，是不是顏回自然流露出一些孔子所缺少的特質？顏回對老師永遠那麼景仰，永遠那麼契合，只要相視而笑就可莫逆於心，不必言傳。孔子學生雖三千，但真正了解他的似乎只有顏淵一人。

孔子另外一位親近的弟子是子貢，衛國人，少孔子三十一歲，孔子出仕時，他不過二十歲而已，把他安排在孔子在衛時入門才比較妥當。但他是一位成功商人，到各地做生意，消息靈通，孔門三大弟子唯獨子貢遲遲不能出場，於是這部歷史劇加上一段赴魯求學未遇孔子的插曲，這純粹是戲劇性的需要，不必太認真。

孔子師生一行人浩浩蕩蕩在外流浪，吃穿行住，交際應酬，錢從那裡來？據說衛靈公致贈孔子的奉祿如同在魯之數，但也只短短數年而已，不足以支付孔門長年的花費；善於預測行情，買賤賣貴的子貢很可能資助相當大的一部分負擔。如果說子貢是孔門的「衣食父母」，恐怕也不過分吧。但這位商業資本家卻真心地佩服孔子，他很在意老師對他的看法，孔子直話直說，對他並不特別恭維，肯定他不如顏回，顏回聞一知十，子貢只知二而已。子貢更大的才幹是善於辭令，擅長外交，《史記》說他一出使，便「存魯，亂齊，破吳，強晉而霸越」，太過誇張了，但據《左傳》所記，他確實數度抒解魯國外交困境，季康子和叔孫武叔都靠子貢才免於吳王夫差的羞辱，所以子貢很得權貴的尊敬和信任。叔孫武叔公開在朝廷上說：「子貢賢於仲尼」，也公開詆毀孔子。子貢正色地說：譬如宮牆，我的牆及肩，從外頭就可窺見家室的佈置；老師的牆幾丈高，不得其門而入，是看不見宗廟之美，百官之富的。一般人之賢明就像丘陵，別人是可以踰越，老師卻如日月，永遠爬不上。我們讀史，撫古思今，現在的社會可有家財億萬、政治權勢呼風喚雨的人對一輩子窮途潦倒的老師，一個「糟老頭」，這麼死心塌地尊崇的嗎？

子貢與孔子的心靈也是溝通的，當孔子在陳國發出「歸歟」之歎時，子貢就交待要回國任職的冉求設法迎老師回去。六年後冉求果然不負期望，孔子風風光光地返魯。而在孔子生命最後的時刻，獨子伯魚、「憨子」子路、「愛子」顏淵接連去世了，只剩子貢陪在身邊。孔子臨終跟他講坐於兩楹之間的夢，吟唱泰山其頹之歌。孔子逝世了，弟子廬墓三年，唯獨子貢再守三年，這樣的師生情懷，那裡去找呢？

枯乾的哲學概念不足以體現孔子的人格和心靈，孔子活在人群中，尤其活在弟子之中，我們根據以上的基調來重建孔子的人格，揭開孔子的心靈世界。

從士到君子

孔子父親叔梁紇是魯國著名的武士，勇猛有力，一次攻打偪陽，有些兵士陷在城內，叔梁紇奮舉懸門，解救同袍脫困。有一次魯國貴族臧紇被齊軍圍困在防城，叔梁紇率領三百位甲士，乘夜衝入齊軍，救出臧紇。這兩件事分別發生在孔子誕生之前十二年和五年。

叔梁紇據說已有一子，名叫孟皮，孟是老大的意思。再娶顏徵在而生孔子，字仲尼，仲是老二。叔梁紇娶顏女，《史記》說「野合」，歷來有很多解釋，據說孟皮不良於行，紇之再娶，大概想要生一個肢體健全的兒子好繼承他的武士職位。如果他對孔子有什麼期望，他的識見應該不出典型的封建武士吧？孔子童年以後能從母親得知父親的期望，大概也不超出這個範圍。

孔子以士人之子和國人的秀傑子弟的身分進入鄉校學習，學禮、樂、射、御、書、數，所受的就是士的養成教育，長大以後好在朝廷或貴族之家贊禮，好為封建統治者打仗，或是到貴族的莊園當管家。這是封建時代求學仕宦的基調，孔子不可能例外，所以《史記》記載，大概十九歲結婚之前，他已任季孫氏的家臣，負責收糧食、管囷倉，和畜養牛羊等莊園事務。後來向孔子求教的學生，絕大部分恐怕也是學習士的技藝，以便在貴族家謀一口飯吃。孔子才感歎地說：「三年學，不至於穀，不易得也。」甚至到孔子晚年，少孔子四十八歲的子張來拜師的目的也是「學干祿」的。孔子不可能脫離他的時代，然而他教學的目的也絕不為傳統所限，這是他的偉大處，也是他那麼喜歡不肯當官的顏淵的原因。

封建時期，學了士的技藝便去尋找主人，經過「策名委質」的禮儀，就可仕宦，故當時叫做「學宦」。策名是把自己的名字寫在簡策上，呈交給封建領主；委質是求見封建領主時，送雁之類的禮物當見面禮。於是這位士人的生命就交給主人了，相對的從主人那裡得到家臣的酬報；主人榮則自己榮，主人辱則自己辱，甚至為主人而死，《左傳》還保存不少這類士的典型人格。孔子雖出身於典型封建武士的家庭，並不困在這種典範中；他超越了士的典範，他的人格世界遠遠在他父親的眼光之外。

孔子追求的人格是什麼？他追求成為君子。在封建時代，君子是高級貴族的專利，出仕做官屬於社稷之臣，可為國家而死，不會因國君的私人關係而賣命，因為他們不是家臣。孔子之偉大是把原來高級貴族的尊嚴推行到平民社會中，使它普遍化。此一觀察的根據也在《左傳》。

話說衛靈公庶兄公孟縶侵奪司寇齊豹的官職和采邑，齊豹乃聯合公孟所欲除去的兩位貴族伺機刺殺公孟。但公孟的貼身衛士宗魯是齊豹的好友，原先由齊豹推薦給公孟，齊豹念朋友之情，起事前先通知宗魯走避。但宗魯既守家臣倫理又愛朋友情誼，認為一旦逃走反而壞了推薦人齊豹的名聲，而且譴責自己為人之臣卻不能勸阻主人作惡。所以宗魯既欲齊豹殺公孟以除害，又願為公孟而死以保全士人的氣節。公孟突然遭受伏擊，宗魯以背護主，君臣同時遇難。宗魯可以稱得上是典型的封建武士，孔子的學生琴張是他的朋友，聞訊，欲去弔祭，孔子不以為然。孔子說：「齊豹因采邑被奪而作亂，是財迷心竅，按其罪行屬於『盜』；公孟設計要除掉他所不喜的人，危及人的生命，屬於『賊』。宗魯既為盜者死，又為賊者而死，不知是非輕重，不值得悼念。古人說君子不食姦人之祿，不聽受暴亂。宗魯明知公孟不善卻仍食其祿，既知齊豹之謀卻不加以阻止。古人說，君子不一錯再錯，不因小利而陷於邪惡，也不以邪惡待人。宗魯為利祿而任公孟的侍衛，知道有變卻不告知主人，是雙重過錯。而且，君子不掩蓋不義，也不犯非禮，他知道齊豹欲作亂而不告發，是掩蓋不義；他對公孟實有二心，是犯非禮，這種人有什麼好哀悼的？」

這年孔子三十歲，可見孔子執教之初雖仍傳授六藝以備現實之用，但他提示給學生的是一種頂天立地的君子人格，而非封建時代的家臣倫理。孔子一生教書，教人成為君子，據《論語》所載，大概做人的所有美德都匯集在「君子」這種人格上，從「食無求飽，居無求安」的物質生活，到對長官諫議「和而不同」的態度，以至於坦蕩蕩的胸懷和精神境界，都算是君子。

孔子心目中有幾位典型人格的君子，如讓國的吳公子季札，在孔子八歲時出使中原，在魯觀賞周樂，評論〈國風〉，歷經齊、鄭、衛、晉諸國，與賢大夫交遊，皆提出恰當的勸誡。在孔子三十七歲他又使於上國，歸途喪子，葬於博嬴之間，孔子還帶領學生去觀摩葬禮。與季札同時期而年紀略有上下者，在魯叔孫豹、在鄭子產、在晉叔向、在齊晏嬰、在衛蘧伯玉。叔孫豹講立德、立功、立言三不朽，死時孔子十四歲，孔子當知道其人，但不可能有所接觸。叔向，孔子讚稱他「古之遺直」，許之以義，死時孔子大概四十多歲，他們也沒有見過面，但對法律的態度兩人比較接近。晏嬰，孔子稱讚他善與人交，久而敬之，是交游淡如水的君子。孔子赴齊時，晏嬰將近七十歲，兩人可能見過面。蘧伯玉「邦有道則仕，邦無道則可卷而懷之」，與孔子自謂「用之則行，舍之則藏」如出一轍。孔子第一次適衛，蘧伯玉高齡超過八十歲，兩人過從甚密。至於子產，可能是孔子最佩服的君子，孔子沒見過子產，子產死時孔子三十歲，他聽到這消息，流淚道：「古之遺愛也」。孔子這麼看重子產，從子產的行為當可推知孔子所謂君子人格的內涵。譬如子產不信星占預測，是「天道遠，人道邇」的具體奉行者；子產不信兩蛇相鬥有什麼啟示，正與孔子「不語怪力亂神」同道；子產熟閑故典文獻，表現弱國仍有外交發言權，孔子相夾谷之會正好與之同工；子產熟悉歷史、傳說和神話，而能恰當地取擇，故晉平公稱讚他是「博物君子」，孔子也有類似的知識和風格。更重要的子產技巧地約束貴族，減少政爭，又能聽取民意，崇尚傳統「國人」的言論自由，他看到時代的改變，故提出一系列的改革措施，也有孔子「聖之時者」的意味。子產是執政權貴，孔子乃一介平民，際遇截然異趣，卻有頗多共同之處，其焦點就是君子的人格。

用世之志和仕途的挫折

孔子教學生涯四十五年，從政只有四年，即使這四年學生也沒散；他對後代的影響，主要在教育、人格典範和文化傳承方面，政治僅限於理論，談不上事功。然而孔子卻是一位從政企圖心很強的人，他不止說「學而優則仕」，而且身體力行，他關懷政治的言行規範了兩千年來中國知識分子的性格，所謂儒家的用世之志，與道家的退隱截然對比。但由於孔子對某些原則的堅持，不願屈就現實，使他遭受很大的困厄，顛沛流離，我們這部歷史劇希望能傳達孔子進退出處的心境，也希望揣摩他對國君、權貴和人民的態度，與山東版電視劇「孔子」描述他固守「禮」、強調中央集權是截然不同的。

孔子第一次面對政治問題是三十五歲的時候。這年三桓趕走魯昭公，昭公流亡於齊，住在陽州，據《史記》，這年孔子也適齊。孔子因何離開魯國呢？《左傳》記載政變前夕，昭公禘祭其父襄公，舞者只有十六人，按禮是該用八佾六十四人的，因為大部分的樂工舞人都到季孫家廟去執禮了。孔子看到季氏專政，很憤慨地說：「八佾舞於庭，是可忍，孰不可忍？」孔子到齊國去與此事有關。然而孔子真的尊君、想恢復魯君的威權嗎？事情似乎又不這麼單純。早在四十五年前，魯國服兵役的人民已被三桓瓜分了，而二十年前，魯君直領的人口也被分成四分，季孫得二，孟、叔各得其一，不向魯君繳經常稅，只納貢而已。當時人民會不會懷念魯君呢？以齊國的例子來看，人民逃離國君直領而托庇於權貴，負擔反而比較輕。昭公長年流亡，人民把他給忘了，從這點來看，人民對於統治階級的內鬥是不會在意的，孔子恐怕也不會狹隘地尊君。昭公流亡的陽州在曲阜西北方，孔子適齊走的卻是東北方的路，經泰山到臨淄，孔子並沒有去「勤君」。所以我們看孔子之反對權貴，應定位在以人民福祉為依歸，不能單純看成恢復統治秩序的禮制。

後來孔子官拜大司寇，主張墮毀季、叔、孟三家采邑上的都城，該如何解釋，也有類似的困惑。孔子到底要打擊誰？要維護誰？按封建禮制，貴族的都城太大將危害國君所在之國都的安全，這當然是純粹從統治秩序出發的，孔子墮三都，無可否認的，含有壓抑豪貴，伸張君權的意味，但孔子豈不知魯君已失民心，如何扶得起這個「阿斗」？所以要把墮三都單純說成尊君，恐怕也不妥當。前面說過，根據《左傳》，墮三都事件子路扮演很關鍵的角色，當時子路為季氏宰，四年前季孫家臣陽虎據費而叛，兩年前叔孫家臣侯犯亦據郈而叛，貴族采邑變成家臣顛覆主君的巢穴，此一歷史新情勢使得忠於傳統家臣倫理的子路不得不以毀主君城堡為手段而保護主君。這樣無形中當然也可能伸張國君的權力，不過歸根結柢是關係到人民。一旦采邑家臣叛變，在國都的貴族必聯合起來，興師動眾，派兵敉平叛亂，「國」軍與采邑軍兵戎相見，受害的還是人民。孔子主張墮三都的用意或許在此，不能只從封建貴族與國君之權力分配來看。這當然是後話，但孔子用世心意如果不琢磨清楚，他之汲汲求仕，豈不是一個非常熱中權勢的人麼？

話說回來，孔子在齊見過齊景公，頗有問答，戰國時人說因晏嬰之阻撓而被疏遠，不可信。三十五、六歲的孔子名聲還不出鄉里，他不滿季氏專政而赴齊，也許也想尋找機會，既不得意，只好回國，又教了十二年的書。在四十七歲這年，六、七兩個月內，季孫和叔孫兩大家族的族長相繼去世，朝廷重臣只剩下孟孫何忌，不過是二十六歲的青年，故季氏家臣陽虎更為專斷，這年九月囚禁季氏新主桓子。陽虎年紀長於孔子，兩人舊識，他嚴詞責備孔子懷寶迷邦，空有一身本事，滿腔抱負，卻不出仕，而且告誡孔子「歲不我與」。這時的孔子大概接近五十歲了，按封建習俗，已屆退休年齡，還在猶豫什麼？孔子無言以對，只好答應即將出仕。但孔子看出家臣執國政，沒有超過三代的，他不願淌陽虎這趟混水，果然在孔子五十歲時，三家聯合趕走陽虎。

陽虎在曲阜當權時，季氏采邑費已由公山弗擾管理。他一走，公山也不安分，《論語》說公山以費叛，召孔子，孔子準備去，子路反對。這段記載把孔子說成附逆之徒，在專制皇權的時代，衛道之士絕不肯從，於是連《論語》這種最可信的資料也選擇性地不相信了。其實孔子沒有皇帝制度和權威的包袱，他想應召，正顯示他從政之心的急迫性，他向子路解釋，「如有用我者，吾其為東周乎！」有機會施展抱負，我會把宗周的盛世搬到東方來的。終極的關懷恐怕還是希望人民有好日子過。

這種時不我與的心情周遊列國時更加急切，《論語》又記另外一件叛變事。晉國的佛肸據中牟而叛趙氏，召孔子，孔子也想去，子路又反對。他說：以前我聽老師說過「君子不入不善人的地方」，佛肸是叛臣，老師何以要去？孔子回答：「我的確說過這樣的話，但仲由啊，古人不是說過嗎？真正硬的東西，任怎麼磨也不會變薄的，真正白的東西，任怎麼染也不會變黑的。我豈是一顆葫蘆瓜嗎？只掛著中看不中吃？」中吃的葫蘆瓜是要賣的，孔子豈止是葫蘆瓜？他是一塊寶玉，子貢問他：「這裡有一塊美玉，是藏在盒子裡呢，還是求個好價錢賣？」孔子馬上說：「賣啊，賣啊，我正等待商人上門來呢！」等人來買，不自己出去兜售，是孔子可愛的地方，也是他在現實上不得意的原因。

《史記》說孔子既不得用於衛，將西往晉國見當時最有權勢的趙簡子，走到黃河邊，聽說簡子殺了兩位不從己志的賢大夫，孔子感傷君子被害，慨嘆自己不能渡河是命中注定的。嚴肅的考據家都不相信這記載，但太史公採擇戰國這則傳說，很能接觸到孔子內心深處的困惑。他雖四處尋找機會，但又堅持一些原則，故與現實鑿枘難入。在困頓顛沛中，他「不怨天，不尤人」，只好望著洋洋流水，感歎命運不濟。

當然有時他也會稍稍委曲一下，譬如去見衛靈公夫人南子這件事。南子是衛國真正掌握實權而惡名昭彰的婦人，她是宋國女子，嫁給靈公，還召來宋國的美男子宋朝作面首（以性關係為主的男朋友）。靈公太子蒯聵有一次經過宋國，城外的人嘲弄他「還我們的豬哥吧！」太子羞恥，回來謀殺南子不成，被靈公趕到外國去。這年正是孔子到衛國的第二年，這些事看出衛靈公完全在南子的掌控中，孔子來衛，想要有所作為，非南子首肯不可。這樣的女人能見嗎？直爽的子路堅決反對，不過孔子還是去了，回來對子路發誓說：「我否定過的人，老天也討厭她，老天也討厭她！」孔子見南子的內幕，近現代人用自己的好惡標準和時代眼光，喜歡添加粉紅色的幻想。我們這部歷史劇既不願譁眾取寵，也不想「衛道」，我們寧願如實分析當時的情況，探索孔子行止的分寸，對宮闈祕聞不做太多無根的想像。

靈公去世後，孔子一行人離開衛國，孔子心中的目標在那裡？我們不清楚，也許他也有點茫然吧，大方向上往南走。風塵僕僕，經過曹、宋，在陳比較安定，前後住了三年，陳國國君只問了一些神怪的事，不涉及孔子最關心的蒼生民眾。吳攻陳，孔子不得不離開陳國，大致方向也是往南，在往蔡國的路上斷糧，大家餓得發昏，站不起來。這時孔子已經六十三歲，子路也五十四歲了。子路憤慨老天不公不平，生氣地問老師：「君子也有走投無路的時候嗎？」孔子淡然回答：「君子能固守窮厄困頓，小人一窮困，什麼事都做得出來。」憑什麼固守？還不是他堅持的一些不妥協的原則嗎？《史記》記載孔子分別向最親近的三大弟子談如何面對極端的困境，這段情節小說的成分也很濃，但太史公毋寧更想嘗試探觸孔子的內心世界。孔子引〈小雅・何草不黃〉的詩句問學生，「不像犀牛，也不像猛虎，成天在曠野奔跑」，孔子懷道卻沒有歸宿，不正像這頭日夜在曠野流浪的異獸嗎？子路說也許人家還對我們不了解，故不敢相信我們的道。子貢說老師的道太大了，天下不能容，老師何不稍稍自己貶抑一下呢？顏淵說，列國諸侯不用老師，是那些掌權者的恥辱，我們不能為人所容，並不可恥，不容於人反而突顯老師是真君子。孔子笑了，笑得很開心，他說：「顏家的孩子，如果你富貴有產業，我倒願意做你的家臣！」

孔子雖汲汲入世，但他的政治社會理念與現實世界掌權的「斗筲小人」格格不入，心靈上可以溝通的人反而是行徑與他截然異趣的隱士。他居衛時，有一位挑草器的隱者走過，聽到孔子擊磬，知道他是位有心人，但並不讚許孔子的處世態度。挑草器者認為孔子太執著了，人家不了解自己也就算了，古人說過譬如渡河，水深反正衣服免不了濕，就涉水過去吧，只當水淺才揭起下裳。孔子的回應是：「果真對混亂的世局放得下，我就不苦惱了。」

孔子愈往南，碰到的隱士愈多。春秋時代晉楚長期爭霸，夾在中間的中原小邦左右為難，深受霸權主義之苦。到春秋晚期，吳國興起於東南方，也來插一腳，中原小國苦於一獅一虎之餘又多一頭豹，有的國家被滅，有的人民被遷。如果你是當時的貴族或貴族後代，有何能為嗎？沒有，只能找個僻靜的地方，兵燹所不及之處，遺世獨立，悄悄過完這一生吧！孔子在陳蔡的路上以至楚國北界，今日河南南部淮水流域一帶，所碰到的隱士就是這樣遭遇的人。子路向協力耕作的長沮、桀溺問渡津，長沮帶著諷刺的口吻說：「你的老師孔丘應該知道渡口的。」碰了一鼻子灰，再低聲下氣問桀溺，桀溺反而勸告子路：「你與其跟隨那位辟人的老師，不如跟我們這種辟世之人。現在天下的局勢就像發大水，滔滔洪流，誰都擋不住，誰也沒能力維護秩序，何況你那個老師，一肚子的堅持，老躲著權貴，不願與他們同流，想行什麼道，終不得其門而入。」子路把這些話傳給孔子，孔子悵然若有所失，最後開口說道：「人是不會和鳥獸同群而處的，我與隱者不同，但真正的同群者，我不找他們能找誰呢？不過他們了解我還不夠深入，要知道，如果天下有道，我孔丘是不會到處奔走，設法改變它的！」

表面上孔子做人處世，「知其不可為而為」，與隱士截然不同，但真能了解隱士的卻是孔子。他有隱者的一面，最明顯的證據是他稱讚曾點暮春三月帶著五、六個成人和六、七個童子在沂水洗浴，到舞雩臺上乘風，然後唱著歌回家。從子路、冉有還沒出仕，而公西華也大到可以參與談話的年齡推測，《論語》這章大概在孔子出任大司寇前不久。這是他政治生涯即將騰達的時期，但竟然流露恬淡自然的逸趣。當然，總的來說，孔子和隱士，儒家和道家是不同的，從下文子路的一段話可以證明。

有一回子路和孔子走散，遇見一位挑芸草器的老丈，問他有沒有看見老師，被老丈搶白一番，「四體不勤，五穀不分，稱什麼老師？」不過老丈還是客氣地招待子路一頓豐盛的晚餐，並令兩個兒子出來拜見客人。第二天子路趕上孔子，說了遭遇，孔子說：「隱者啊。」再使子路去拜會，老丈不在家，傳話給兩個兒子。子路說：「老丈讓兒子拜見客人是不廢社會倫理，老丈堅持不仕，卻是廢了政治倫理，政治倫理的君臣之義和父子朋友的社會倫理同樣都是做人處世的大原則，同樣免不了，躲不開。隱者不仕，潔身自好，不同流合污，無意間卻破壞了人生大倫。我們愛做官嗎？不是的。道之不能行，我們完全了解，君子仕宦，不為利祿，只是為完成人生的大倫啊！」儒家與道家的分際就在這裡，孔子「知其不可而為之」的動力也在這裡。孔子到負函，楚狂接輿故意到門口唱歌給他聽，把他比喻作鳳，勸他「來者猶可追，現在接近當政者是危險的，不如跟著隱者走吧」。

孔子南來楚境大概想見楚昭王，昭王在當時國君之中還可算是明君，但沒想到突然中道崩殂，孔子最後一線希望破滅了，只好北返。他又回到衛國，已快六十四歲了，衛君是靈公的孫子，他的父親即是被祖父趕跑的蒯聵，當時被晉國安頓在衛境戚邑，準備隨時回國與兒子爭君位。孔子看到這局面，用伯夷叔齊的故事回答學生，表明自己看不起這對父子君臣。現實政治的權力鬥爭太齷齪了，孔子心中另有一個世界，一個你讓我，我也讓你的世界。當然孔子離現實也愈來愈遠了，往後他反對季孫加稅，反對季孫攻滅附庸國顓臾，主張討伐弒君的陳恆，無不是他心中另一世界的展現。

燃起文化使命感

現實的孔子雖然失敗，他的人格、思想及理念在他死後卻歷久彌新。我們知道他原來只是一個封建武士的庶出孤兒，家境貧寒，當過權貴季氏的家臣小吏，靠一點微薄收入維持家計。他想出仕，並不成功，他一生最主要的工作，對後代最大的影響卻是教與學。什麼樣的機緣使他授徒教學？沒有資料可以查考，我們設想首先只是一種隨機的場合，也不太正式。我們把開始授徒的時間定在孔子二十八、九歲，因為二十七歲這年他見過郯子，可能產生很大的刺激，激發他的文化自覺意識。

郯是在今日山東南部的一個小國，附庸於魯，國君爵號稱「子」，是低級封君。孔子二十七歲時，郯子朝魯，魯國有位貴族問他：「據說古代少皞氏的政府都用鳥名稱職官，是什麼緣故？」郯子答道，少皞氏是他的祖先，他知道其中的意義。官司以鳥命名，管曆法的長官叫鳳鳥氏，管春秋二分的叫玄鳥氏，管夏冬二至的叫伯趙氏。另外像管人民教化的長官司徒，少皞氏叫做祝鳩氏；管軍隊戰事的長官司馬，叫做鴡鳩氏；管工程營造的長官司空，叫做鳲鳩氏；管捕捉盜賊的長官司寇，叫做爽鳩氏；管理徵集民工的長官司事，叫做鶻鳩氏。諸如此類的例子不勝枚舉。用鳥名官的意義，譬如我們稱司徒，司是管理，徒是徒眾，也就是管理人民，話雖不錯，但意義亦僅止於管理人民而已，如果稱作祝鳩氏可就不同了。祝鳩是一種孝鳥，以此名官，便有教化人民孝順父母長輩的提示意義，坐在這個位置上的人，單從官名就可時時提醒自己該負的責任。其他例子也一樣，鴡鳩是猛武之禽，點出司馬的精神；鳲鳩據說懂得均平，工程動用民工，最須注意勞力平均；爽鳩即鷹，眼睛要明亮，是警察的基本要求；鶻鳩是候鳥，春來冬去，告訴主政者，發動民工只宜在農閒之時。後世職官的名稱只表明它的任務，不如古代少皞氏以鳥名官，還點出每種職官的意義精神和責任。

孔子知道郯子在朝廷國宴上解說這段寓含深意的古代官制，便到賓館求見，向郯子學習。

他出來告訴人家：「以前聽人說『天子失官，學在四夷』這句話，原先不懂，現在我懂了，我也相信。」孔子「信而好古」，想從歷史尋找思想泉源，糾正當代的迷失，這樣的文化使命感大概是受郯子啟迪的。後來他所學愈廣，他的使命感也愈堅定。五十六歲流浪到匡，當地人誤以為是曾攻打過匡城的陽虎，將他們師徒團團圍住，孔子說：「周文王雖然早已死了，他的文道就不存在了嗎？老天爺如果要把這個文道滅絕掉，我這個晚於文王的人當然也就不能再沐浴文道了；老天爺如果還不想滅絕它，匡人是奈何我不得的！」四年後，孔子過宋國，被宋的司馬桓魋追殺，也很自信地說：「天生德給我，桓魋奈何我不得！」他並因此而收桓魋之弟司馬牛為徒。

上面兩例都是危急時的激昂之言，平昔孔子的文化使命則多在教學過程中表現出來。孔子除教授六藝以便謀生之外，所謂孔門四科有兩項是明顯異乎前代之「學宦」的，那就是只求個人修養、不求現實名利的「德行」，以及專門從事知識傳播而不從政的「文學」。德行的主要內容是孝和仁，孝是傳統的倫理規範，仁則經孔子賦予新義，而成為極其崇高的品德。以前周公說他自己仁而且孝，《詩經》描述武士美且仁，這些「仁」字都指才藝而言。但《論語》所說的仁則指一種很高超的人格意境。自古以來關於仁的研究汗牛充棟，但我們只看看他對學生和自己的評價當可體會一二。善於治軍的子路，善於政事的冉求，以及善於相禮的公西赤都達不到仁，只有顏淵，孔子稱讚他「其心三月不違仁」，其餘學生「則日月至焉而已矣」。這還只說心不違背仁，而不是說全人格的仁。孔子自述學不厭，教不倦，但不敢自居聖或仁。達成仁的準則在那裡呢？子貢很疑惑地問孔子，如有人博施於民而且能濟眾，可以算是仁嗎？孔子說：豈止是仁，可以稱得上是聖了，堯舜都還不能完全做到呢？可見孔子心目中的仁以及比仁還高一級的聖，最基本的準則是能造福人民。孔子的終極關懷恐怕還是在用世，他一輩子教學、出仕、尋求行道的機會大概都離不開造福人民的意念。《論語》所載孔子論仁，有些可確定是晚年的言語，但大部分無法斷年，我們推測四十到五十歲孔子從不惑到知天命，應是他思想成熟的時期，仁的新義也應該在這時完成。

孔子具體的文化貢獻集中在六經，「述而不作」，傳述的成分遠大於著作。他用《詩》《書》做教材，不學《詩》無以言，不讀《書》無以知歷史。和春秋時代的封建貴族一樣，他從《易經》獲得人生的啟示，但今本《易傳》恐怕不是他作的。他的著作只有《春秋》，還是整理魯史的作品，孟子認為取義於《詩》，具有批判的精神。這部歷史劇把《詩》融入教學中，而安排在最困頓的時候講《易》，晚年返魯著《春秋》。原來孔子選取古代文獻教學生，重視在生活或政事中實踐，沒有純粹的研究；大概到晚年他才以文學為主要任務。子夏少他四十四歲，子游少四十五歲，曾參少四十六歲，子張少四十八歲。曾參，魯人；子游，《史記》說吳人，《家語》云魯人；子張，《史記》說陳人，係指其先世，因為他的祖先在春秋初期就奔魯了（《左傳・莊公二十二年》），所以他們都應該是孔子六十八歲返魯後才入門的學生。只有衛人子夏，當孔子第二度來衛時，他已二十歲，有可能在這時拜孔子為師。據《論語・顏淵》，樊遲向他請教孔子所謂仁者愛人，智者知人的意涵；魯人樊遲在孔子返魯前夕尚稱幼弱，當是孔子返魯後的學生，子夏儼然有師兄的意味。不過即使子夏是孔子再居於衛時收的門生，也可以屬於晚年的後進弟子。另外有一位商瞿，年紀較大，只少孔子二十九歲，但因為傳《易》，也應屬晚期弟子。這些孫子輩的學生正是傳習孔子學術思想的儒學勁旅，《論語》就是他們的門徒追記整理的。

孔子教學四十五年，親近的學生如子路、顏淵、子貢和他一起生活幾十年，但都及身而絕。他對後世的影響卻靠人生最後四年才收的幾個小學生而發揚光大，歷史是偶然呢，還是必然？實在很難說。我們這部歷史劇最後引述《禮記・禮運・大同》，孔子理想的世界是天下為公，講信修睦，人不只愛自己的父母親，也不只愛自己的子女，要讓老年人能安安頓頓過好晚年，壯年人有機會發展他們的才能，年幼的孩子能獲得教養而成人，喪偶的鰥夫寡婦、沒有父母的孤兒、沒有子女的老者以及殘廢、病人都能得到充分的照顧。嚴肅的考據家一定會說這段話不可信，不過孔子的確講過「老者安之，朋友信之，少者懷之」。從孔子「博施濟眾」的終極德行來看，「大同」應符合孔子憧憬的世界，雖然話不一定這樣說。

《中國時報》人間副刊，民國八十四、四、二十七～五、六

從歷史到歷史劇

——電視劇「孔子的故事」的分析

「如果教室像個電影院」，這可不是小學作文題目，而是歷史學、歷史教育和歷史教學的課題。長年以來，我國電視或電影的所謂「歷史劇」，只要稍具文化素養的人都知道是鬧劇，史學界的朋友無不痛心疾首，甚至為文批判，但那些所謂的「歷史劇」製作單位仍然我行我素，歷史學者亦無可奈何。

坐而言不如起而行，當中華電視臺教學部邀請我策劃電視劇「孔子的故事」時，我遂毅然接受，因為製作一部孔子的影集不僅在於歷史教育的推廣而已，其中涉及當時的政治社會與生活禮俗，對我也是一種挑戰，生活禮俗史一直到現在我們學術界似乎還沒能夠提供充分可資利用的研究成果。另一方面，古史遙遠，文獻不足之處必須運用想像，但歷史想像說來容易，到什麼程度才稱合理，才不逾越分寸，卻是棘手的難題。當然，像孔子這麼影響深遠的歷史人物，已有固定臉譜，而且不只一張，如何描繪他的真實圖像，誠然不易。我讀古人書，心儀古人，願與為友，也很樂意接受這番挑戰。

人物相對年齡引發的真實感問題

所謂歷史劇是介乎歷史和戲劇之間的作品，歷史的基本要件是求真，戲劇則相當程度地鼓勵馳騁想像。歷史受到史料的限制，得到的結果往往是片斷的；戲劇應該努力建構比較完整的圖像，史料空白處往往不能一筆帶過，存而不論。所以歷史劇既要經過嚴格的史學求真的考驗，又要在片斷的基礎上鉤畫完整的圖形，二者缺一皆不足以稱作「歷史劇」。

用這種原則來檢查向來所謂的「歷史劇」，夠上標準者實在微乎其微。單以真實這點來說，史學的「真」雖有許多層次，這裡只講最基本的，即是人、時、地、事之真實。一部歷史劇出現許多人物，這些人物（至少重要的角色）都應該實有其人，而他們的相對年紀應該充分掌握，否則平輩變成祖孫，未生者視如死後，顛倒錯亂，便鬧大笑話。這種笑話在文獻不足的古代是很容易犯的，前人寫孔子的故事（或小說），往往不能免。茲舉明代正德（一五八六～一五二一）稍後刊印的《孔聖宗師出身全傳》和現代廖沫沙的〈鳳兮鳳兮〉為例，略加說明歷史劇的「真實」問題。

《孔聖宗師出身全傳》第二節說孔子三十歲，齊景公與晏嬰適魯，問子貢；第三節說孔子三十七歲，子游問喪之具；次年，子張、子貢、子游侍坐論禮；第四節孔子三十九歲，一日鼓瑟，曾子、子貢側門而聽。小說改成具像的戲劇，不僅涉及人物扮像，子貢、子游、子張、曾子是青年還是少年？更重要的是孔子的行為、事跡、思想都要在角色與角色的對應中呈現，角色錯亂，便得不到真的孔子形象。所以孔子和學生相對年齡的掌握就成為這部戲的基本要求了，可惜《孔聖宗師出身全傳》錯得非常離譜。我們的根據在《史記・仲尼弟子列傳》。子貢少孔子三十一歲，當孔子三十歲時，他還沒出生；子游少孔子四十五歲，子張少孔子四十八歲，曾子少孔子四十六歲，上面這些情節都不可能存在。

〈仲尼弟子列傳〉所列孔子與學生的年齡差距，是根據「弟子籍」，弟子籍是一種名籍，封建時代士人尋求主人，行「策名委質」之禮，策名是把自己的名字寫在簡牘上，委質是送禮。主人收下「名片」和禮物，便建立封建的君臣關係。「名片」的內容，以漢代的名籍來推測，可能也包含里貫、姓名、年齡和身體特徵等項目。太史公留下的孔門弟子年齡應相當可信。雖然〈仲尼弟子列傳〉的年歲與《孔子家語・弟子解》有些出入，如樊遲，《史記》說少孔子三十六歲，《孔子家語》說少四十六；高柴，《史記》少三十，《孔子家語》少四十；宓子賤，《史記》少三十，《孔子家語》少四十九；有若，索隱本《史記》少四十二，今本《史記》少四十三，《索隱》引《孔子家語》少三十三，今本《孔子家語》少三十六。這些歧異都有一共同點，「二」「三」或「四」互訛。「二」、「三」之誤很自然，古代「四」寫作四劃，與「三」也容易訛誤，樊遲、高柴年紀的歧異是可以理解的，至於是「三」對或是「四」對，還要靠其他的資料來判斷。譬如樊遲，《左傳》哀公十一年，齊魯之戰，冉求以遲為車右，季康子說「須（樊遲也）也弱」。弱是幼弱，這年孔子六十八歲，他應少孔子四十六歲才合理，否則三十二歲的人不能說幼弱。至於宓子賤所小的歲數，四十九、三十六之尾數九、六很可能是抄寫之誤。所以大體上我認為〈仲尼弟子列傳〉的年紀是可信的，整部戲人物的扮像應以《史記》和《孔子家語》的年齡為基準，戲劇情節的發展與人物的出場皆不可與此基準違背。

不過我們的基準亦非全無商榷的餘地，公西赤少孔子四十二歲，《史記》與《孔子家語》雖無異說，卻與《論語》齟齬。〈先進〉「子路、曾皙、冉有、公西華侍坐」章，孔子對子路等人說，你們平常抱怨沒人知道你們的才能，如果有人知道，要起用你們，該怎麼發揮你們的長才呢？顯然是孔子及其弟子未仕之時，孔子頂多五十歲，如果差四十二歲，公西赤是不足八歲的幼童，雖然「赤也為之小」，年紀未免太小了吧？所以我便把公西赤添加十歲，少孔子三十二歲，這時約十七、八歲，才符合〈先進〉的情景。誠如上述，「三」誤為「四」也是很可能的。

基本上我不輕易更改文獻，竹添光鴻《論語會箋》考訂顏淵少孔子四十歲，比《史記》還年輕十歲，我是不同意的。如果少孔子四十歲，則當孔子五十五歲周遊列國時，他只是一個十五歲的童子，隨從孔子出國流浪是不太合情理的。這個錯誤是從《孔子家語》衍生出來的，《孔子家語》云：回「年二十九而髮白，三十二而死」。《孔子家語》未明記孔顏相差歲數，但王肅根據《史記》，而疑回的年壽不實，因為這時孔子六十一歲，在陳，不可能有《論語》所述顏回出殯的情形。所以「三十二」也很可能是「四十二」之誤。

年歲舛誤如果不察，所安排的戲劇情節便非常不真實。山東版的「孔子」電視劇說孔子自齊返魯，在城郊遇見一個青年名叫高柴，收他為徒。山東版採用孔子三十五歲適齊，次年返魯之說，但不察高柴少孔子三十歲，這時只是六歲的幼童。他是齊人，一說衛人，如何變成青年千里迢迢慕名拜師呢？

以「三家村」聞名的廖沫沙，《甕中雜俎》有一篇〈鳳兮鳳兮〉，發表於民國三十三年，寫孔子「攝相三月」（廖氏用語），其道不行的故事。全篇小說涉及的情節在魯定公十年至十四、五年之間。這時魯國執政當家的是季桓子，但這篇歷史小說卻多次出現桓子之子季康子。按桓子卒於魯哀公三年，此時孔子由衛適宋到陳，正在外國流浪，直到哀公十一年季康子因冉求的建議，才迎孔子回國，才有恰當的身分向孔子問政，問盜。類似的錯誤《孔聖宗師出身全傳》亦無法免，如說孔子三十八歲，季桓子餼以千鍾之粟。不論餼粟之說可不可信，單論年代人物，這時當家的是桓子的父親季平子。

常人讀書不求甚解，錯誤或許還不容易發覺，但一演成戲，矛盾百出，劇情便無法推展。我策劃的「孔子的故事」對人物的相對年齡叮嚀再三，但我不在拍攝現場，百密仍難免一疏。第一集孔子十七歲喪母，殯於五父之衢，畫面出現的孟僖子鬚髮斑白，看樣子至少六十開外的人。其實孔子三十四歲時，孟僖子死，其嗣子何忌才十三歲，何忌是泉丘奔女生的，僖子與她結合時的年歲不可能太大，再上推十七年，其卒當在壯年，不應該作老者形象。這個例子雖然是細節，但由於年齡乖戾，我總覺得有失真實。

大家公認研究孔子最可靠的資料是《論語》，《論語》沒有編年，但可以人物做為某些章節斷代的標尺，比較正確地理解孔子思想的發展。譬如孔子仕於魯國朝廷是在定公九年至十二年之間，他回答定公君使臣以禮，臣事君以忠，以及一言興邦、喪邦的話，必不出這四年，當孔子五十一歲至五十四歲時。定公十三年，孔子去魯周遊列國，兩年後定公卒，哀公即位，但孔子要到哀公十一年的年底才返魯，所以《論語》哀公之問都是哀公十二年，即孔子六十九歲以後的事。魯國權貴季康子在哀公三年執政，《論語》所記孔子與他問答也都應在六十九歲至七十三歲去世之間。葉公之問，必孔子南行至負函，受葉公招待時的事，在魯哀公六年，孔子六十三歲。我同樣利用孔子與學生的年齡差距和學生的籍貫，推定相差四十歲以上者，如子游、子張、子夏、曾子都應該是晚年返魯以後才收的弟子，《論語》凡關於他們的問答都代表孔子晚年的思想。相對於子路、顏回、子貢，曾子等人是後進「小學生」，子路等前期的「大學生」則是先進。

先進學生與孔子長期相處，像子路服侍孔子近四十年，顏淵二十多年，子貢也約有二十年，他們與孔子共患難，同吃苦，故情感深如父子。先進學生基本上以仕宦為主，與後世儒家的經學沒有什麼關聯。後進學生大多是孔子六十八歲年底返魯以後入門的，與孔子相處只有四年多點，雙方如同祖孫，他們主要傳孔子的學術。孔子晚年身為國老，生活安定，仕途既絕，亦深感文化的傳遞更為久遠，故對學生有系統地講述王官之學的精義，這就是綿延兩千年的經學。但早期學生有的走了（如子路），有的死了（如顏淵），有的忙於政事（如冉求、子貢），在身邊的多是後進「小學生」。但也正有這短短四年，有這批孫子輩的學生，孔子才可能成為儒家始祖，我們甚至可以這麼說，中國歷史上才有所謂的儒家。

歷史人物主體性格的體會

戲劇的精彩處在於解釋，但解釋要有史實作根據才不會脫離歷史劇的軌道。戲劇表現的方式雖然多端，就人們觀賞的角度來說，有單元劇和連續劇之分，電影屬於前者，電視屬於後者，我們製作的「孔子的故事」是電視劇，所以一開始考慮闡釋的問題便和電影不同，不是焦點集中、回溯補敘，而是採用編年體裁才比較不會讓觀眾覺得混亂。

孔子一生有那幾個階段，每一階段的重心是什麼，這牽涉到對於孔子的解釋問題。我把孔子一生分作六個階段，十七歲葬母以前一段，爾後擔任季氏家臣到約三十歲授徒講學為第二階段，三十歲到五十歲的教授生涯為第三階段，五十一歲到五十五歲仕宦時期是第四階段，五十五歲到六十八歲流浪時期（史稱周遊列國）是第五階段，六十八歲年底歸國至七十三歲年初去世，是為第六階段。有了大段落的劃分，整部孔子的戲才能展開，編劇、導演所要賦予的歷史解釋也才可能落實。

站在歷史家的角度，我必須說明這六段劃分的歷史學基礎。孔子十七歲喪母係採用《史記》，後世的《闕里志》或《孔子年譜》之類的說法，往往定在二十四歲，其依據大概是孔子葬母有學生為之助葬堆墳，三年喪期滿有學生記載他「五日彈琴而不成聲，十日而成笙歌」。（《禮記・檀弓上》）這裡當然涉及孔子開始授徒的時間，我定在二十八、九歲。有三個根據，一是孔子自述「三十而立」，己立而後立人，自己未立如何教別人？二是《左傳》昭公二十年孔子勸阻琴張奔赴宗魯之喪，這年孔子三十歲，而琴張是他的學生，年紀也應該不太小，所以推測孔子收徒大概在此稍前。何以不能更早呢？二十七歲是一關鍵，《左傳》記載這年（昭公十七年）郯子朝於魯，講遠古官制以鳥名官的意義，孔子向他求教後，感歎「天子失官，學在四夷」。我推測這次的見面使他萌生傳承文化的責任意識，故推定授徒必在此稍後。這是第三個根據。

從戲劇藝術的角度來說，十七歲喪母更能突顯孤兒寡母感人的張力，但此突顯絕非憑空捏造，甚至在兩說中，這一種是更符合史料的說法。所以藝術張力之「美」是有歷史之「真」作基礎的，這是我對這部「孔子的故事」藝術手法的基本要求。因此，我對孔子的認識才浮現更清楚的圖像——孔子是一個孤兒，孔子是姨太太的兒子。中國兩千多年來一般公認的最偉大的人物竟是孤兒，竟是姨太太的兒子！

孤兒，大家依稀有此印象，姨太太孤兒這種形象恐怕過去的中國人很少有意識地覺察，否則中國傳統社會幾近無情的嚴格嫡庶之分應該不會那麼「理直氣壯」吧。我相信這點認識很可以加強孔子的傳奇性，也很可能與他後來的人格發展有些關係，但我並沒有在這點上好好發揮，可能我還是受歷史癖與考據癖的限制吧——文獻太不足了，從戲劇形式來說，也許是可惜的事。

《史記》說父母「野合」而生孔子，歷來學者為幫聖人遮「羞」，多設法予以合理地解釋，注解《史記》的司馬貞和張守節便從兩人年紀相差太懸殊著墨，說叔梁紇年過六十四，顏徵在年紀小，這種結合謂之「野合」。據《孔子家語》，徵在是顏家最小的女兒，上有二姊未嫁，以古代女子婚齡一般不晚於二十歲來說，她大概頂多十五六歲而已。然而叔梁紇果真垂垂老矣乎？不然。據《左傳》襄公十年（西元前五六三年），梁紇雙手撐住偪陽城的懸門；七年後（西元前五五六年），叔梁紇突入防圍救出魯大夫臧紇；而五年後孔子就誕生了。這樣的勇士與顏徵在的結合，常情推測應該不會遲於五十多歲吧，所以用「陽道絕」來講叔梁紇恐怕是不通的。

孔子父母的結合方式既為傳統中國人所避諱，大家存而不論，所以即使以孔子之盛名也沒有衝擊男女大防的禮教。基於這麼不尋常的出生，對孔子後來的行為、思想或觀念能作什麼樣的解釋？「孔子的故事」著墨不多，這大概又是太顧及史料的緣故。不過，歷史學心理分析法要受史料嚴格制約，才不會背離「真」的常經，歷史劇如果守不住分際，則「放辟邪侈，無所不為」矣。

我避免馳騁歷史想像，盡量守著求真的原則來解釋孔子父母的結合。不過我對於「野合」也有所解釋，從封建政治社會的傳統，我想鉤勒叔梁紇作為封建武士的典型，他因孟皮跛足，不能繼承士的階級身分，故再娶顏徵在，希望生個兒子，能成為標準的武士。叔梁紇的確是位典型的士，然而封建武士的識見其實相當狹隘，從孔子一生的發展來看，他與其父不同，絕不以士畫地自限，他要做為君子，這方面的證據《論語》俯拾皆是，不煩細引。孔子心所嚮往的人格是封建君子，如鄭子產、如吳季札，本來可以借他們的故事來刻畫孔子的觀念，但由於製作經費的約束，無法展開，所以孔子之超出他父親的眼界就不能以戲劇的形式來呈現了。

上面提到孔子勸阻琴張奔宗魯之喪，這件事最可說明孔子人格的追求，也是判斷他確立追求君子之人格的年代最好的依據。宗魯之死的故事載於《左傳》昭公二十年，我在〈流浪者之歌〉也有所解說，這裡不再重覆。基本上孔子是不看重為主君及友朋而死的宗魯的，他對琴張揭示封建武士人格的限度，他要追求的人格絕非「言必信，行必果」的士。子產、季札出身高級貴族，與孔子不類，管仲的人生歷程毋寧更接近，孔子給管仲極高的評價，就因為管仲所做所為能見其大，對民族、文化的影響深遠，與召忽之固守封建武士的人格不同。

但也由於種種原因，這些體認無法在「孔子的故事」中呈現出來。可見歷史詮釋之真和藝術詮釋之美要恰當結合，尚待克服的客觀困難是不少的。

孔子教授學生以求仕，他自已也隨時等待機會。在孔子七十多年的生命中，仕宦不及五年，但如果就此而論斷他的畢生志業只在教育，亦不得其實。我們可以很直截了當地說，孔子是很想當官的，所謂「學而優則仕」，雖然是他的晚期弟子子夏說的話，但並沒有違背他老人家的意思。孔子的確感歎「三年學不至於穀，不易得也」，對於堅持不仕的閔損、顏回特別肯定，但學以致用，博施濟眾，他則推崇為學習的最高終極目標。所以一部孔子的戲應該好好處理仕宦這一環節。

孔子五十一歲始任地方官中都宰，在此之前他不是沒有參加魯國政治的機會，那就是陽虎責備他出仕的事。陽虎既是家臣、又是叛臣，在中國傳統的人物評論模式中不可能獲得肯定或同情，何況他又為聖人所排斥。然而我們平心靜氣讀《論語・陽貨》陽虎與孔子的對答，把這情節回歸到封建末期，陽虎以大夫之尊而餽贈地位較低的孔子，雖然別具用心，不能說他不知禮。他用孔子平常講學的話，「仁者愛人」，來責備孔子不仕，又用日月流逝、時不我與來警惕孔子，不能說他不善說理。孔子也只有唯唯稱是。從歷史的角度考察，陽虎是三桓之一孟孫家族的旁支，孔子三十六歲時他已當權；孔子四十六歲那年，他甚至囚禁魯國執政季桓子，流放貴族，壟斷國政；在孔子四十九歲時，陽虎政變失敗才離開曲阜。他雖然失敗，但據《左傳》記載，不穿戴盔甲而敢進入魯公宮殿取寶玉、大弓，在五父之衢過夜，從從容容地走，的確是一代梟雄。我們用陽虎來對照孔子，並不想簡化成傳統戲劇忠奸善惡的兩種模式，歷史劇的人物評價應該跳出傳統戲劇的臉譜，基於歷史之真，忠實地反映歷史人物的人格境界。

陽虎的人格的確有孔子不及之處，孔子雖看出「陪臣執國政，三世稀不失矣」，未應陽虎之命出仕，但他的用世之心可不曾稍減。五十一歲出仕前，據費而叛的公山弗擾召他，他曾動過心；後來流浪於衛晉間時，以中牟叛的佛肸召他，他也想去。傳統學者在帝王專制的淫威下，千方百計欲為他開脫，洗刷這兩個「污點」，最後乾脆不承認素所公認最為可信的《論語》的記載，其實這是把孔子內心的掙扎太簡單化了。

對這兩次召喚，反對最力的是子路，我已在〈流浪者之歌〉指出子路一生信守的是對主人竭力盡忠的家臣倫理，代表封建武士的典型。而我們在上文也說過，孔子不以士自限，他要做一個君子，他所關懷的不是一家一姓的主人，而是廣大的人民群眾，所以他想以公山弗擾的費邑做一個實驗地，要在東方復興西周文武之道。到五十多歲，已知天命的孔子對自己的操守是有信心的，即使在佛肸手下，猶相信自己可以堅硬得不會被磨薄，純白得不會被染黑。何況幾年前陽虎「歲不我與」的警告言猶在耳，而今更加迫切了。他對子路說：「吾豈匏瓜哉，焉能繫而不食？」正與他回答子貢美玉之問符合，他這塊寶石是多麼急切等待識貨的商人上門啊！《論語》公山弗擾和佛肸這兩章與孔子其他資料密合無間，可信無疑。歷史劇應該根據歷史的真實，運用戲劇藝術，把孔子最深邃的內心世界揭露出來，但「孔子的故事」在這方面的表現還嫌不夠集中，不夠深入。

中國傳統知識分子的人生不外兩條路，不是仕就是隱。孔子這齣戲，在這環節上，陽虎是一極端，而孔子到衛國及陳蔡楚所遇見的隱者是另一極端，他自己則介乎二者之間。儒家的中道性格自始已然。孔子旅居衛國時，荷蕢隱者聞其磬聲，雖知他有用世之心，卻嫌他太執著。隱士潔身自好，當政者不知自己也就算了，何必汲汲求售？所以在隱者的眼中，孔子未免鄙陋。一路南下，孔子頻遭隱士之流的奚落。春秋時代楚晉南北兩大強權爭霸中原，中原小國深受其苦，其人之賢者遂逐漸養成一種與世浮沈的人生觀。孔子在路上聽到的童歌：「滄浪之水清兮，可以濯我纓；滄浪之水濁兮，可以濯我足」（《孟子・離婁上》），即是這種人生觀的寫照。但孔子是一板一眼的人，知其不可而為之，他告訴學生這首歌的意旨清則濯纓，濁則濯足，事事在乎自己也。其實是曲解。當孔子與南方隱者正式接觸時，雙方之不同道就表露無遺了。

荷蓧丈人批評孔子「四體不勤、五穀不分」，孔子並不認為有何不對。孔子相信社會分工，如孟子所說的或勞心或勞力，他屬於勞心者，故後來怛然告訴樊須，他不如老農、老圃，而責備樊須忘治國之大道而喜歡問些小人（平民階層）的技藝。孔子心目中的君子是要綱領政治社會秩序的，但像荷蓧丈人這種隱者，讓兩個兒子出來會見子路，雖存有社會人倫，卻把政治的關係——君臣一倫廢了。隱者對國家失望，要遺世獨立，不要政治，在他們看來，廢君臣不算什麼「亂大倫」，這是隱和仕截然不同的地方。不過孔子也沒有天真到相信天下秩序可以按照他的想法來建立，他只是不死心罷了，故雖遭長沮「知津」的奚落，並不生氣，唯悵悵然而已。知津、知道的「津」和「道」是雙關語。孔子對他的道真的有信心嗎？恐怕也未必，他要入世，要參政，卻不與人同流合污，隱者謂之「避人」，在隱者眼中，不如他們「避世」來得徹底。然而孔子之可愛就在不徹底。他對天下局勢，時代潮流看得很清楚，所以對隱者有同情的了解。他是真正認識隱者的人，他的同志是在草莽而不在廟堂，唯因天下無道，他才放不下這顆心。孔子在負函，楚狂接輿唱歌勸告他：福慶比羽毛還輕，是拿不到的；災禍比土地還重，是避免不了的，當今能免於刑就慶幸了。（《莊子・人間世》：方今這時，僅免於刑。福輕乎羽，莫之知載；禍重乎地，莫之知避。）這簡直是對身體生命的安危發出警告了，但孔子顯然沒有接納他的好意。當然，接納隱者的規勸就不成其為孔子了，中國歷史上會不會仍有儒者之仕與道者之隱，涇渭分明的人生取向，也很成問題。

孔子一生雖立志用世，但他的性格是含有一些隱的成分的，他與隱士的惺惺相惜固可揣摩一二，而《論語》曾點之言志更是直接的證據。曾點的人生境界是在暮春三月，「冠者五六人、童子六七人，浴乎沂，風乎舞雩，詠而歸。」其實這是隱者的風格啊，孔子聞之卻喟然而歎，點頭稱許。這次談話，子路、冉求皆尚未出仕，應在孔子五十二歲任職大司寇之前，但由於公西華年紀的限制，也不可能太早，也許是在孔子出仕的早期或稍前吧。

《禮記・檀弓》說，古人埋葬不起墳頭，孔子給他母親起墳，因為他到處流浪，怕時間久了找不到墓跡。故事本身不可信，但〈檀弓〉這裡講了一句很傳神的話——「丘也東西南北人」。孔子五十五歲去魯，六十八歲年底才返魯，對一個五十開外到將近七十歲的人，十四年在外流浪，的確是東西南北夠蒼茫的了。孔子厄於陳蔡，師徒窮途潦倒，餓得站不起來，他引用《詩經・小雅・何草不黃》這首詩的一句：「匪兕匪虎，率彼曠野」，來訴說他的經歷、理想與心境。蒼茫暮色下的孟冬，前不巴村，後不著店，這條路是夠漂泊的了。孔子還有內心的流浪漂泊，仕與隱的游移，守經還是從權？原則可以修訂，但要修訂多少才不變質？要怎樣才能把孔子這種叢脞複雜的性格刻畫出來，我深感史學技窮，希望乞靈於戲劇藝術，但「孔子的故事」在這方面的表現距離我的理想尚遠。

歷史解釋的規範與選擇

真實可信的史料一般不能符合歷史劇的需要，尤其像「孔子的故事」這種古史劇，史料闕疑的地方甚多，非求助於歷史想像是無法鋪陳成一部戲的。歷史劇的歷史想像可以算做歷史解釋的一部分，仍然不能違背合理性的原則，要加以適度地約束規範；如果有多種可能，那一種才是合理的選擇，也要有說服性。現在且舉「孔子的故事」一些例子來說明。

孔子三歲喪父，孤兒寡母相依為命，及長擔任季氏的小家臣，而立之年教授學生，禮樂射御數，樣樣精通。孔子自道「非生而知之者」，他的技藝和知識是那裡學來的？《周禮・鄉大夫》云：「大比，攷其德行、道藝而興賢者、能者。」《禮記・王制》說：「命鄉論秀士，升之司徒曰選士。」封建城邦國人有受教育的機會，否則政府如何評判人民的道藝才能？其教學場所應該即是所謂的鄉校。孔子是著名的封建武士的後代，而且住在城中，屬於國人，按照春秋時代的教育體制，他是可以在鄉校接受教育的。山東版的「孔子」特地造出一位太史，抱著極其頑固的階級意識，看不起小孔丘，及知他是殷王室的後裔，又被他們母子三天三夜立於門外所感動，遂在太學破例地個別教授。如此的歷史想像太過離奇，完全不受史料的規範，也沒有時代社會的背景作基礎。我認為孔子唯一可能受教育的地方是鄉校，他是位傑出優秀學生，所以很容易被季氏提拔去當家臣，但首先只能管理農莊，收受季氏領民繳納的糧食，並做牛羊牧豎的領班。

孔子從幼童到青少年，唯一親近的人是母親，常情推測，顏徵在對孔子人格的成長影響應當最大。上文估計顏徵在出嫁年齡約十五、六歲，孔子十七歲她就去世，所以她大概活了三十五歲不到。中國歷史上這麼苦命而偉大的母親竟然沒有留下什麼記載，即使西漢晚期的劉向，距離孔子不過四、五百年而已，他寫《列女傳》，顏徵在連小傳也無法為成篇。不過，如果我們不承認聖人是天生的，母親對孔子人格絕對起了決定性的作用，我們不能不運用一些歷史想像來彌補此一缺憾，我乃將《左傳》所載孟僖子講的孔子祖先的故事移給顏氏。徵在即使知識有限，孔子祖先的功業不可能魯國權貴知道而孔家的人不知道。

任何歷史解釋或想像都免不了時代風氣的感染，我們這個時代策劃一部幾乎沒有女人的戲，真是難為乎哉。編導孔子的戲一般不會放過「子見南子」一節，而窮盡想像之能事。南子宋國人，出嫁前已有情人，名叫宋朝。宋朝是聞名國際的俊男，其相貌之美可與祝鮀的口才之佞並稱，孔子還特別提到過（《論語・雍也》）。南子嫁給衛靈公後，特地把宋朝召來相會。當時成為喧騰國際的醜聞，靈公太子蒯聵過宋國郊野時就被當地人唱歌戲弄：「為什麼不還我們英俊的豬哥！」（《左傳・定公十四年》：盍歸吾艾豭。）孔子到衛國，南子召見，孔子終於去了，《論語》記載子路不悅，孔子遂對子路指天發誓說：「予所否者，天厭之！天厭之！」孔子誓言這麼急切，於情於理殊不可解，難怪近人在這個「見」字上馳騁想像。山東版的「孔子」對於南子的淫蕩著墨甚多，也虧他們能憑空想出那些淫蕩的樂舞；他們對於孔子與南子，則定位在一個共同點上——兩人都不為世人所了解，故頗有惺惺相惜之意。南子任性而為，不為衛國循守禮法的貴族所容；孔子直道而行，豈不也遭到魯國權貴的排擠？這種想像似具現代意義，但都沒有一絲一毫的根據，境界也不高。誠如上面說過的，想像要有規範，我寧願從當時衛國的政治情勢來分析。據《左傳》，蒯聵謀刺南子失敗，逃到晉國，這是孔子適衛第二年的事，衛的國政可能已被南子及她的集團掌握，三年後靈公死，孫子輒即位，南子地位仍然沒有動搖，所以才演成蒯聵與輒父子爭位的醜劇，歷時十二年之久。孔子去魯，浪跡外國，所為何來？還不是為了行道，他與衛國的當權派有某些妥協是可以理解的。在他的處境上甚至也是必須的，否則何必長居衛國吃閒飯？所以即使孔子多不情願見南子，卻不能不從權，不料引起鯁直的子路極大的不滿。用古人的話說，孔子是「詘身行道」，子路則能伸不能屈。

沒有資料的憑空想像固不足取，而資料叢脞矛盾時，先須經過一番別擇才可能做出合情合理的解釋。譬如孔子畏於匡這件事，據《史記・孔子世家》，是匡人誤把孔子當成陽虎。陽虎為暴於匡，《左傳・定公六年》(西元前五〇四年)，魯侵鄭，取匡。匡在今河南省長垣縣，春秋衛國的西南方。此時陽虎勢力如日中天，《左傳》說他領兵取匡，去時未向衛國借路，回來時更狂妄，使季孫、孟孫從衛都的南門入，東門出。所謂「陽虎嘗暴匡人」，應以此次最有可能。上文說過魯定公八年(西元前五〇二年)陽虎政變不成，退守陽關，第二年奔齊，被齊侯軟禁，設計逃走，先奔宋，再奔晉，從宋到晉。陽虎可不是隻身落荒而逃，他永遠保持他的梟雄氣概。孔子聽說他投奔趙氏，就判斷「趙氏其世有亂乎」！這話一半對，一半不對。趙氏不久真的分裂成邯鄲趙與晉陽趙，兩派大動干戈，陽虎投在晉陽趙簡子門下，在趙氏內門中還發揮很大的力量，沒有損害到收容他的趙簡子。這樣的人物自然有可能暴虐匡人。

孔子被圍，如何自處，是刻畫其人格境界的重要媒介，這場戲的編演，關係孔子的形象甚大。《論語・子罕》記孔子說：「文王既沒，文不在茲乎？天之將喪斯文也，後死者不得與于斯文也，天之未喪斯文也，匡人其如予何！」慨然以繼承周文王的文德自任，相信斯道未泯，他死不了。在剛毅中湧現源源的文化傳承之悠思。這是一種境界。《史記索隱》引《孔子家語》，孔子說：「述先王，好古法而為咎，非丘之罪」，一副憤世嫉俗的樣子。於是「子路彈劍而歌，孔子和之。」彈劍，今本《孔子家語・困誓》作「彈琴」，當以子路彈劍為是，才能表達憤慨的激昂氣氛。這是另一境界。《莊子・秋水》述孔子告訴子路「知窮之有命，知通之有時，臨大難而不懼」，是灑脫的道家境界。《琴操》則說孔子「和琴而歌，音曲甚哀」（《史記正義》引），充滿著哀怨。這四種境界我們寧取第一種，不只因為《論語》的史料價值高，其以道自任的胸懷與悠遠的文化使命，亦皆可與孔子其他的行事和思想吻合，從人生體驗來說，這境界也比其他三種都高。至於解圍的關鍵，《莊子》說是匡人自知誤會；《孔子家語》只說「曲三終，匡人解圍而去」，沒有合理的說明；《琴操》則訴諸神話，「有暴風擊軍士僵仆，於是匡人有知孔子聖人，自解。」這都是想像的編造。《史記》云：「孔子使從者為甯武子臣於衛，然後得去。」且不說孔子的從者能不能突圍，就是甯武子這個人早在一百多年前就去世了，甯氏一族也在五十年前被滅了，如何來救孔子？不過我們沿襲太史公借外人營救的思路，而改以蘧伯玉的使臣來解圍，雖無根據，是比較合理的想法。

關於「孔子的故事」還有兩個問題值得拿來說明我對歷史解釋的選擇。一是孔子有沒有適周向老子問禮。近代不少學者懷疑老子這個人的存在，斷定《老子》五千言是戰國的著作，總之，根本沒有《史記》所載孔子見老子這回事。此一學術訟案本文無法討論，而且我認為除非發現比較有用的新資料，否則這個問題不可能有新見解。中國人一向奉孔子是儒家的創造人，老子是道家的始祖，儒道兩家乃中國兩千多年來的思想與人生的主流。近代未成定論的懷疑意見既不足以打倒傳統的看法，從戲劇的觀點來考量，我寧願讓這兩顆明星會面，同時發出光輝，以製造劇情的高潮。當然我也考慮過該有人來教訓教訓孔子，孔子才比較像個人，好不容易有老子這個人，好不容易有問禮這件事，雖然傳說的成分相當濃，但卻是孔子「非生而知之」的最好證據。

孔子到成周的時間，《史記》安排在三十五歲赴齊之前。南宮敬叔為他向魯君請得一車二馬一童子。按《左傳》，孟僖子臨終交待二子何忌和南宮敬叔師事仲尼，這年孔子三十四歲，而何忌與敬叔約十三、四歲，固不能有向魯君請求之事，甚至最快也要喪期結束才能列入孔門，所以我把孔子問禮安排在四十歲不惑之年稍早，因為他見過老子後，對自己要走的路應該更明確了，用魯迅的話說，這雙走向朝廷的鞋子和那雙走向流沙的鞋子是不同的，儒道基調之差異，兩千年來不變。

其次是孔子對魯國政權的立場，關鍵事件是他五十四歲的墮三都。《公羊傳》說孔子堅持「家無藏甲，邑無百雉之城」，墮三桓采邑都城顯然為著強化公室，是孔子對魯君盡忠的表現。所以有人解釋孔子主張恢復周的統治秩序，強化中央政府的權威，打擊貴族的專權，壓抑地方勢力，山東版的「孔子」基本上是走這條路線的。這類思考其實都是現代人的觀念，與孔子時代不相干。魯國的政權早在三桓手中，魯君只是形式上的象徵，執政的季氏即是中央，不是地方勢力，所以中央與地方的對立這種想法根本不符合當時的實情。

孔子主張墮三都是否即表現忠君的情操，恐怕也是後人的思考模式吧。三桓專政，他的確憤慨過。三十五歲時，魯昭公禘祭其父襄公，只用樂舞十六人（《左傳・昭公二十五年》云「萬者二人」，疑是「二八」之誤），因為所有的樂工舞人都到季氏的宗廟執勤去了。孔子因此憤恨地說：「八佾舞於庭，是可忍，孰不可忍！」三桓祭祖僭越魯君特有的天子禮——祭畢收拾祭器時樂工歌唱《詩經・周頌》的雍歌，孔子乃責問雍頌「奚取於三家之堂」？這年魯昭公奪三家之權不成，出走齊國，居於陽州、平陰，在齊國西鄙，曲阜的西北方。據《史記》，孔子也在這年到齊，他是到臨淄，《韓詩外傳》說是經過泰山。從曲阜往東北走，孔子並不去陽州「勤君」。此後魯昭公流亡在外七年，魯人沒有起來反對季氏，人民已經把國君給忘了。魯君不得民心，孔子自然看得一清二楚，他怎麼會還去扶植這樣的國君呢？我判斷，不論魯公或三桓，在孔子心目中，都是一丘之貉，無分軒輊。然而他何以要墮三桓的采邑呢？這點要從春秋末年政權的陵替來看才明白。春秋時代，首先是諸侯取代周天子成為真正有權威的人，爾後是執政貴族取代諸侯，最後到春秋末年則是家臣取代權貴。這三段式的演變以魯國最明顯，像上文說過的季氏家臣陽虎，囚禁主君，計畫更換三家的家長。陽虎亂後，費宰公山弗擾準備背叛季氏；大約同時，叔孫氏家臣侯犯也盤踞叔孫采邑郈而叛。這些叛變有的可能沒有爆發，有的雖然平定，但顯示在國都執政的權貴已不能控制他們的采邑了，而且采邑的家臣隨時有可能憑藉采邑兵力威脅在國都執政的權貴，這是三家同意墮都的主要原因。然而我們同樣不能說墮都之議是為三家設想。家臣據采邑叛變，國都出兵平亂，頻繁的內戰受害最深的是人民，只有墮都才可止叛而息爭，所以我寧願從人民利害的觀點來解釋孔子墮三都之議。這不是故意誇美孔子，是就當時情勢而作的解釋。當然重視封建家臣倫理的子路之積極推動墮三都，也許有壓抑家臣保護主君的用意，但那是子路，不是孔子的境界。

歷史劇對歷史學的刺激作用

這次策劃「孔子的故事」，對我的歷史研究是有正面積極意義的，歷史劇不會虧待歷史學，反而刺激或迫使歷史學者思考一些嚴肅的學術課題，把歷史學者從一向習慣的斗室拉拔出來，看看外面更多采多姿的世界。

這次經驗使我深切體會到一部好的歷史劇非有紮實深入的生活禮俗史之研究做基礎不可，「孔子的故事」所看到的衣食住行，係借助於山東版「孔子」製作群的部分成果，到底有幾分近真，也很難說，但至少比我們長年來所看到的古裝劇的佈景像樣多了。當今考古材料可資利用者，除一些房屋佈局外，大概只有馬車、兵器。「孔子的故事」的衣冠多沿習宋朝人的想像，大型建築也參雜相當程度的想像，孔子座車取考古兵車之形，不一定正確，我想一般座車恐怕應該有更舒適的設備吧。坦白說，我們歷史學界對生活史的研究尚未起步，歷史劇必定會逼著歷史學者回答日常生活的一些問題，從物質器用到行為言談，這對歷史學者是一項挑戰。

歷史劇也會促使學者更人性地體驗歷史人物的性格和思想的發展，離開學術界長年來一些既定的命題，拋棄一些長年的成見，屏除一些所謂哲學的語言，從活生生的人去建構歷史人物。這種作用就像催化劑，歷史劇拋給思想史或哲學史研究幾個變化球，學者的因應可能會引發學術研究的改變，但這方面的作用我還不敢預言。

歷史劇不止是戲劇，也應是歷史，「孔子的故事」只是一種嘗試，我相信隨著不同課題的製作，會發現更多的研究空間和更多有意義而等待解決的難題，這是可以豐富歷史學之內容的。所以我主張歷史學家如果有機會，應該參與一兩部歷史劇的製作，對自己的學術研究必有助益。

至於好的歷史劇對歷史教育或歷史教學所產生的作用，往往勝過好書，視聽媒體所帶來的感官和心靈之感動是空口白話或白紙黑字無法比擬的，這個道理很淺顯，我就不再申述了。

東海大學歷史系主辦「歷史教學與視聽媒體研討會」，民國八十四、十二、八～九

孔子是力士嗎？

如果有人說至聖先師孔老夫子是大力士，任你有多豐富的想像力，恐怕也擠不出相稱的形象來吧。

現代人的孔子像基本上是以據傳吳道子的畫為藍本，雙手抱揖，如鐘而立，看不出英毅之氣。吳道子造像寫老年的孔子，缺乏英毅自可理解，但歷來誦孔子之言，傳孔子之教者何止億萬，關於他是力士的勇武傳說卻愈來愈少人提起，甚至有人為之辨偽，這倒是有趣的現象，值得研究中國文化特質者探討。

距離孔子甚為接近的戰國時代普遍流行著孔子是力士的傳說，文獻記載首見於《呂氏春秋·慎大覽》和《墨子·非儒》。《呂覽》說：

> 孔子之勁，舉國門之關，而不肯以力聞。

類似的話亦見於《淮南子・道應》及後來《列子・說符》，唯「舉」字《淮南子》作「扚」，《列子》作「拓」。訓詁學者考據「拓」是「招」之誤，招、扚皆舉引之意，即將城門之關舉起來。

城門之「關」是什麼，除上述「舉國門之關」諸條材料外，《左傳》有臧孫紇斬鹿門之關，賈誼《新書》也說豫讓枕關。關可以舉，可以斬，可以枕，我們推測應是拒閉城門的橫木，作用如門閂，唯極其堅實笨重，非力士不能舉。

舉關力士即如後世特種部隊的戰士。《漢官儀》說：「高祖命天下郡國選能引關、蹶張、材力武猛者以為輕車騎士、材官樓船」。引關力士漢代又叫作「乘之」，據《續漢書・禮儀志・中》盧植注說是御前衛士。直到唐朝，《新唐書・兵志》云，太宗「取戶二等以上，長六尺闊壯者，試弓馬四次上，翹關舉五，負米五斛，行三十步者」為飛騎，亦屬於天子禁軍。從戰國到唐約莫千年，可見舉關力士的傳統淵遠流長。

然而把孔子說成孔武有力的虎賁之士，中國人愈來愈不能接受，清朝學者便在這方面作翻案文章。畢沅校釋上引《呂氏春秋》那段文字便說，大概是孔子父親叔梁紇事之誤傳。原來在西元前五六三年，霸主晉國徵集諸侯軍隊攻打小城邦偪陽，偪陽人打開城門，引誘諸侯之士，突然降下懸門，準備困死已經進城的人，幸賴叔梁紇「抉之以出」，才免於難。此事記在《左傳》襄公十年，抉舉懸門之力士，當時一定膾炙人口，廣為流傳。八年後，叔梁紇生孔子。

至於孔子舉關的故事，《墨子・非命》另有傳說，該篇說：

> 孔某（丘）為魯司寇，舍公家而奉季孫。季孫相魯君而走，季孫與邑人爭關門，決植。

所謂孔子捨棄魯君而奉季孫云云，是墨家造謠，但「爭門關決植」頗能提供我們舉關的具體了解。據《墨子》專家孫詒讓說，「決植」二字可能有脫文，勉強來說，「決」即上引《左傳》的「抉」，因為關是大木，故稱作「植」，所以抉植與舉懸門還是有差別的。不過孫詒讓也和畢沅一樣，認為孔子舉關是其父舉門的傳譌。

我們現在很難證明孔氏父子之事是一或二，但《史記・孔子世家》說他身長九尺六寸，漢代男子平均身高八尺，孔子體格應屬魁梧一型的。他自謂「少賤，故多能鄙事」，說他是武士並不衝突；何況他以六藝教授子弟，會射箭，會駕戰車。說孔子是力士，即使是訛傳，也與他能武有關，不純粹是他父親影子的轉移。

其實我們最關心的倒不在孔子是否真為大力士，而是早期對此傳說的評論，即《呂氏春秋》強調的「不肯以力聞」。《淮南子・主術》說得更清楚，曰：

> 孔子之通，智過於萇宏，勇服於孟賁，足躡郊菟，力招城關，能亦多矣，然而勇力不聞，伎巧不知，車行教道，以成素王。

孔子的可貴在於仁義禮樂的教化，相形之下，一般人津津樂道的勇力反而成為雕蟲小技了。《論語》亦記載衛靈公問陣，孔子回答說：「俎豆之事則嘗聞之矣，軍旅之事未之學也」。孔子那裡不懂得打仗，不屑說罷了。漢代最富批判精神的王充在《論衡・效力》也說：「孔子能舉北門之關，不以力自章，知夫筋骨之力不如仁義之力榮也」。仁義所發揮的力量遠比筋骨孔武之力更值得尊敬，與《淮南子》立意相同。南北朝顏之推訓誡子弟亦推崇「孔子力翹門關，不以力聞」，就是他被奉為聖人的絕好證明。中國理想的人格典範不尚武勇，和西方的英雄不同。

中國文化的「王道」是相當嚴肅的課題，歷來也很少人從孔子力士這個有趣的傳說來發掘它的蘊義。子曰：「我欲載之空言，不如見之於行事之深切著明也」。這則輕鬆的傳說也許比堂皇的議論更能發人深省。

《歷史月刊》二十期，民國七十八、九月

原收錄於允晨文化出版之《古代社會與國家》

君子的戰爭

提起戰爭而不厭惡的人，恐怕占少數吧。然而自有人類以來——更確切地說，應該是自有動物以來——戰爭便從未間斷過，所以時不論古今，地不分南北，都有志士仁人呼籲和平，抨擊戰爭。我國歷史家往往用「窮兵黷武」四字來論斷好戰的帝王，可以說是非常嚴厲的口誅筆伐了。

不過，同是戰爭，目的和手段卻不相同。或為財貨，或為土地，或為美色，是戰爭目的之不同；或以木石，或以銅鐵，或以大砲飛彈作兵器，是戰爭手段之不同。這些方面仔細研究探討，足使軍事學家著作「汗牛充棟」的書籍，供我們閱讀不盡。這裡，我們只想談一點戰爭態度之不同，看看我國封建時代的作戰特色。

戰爭最終目的是要打敗敵人，根據我們今日的常理推斷，其態度似乎不嫌詐，不嫌狠了。其實縱觀歷史，並不盡然。在別的時代，儘有別的行為準則，有時會令我們自慚形穢的，我國封建時代的戰爭即是很好的例子。且讓我們先看看幾件著名的作戰故事。

先說宋襄公，春秋時期第一位霸主是齊桓公，領導中原小國阻遏正從南方向北擴張的楚國。桓公在位四十三年，死後諸公子內爭，齊國不再能當霸主，宋襄公便想取代齊桓公的地位。原來齊在今山東省北部，楚在今湖北省江漢合流一帶，兩國相去甚遠，中間隔著許多小國作緩衝。正如俗話說的，即使發情的牛馬那麼老遠地尋覓異性，齊楚兩國的牛馬也碰不在一塊的，所謂「風馬牛不相及」也。但宋與楚不同，宋國在今河南省東部的商邱，離楚較近。宋楚爭霸，直接交鋒的機會就更大了。

終於在西元前六三八年，齊桓公死後五年，宋國和楚國在泓水打了一次決定性的爭霸戰。關於這次戰爭《左傳》記得頗為詳細。泓水在今河南省柘城縣北，離宋都商邱甚近，所以宋國軍隊早在泓水北岸嚴陣等待北上的楚軍，楚人抵達泓水濱，先要渡河，才能與北岸的宋軍會戰，宋國的大司馬（帶兵官）對襄公說：「楚軍眾多，我國兵力單薄，乘他們渡河半途中，我們發動攻擊」。襄公不答應。楚軍上岸，尚未擺好陣勢，大司馬又建議突襲，襄公仍然不答應。等到楚軍成陣，雙方正式會戰，宋是二等以下國力的國家，被楚國打得大敗。襄公的大腿受傷，左右衛士戰死，其餘士卒死傷無數，戰況非常慘烈。宋人幼者喪父，老者喪子，長者喪弟，少者喪兄，於是大家都責罵襄公，他卻理直氣壯地說：「君子在戰場上發現已經受傷的敵人，不再傷害他，發現年紀較大、頭髮灰白的敵人，也不俘虜他。我聽說古人作戰是不設險阻的，我雖然是殷商亡國的後代，還懂得遵守古禮，不會對尚未擺好陣形的敵軍擊鼓宣戰的」。戰事發生在冬季十一月。翌年夏季五月宋襄公腿傷發作而死，前後只有半年。襄公身受重傷，猶發此論，可見不是一時的信口開河，而是他深信不疑的信念。

類似襄公的話，別人也說過，譬如春秋末期吳國的大宰嚭，見於《禮記・檀弓下》，現在省略不述。我們至少知道襄公雖被時人批評為不知變通，他的行為與信念是有歷史根據的。我們如果再讀讀《左傳》關於其他戰爭的記載，便不難想見封建時代武士的人格風範，與後世絕不相同；而襄公言行雖近乎理想，卻絕非異想天開的。

西元前五八九年晉攻齊，戰於鞌，齊軍敗。晉軍追逐齊頃公，環繞華不注山，追了三圈。我先把古代戰爭方式說明一下，故事才說得明白。

封建時代戰鬥主力在戰車。每輛戰車四匹馬，車廂低而窄，根據考古出土的戰車遺跡，一般寬約一三〇～一六〇厘米之間，一個成年人的體寬約四十二厘米，所以這種車廂頂多容納三人——即每車配置的三名武士。這三位武士叫作「甲士」，站在中間的駕車，叫做「御」；右邊的主要使用長戈或鉤戟，其長約二、三公尺，非有強壯臂力是使不好的；左邊者主要用弓箭。當然甲士都佩帶短兵，以便肉搏之用，打起仗來，御者催動戰馬向對方逼近，先是持弓箭的車左遠射，再則兩車擦身而過，持戈矛的車右以橫掃方式打擊敵人。

現在回到華不注山的追逐戰。晉國的韓厥逐漸逼近齊頃公。話說戰爭前夕，韓厥夢見父親對他說：「不宜當車左或車右」，於是他自任中間的御者，駕車追齊君。齊頃公的御者說：「射後頭追車的御者，看樣子，他是君子」。頃公說：「既然是君子，我卻射他，便不合理了」。於是射左邊武士，跌落在車外；又射右邊武士，倒斃於車中。齊頃公真是神箭手啊！可是大勢不能挽回，晉軍窮追不捨，逢丑父便和齊君換位置，裝扮作齊國國君。快到華泉時，齊軍戰車外面的馬韁卡在樹幹上，跑不動了。當此一髮千鈞之際，禍又不單行。原來戰爭前夕，逢丑父在輜重車中睡覺，有蛇從下面爬上來，他以小臂擊蛇，被咬傷，不敢告人。值此危急時刻，手傷無力推車，所以被晉軍追上。

韓厥牽著被絆住的戰馬上前，再拜，叩頭至地，手捧酒杯，附加玉璧，對齊君（逢丑父偽扮的）說：「敝國國君派我們來為魯衛二國請命（請齊不要再侵略這兩國），並且交待我們不要讓軍隊進入你的疆域內。做為臣子的我真不幸，應當從軍，無所逃避；既然身為武士，又怕作戰不英勇，使敝國國君和您蒙羞。我實在不夠資格當一名戰士，但由於人手缺乏，只好承當今天這個職位了」。逢丑父便命令齊頃公下去華泉汲水來喝，齊君終於逃走。等到晉軍發現丑父是偽裝時，準備殺他出氣。丑父大叫：「從今以後不會再有代替國君受難的人了！」晉國主帥於是赦免逢丑父。

韓厥是勝利者，對被俘的齊頃公仍行君臣禮，後世看來，有若「天方夜譚」。封建戰士的英勇事蹟，我國偉大的史學兼文學作品——《左傳》描寫得非常生動、精彩。本文所述，不過大海之一瓢而已。走筆至此，不禁想起希臘史詩伊利亞得（Iliad）的一段（參看電影「木馬屠城記」）特洛（Troy）的圍城下，希臘英雄阿契利士（Achilles）將特洛王子赫克特（Hector）一棍一棒活活地打死，勇者勇矣，較之中國的封建武士似乎少點什麼？大概是英勇中的文雅吧！如果我們把封建武士的戰爭稱作「君子之戰」，適當嗎？讀者諸君，你想當君子，還是當英雄呢？

《國中生》三卷二期，民國七十三、十月
原收錄於允晨文化出版之《古代社會與國家》

薄命紅顏的夏姬

中國人罵嬌豔美麗的婦女，通常叫作「狐狸精」。據說狐狸年久成精，變幻成美女，在世間迷惑人。《封神榜》中的妲己就是九尾狐狸精，蠱惑商紂，終於使他亡國。

能夠亡人之國的女子想必是絕色佳人。夏商之事渺茫難考，倒是春秋時代陳國的夏姬，根據《左傳》所述，一定是國色天香的美婦人。唯其美也絕，故其為「禍」也烈，被人罵作「尤物」，翻成白話就是最出色的狐狸精。「尤物」這詞在現代語彙中被賦予庸俗的性感，和古典的嚴肅宗教意義不同。

夏姬，鄭穆公之女，嫁給陳國夏氏族的御叔，娘家姓姬，夫家氏夏，故稱作「夏姬」。夏姬與御叔生下一子，名徵舒，不多久，御叔就去世了。

古代鄭國男女關係是相當自由開放的，《詩經》國風部分的〈鄭風〉還保存不少生動的詩篇。〈溱洧〉一篇描寫仲春冰渙，男女郊遊，「伊其相謔」。〈野有蔓草〉更加露骨，荒郊野外，「有美一人，清揚婉兮，邂逅相遇，適我願兮」。不但適我之願，進而「與子皆臧」，用現代話說就是兩人相好，故傳統經學家斥之為「淫詩」。

夏姬當然也難免感染這種風土習俗，丈夫死後，生活頗不檢點，同時和陳靈公以及當朝兩位大臣孔寧、儀行父私通。君臣三人懷中都藏著夏姬的近身褻衣，相戲於朝。如此不正常的關係一直持續下去，夏徵舒逐漸大了，一切都看在眼裡。

西元前五九九年，陳靈公君臣三人在夏家飲酒作樂，互相戲謔。靈公對儀行父說：「徵舒像你」，對方說：「也像君上」。夏徵舒忍無可忍，便埋伏在馬廄裡，乘靈公來坐車時，一箭射殺。儀行父和孔寧發現不對，趕緊逃到楚國，保住一命。

夏徵舒弒君，並且掌握實權，他的外交態度傾向於晉國。當時晉楚爭霸，楚國於是藉口平定亂臣賊子，於第二年冬天發兵入陳。殺徵舒，肢解其尸，懸掛在城門上示眾。楚莊王本來打算永遠占領陳國，但格於列國形勢，不得不撤軍。

莊王凱旋，象徵性地俘虜一些陳人回國，夏姬亦在其中。莊王欲納夏姬為妃妾，申公巫臣勸阻說：「千萬不可！君上號召諸侯討伐亂臣賊子夏徵舒，義正辭嚴，而今卻娶夏姬，諸侯必說您之伐陳是貪美色，非為正義。」莊王只得作罷。楚貴族公子側，字子反，也想娶夏姬，巫臣同樣對他說：「夏姬是個不祥婦人啊！想想看，她在鄭國的原配丈夫子靈早死，嫁給陳國的御叔，結婚不久亦死，這不都是因她的關係嗎？擺在眼前的，陳靈公之被弒，夏徵舒之遭刑，孔寧、儀行父之流亡，陳國之喪亂，不也都是她造成的嗎？那裡去找這麼不祥的人。人生在世既多坎坷，若娶夏姬，恐不得好死，天下美貌佳人多的是，何必一定要她呢？」子反一聽，嚇得欲念全消。最後楚莊王把夏姬送給鰥居的連尹襄老，申公巫臣好像沒再施展他的三寸不爛之舌。

《左傳》沒有一個字描寫夏姬的形貌，但從事情始末來看，兒子雖長大成人還引來莊王等人的垂涎，夏姬之美必然是蓋世無雙的，不是麗質天成，就是駐顏有術。古人論文謂「不著一字，盡得風流」，「羚羊挂角，無跡可尋」。《左傳》文筆的風采就在這裡，但故事還有發展。

襄老娶夏姬，不及半年楚國與晉國爆發一次爭霸大戰，即春秋史上聞名的邲之戰。襄老戰死，連尸首也被扣在晉方；他的兒子黑要罔顧人倫，便將這位絕色後娘占為己有，古人所謂「禽獸行」也。

然而楚國君臣中最處心積慮、不得到夏姬不罷休的人，卻是責備莊王以大義，而以剋夫、剋子、剋情人恐嚇子反的申公巫臣。巫臣設計，使人對夏姬說：「你先回娘家鄭國，我一定設法娶你」。同時又使人讓鄭君宣稱：「晉國願意歸還襄老的尸首，但必須讓他的妻子先來迎接」。夏姬將這番話報告楚莊王，莊王經過推敲，覺得晉國有可能向楚示好，於是決定讓夏姬歸國。夏姬將行，對送別的人說：「不得尸首，決不回來」。而巫臣也祕密向鄭君提親，獲得首肯。這時的鄭君是夏姬的姪子。

爾後，莊王逝世，楚共王即位。那時魯晉結盟，晉楚既是死對頭，楚王遂準備對魯發動侵略，先派巫臣聯合齊國。巫臣盡帶家室與財產出發，路上遇見楚國大夫申叔跪。申叔跪滿腹狐疑地說：「他老先生有三軍之懼，面上卻洋溢著桑中之喜，好像竊妻私奔的人」。〈桑中〉是《詩經》描寫男女幽會的戀歌。果然，巫臣一到鄭國，就派副使回楚覆命，自己帶著夏姬準備到齊定居。但這年（西元前五八九年）六月齊國剛被晉國打敗，恐怕保護不了他，就投奔晉國，尋求政治庇護去了。晉君給他官做，並將邢地封做采邑。

申公巫臣的馬腳到此時完全暴露出來，楚莊王已死，最氣憤的當數楚公子子反，他請楚共王買通晉國貴族，禁錮巫臣，使終身不得錄用。共王倒很理智，他說：「不必，巫臣為自己籌劃，的確過火，但他為先君之謀卻是忠的」。不過子反還是聯合與巫臣有過怨尤的貴族子重和情敵黑要，攻殺巫臣留在楚國的族人，並且瓜分其采地。巫臣寫信給子反說：「你們貪婪無厭，多殺無辜，我必定讓你們疲於奔命，以至於死」。遂提出晉吳聯合的戰略，並且派人教吳國兵車戰術與戰陣，唆使他們背叛楚國。吳是東南方的新興國家，這時才和中原往來，而楚國從此種下心腹之患，沒有安寧的日子。這是春秋晚期的一大變局，其導火線是夏姬，與明末的陳圓圓有異曲同工之妙。

關於夏姬惹事的年歲，根據文獻可得一點推測。西元前五九九年，夏徵舒弒殺陳靈公，並且掌握政局將近一年，他弒君時至少已二十歲；而女子婚齡約十五至二十歲，則夏姬大約生於西元前六三五年左右。巫臣過鄭娶夏姬以奔晉在西元前五八九年，最保守的估計，這時夏姬恐已年近半百了，是否還美豔如昔，史傳仍無明文。我們讀史從字裡行間得知，巫臣等待夏姬將近十年，終於決心不愛高官厚祿愛美人；而夏姬歸鄭也沒有桃色新聞，這對亂離鴛鴦的愛情是稱得上「老而彌堅」的。

夏姬與巫臣在晉國生了一個女兒，嫁給鼎鼎大名的封建君子叔向。這門婚事也發生波折。叔向欲娶巫臣之女，其母則主張娶其娘家女子，也就是行交表婚。叔向反對說：「隨母親來嫁的媵妾雖多，卻少會生孩子的，我以舅家為戒」。叔向之母很不高興，引經據典把兒子訓了一頓。她說：「巫臣之妻殺了三位丈夫、一個國君、一個獨生子，滅亡一個國家，兩位重臣，難道你不知引以為戒嗎？古訓說：『甚美必有甚惡』。夏姬是鄭穆公的少妃姚子之女，鄭靈公子貉之妹，子貉即位一年就死，沒有後嗣，想必亦因夏姬之故，因為老天把所有的美好都集中到她一人身上了。根據美惡相聯的道理，娶她的人必定會大衰的。你知道古代有仍氏生個女孩，頭髮黝黑，肌膚光豔，明亮得可以當鏡子照，故名作『玄妻』。這位黑美人嫁給舜的掌樂大臣后夔，生子伯封。伯封不但貪婪無厭，而且個性乖戾，沒有一點節制。他像長了一顆野豬心，人家就稱他『封豕』。後來有窮氏君長后羿攻殺伯封，滅掉有仍氏，后夔的祭祀遂斷絕。而且夏商周三代之亡，和我們晉國共太子申生之死，都是妹喜、妲己、褒姒和驪姬這種美女妖物造成的。你還敢想娶夏姬之女嗎？我告訴你，『尤物』足以移人，如無足夠的德義來鎮服，必定惹禍」。「尤物」的典故即本此。尤者，異也；尤物即指特別會作怪的不祥東西。後世相書講婦女命格，有所謂帶剪刀和鐵帚的，大概也和叔向之母的這種觀念有些淵源。

叔向一聽當然嚇退了，但晉平公強迫他接受這門親事，生了伯石。伯石一誕生，叔向之嫂跑去跟老夫人報喜，老夫人走來探望，剛上大廳堂，後邊產室傳來嬰兒的哭叫聲，便說：「這是豺狼的聲啊！狼子必有野心，我們羊舌氏這族一定亡在他手中」。連一眼都不看就回去了。到西元前五一四年，伯石果然發動政變，失敗被殺。據戰國時人說，叔向還連坐，受一場牢獄之災，上距夏姬奔晉七十五年。

充滿大男人主義的中國傳統社會往往把國家滅亡這等大事歸之於一弱女子，但從叔向之母的話來看，這似乎不僅是男人的偏見，也不能單純當作性別歧視的證據，它背後實潛存著中國人普遍的婦女命格的迷信。傳世歷代皇后畫像多是「國」字臉的造形，即相書所謂的福相；而歷來入宮也取福相女子，不以美貌為尚，大概都和這種觀念有關。民間社會亦不例外，以《紅樓夢》來說，賈母和王夫人心目中的標準媳婦是薛寶釵，而非林黛玉，侍妾的模範則是襲人。所以那位水蛇腰婢女晴雯的下場和歷史上的趙飛燕差不多，也就可以理解了。

夏姬不能說她自己一點都沒有責任，但從她的一生來看，任數位男子擺佈，不能不說是以男性為主導之社會中，「紅顏多薄命」的明顯注腳。讀史的人，諒必也會對她的命運遭遇歎息吧。

附帶說明的，本文敘述基本取材於《左傳》，有些地方略加強調或辨正。譬如楚莊王入陳殺夏徵舒，《公羊傳》說他誅討亂臣賊子，根據《左傳》，徵舒弒君至莊王入陳，相隔一年以上，清人全祖望的《經史問答》已指出討伐亂臣不過是藉口而已。巫臣說的子靈，杜預認為是夏姬之兄鄭靈公，但據叔向之母所說，應是夏姬的三位丈夫之一，故我們推測可能是夏姬最早所嫁的人。而巫臣使齊，赴鄭娶夏姬奔晉，他根本未到齊國，這記載見於劉向《新序》。《左傳》說得不太清楚，近來有人主張他先使齊，回程再赴鄭。但按《左傳》，楚為侵魯才使齊，侵魯的陽橋之役在西元前五八九年十一月，「齊師新敗」是指當年六月的晉齊鞌之戰，從時間推測，我們還是覺得《新序》的記載比較合理。

《歷史月刊》十六期，民國七十八、五月

原收錄於允晨文化出版之《古代社會與國家》

古典的慈母

——魯季敬姜

一

話說賈寶玉逗引忠順王府的戲子琪官出走，王府人找上門來；又強姦婢女金釧兒未遂，致使婢女自殺。賈政同時得知兩件醜聞，即刻傳喚寶玉，堵起嘴，著實毒打。王夫人聞報，急急趕來求饒。賈政火上加油，便要繩來勒死寶玉，王夫人連忙抱住哭道：「既要勒死他，索性先勒死我，我們娘兒們在陰司裡也得個倚靠」。說畢，抱住寶玉，放聲大哭。

這是一幕典型「嚴父慈母」的短劇，但凡讀過《紅樓夢》的人無不因賈政的威厲而為寶玉心驚膽戰，也無不因王夫人的溫柔而感受到寶玉孺慕的慈暉。寶玉的越軌和罪行，固非人人可能有，但王夫人的「母道」就是在今日，恐怕仍然相當普遍。

王夫人雖是中國人心目中的良母，卻非中國文化所尊崇的慈母。我們且來談談春秋時代魯國一位傑出的母親，以領會古典文化中母親典型的素養與風貌。

魯國季敬姜，劉向《列女傳·母儀》有傳，主要取材於《國語·魯語》、《禮記·檀弓》和其他戰國秦漢的資料。季敬姜的「姜」表示娘家之姓，「季」表示夫家的氏，「敬」是謚號。她是齊女，嫁給魯國大貴族季氏作媳婦；《國語》稱作公父文伯之母。文伯名歜，見於《左傳》。根據記錄古代大族譜牒的《世本》，敬姜在季氏家族的身分關係如左：

季悼子紇
- 平子意如 — 桓子斯 — 康子肥
- 穆伯靖 ═ 敬姜
  - 文伯歜

她是穆伯之妻，文伯之母，季悼子的子媳。悼子嫡傳平子，穆伯旁支，故敬姜是季康子的從叔祖母。

劉向《列女傳》記述敬姜的身分有對有錯，錯的是說她「莒女也，號戴己」。因為劉向把敬姜之夫、子和魯國另一大族孟氏公孫敖父子混淆了。公孫敖號穆伯，《左傳》曰：「穆伯娶于莒，曰戴己，生文伯，其娣聲己生惠叔」（文公七年）。由於夫穆伯、子文伯的雷同，致使劉向張冠李戴，把敬姜當作戴己。這麼嚴重的錯誤其實很明顯，第一，莒國姓己不姓姜；第二，《左傳》說戴己卒，穆伯又聘於莒，莒人以聲己而拒絕。可見戴己早卒，但敬姜長壽，夫、子死後猶在；第三，孟穆伯是春秋前期之人，季穆伯已值春秋晚期，相差約有百年之久。《列女傳》是敬姜最早的綜合傳記，犯此大誤，不能不先辨證。

敬姜生卒年歲不可考。其夫事蹟，《左傳》只一見，在昭公二十五年（西元前五一七年）；其子，《左傳》亦只二見，分別在定公五年（西元前五〇五年）和哀公三年（西元前四九二年），其從孫康子於哀公三年即位，敬姜常加訓誡，可見她在春秋末年仍然健在。《國語》多次記載孔子聞其言行而美褒讚歎，引為典範，教育弟子。推測其人可能比孔子略微年長。孔子生於西元前五五一年，卒於前四七九年，則敬姜活動的時間當在二千五、六百年前。

中國社會自古以來講究個人的身分和角色，不論男女皆同時兼具多重身分和角色，譬如為人父、為人夫、為人子三種角色具於一身，為人母、為人妻、為人女者也同屬一人。角色不同，身分隨之而異，行為規矩也有不同的要求。但討論婦女問題的學者多把女性籠統一律看待，似乎忽略為婦與為母的身分差別。《易・家人・六二》曰：「无攸遂，在中饋」。《詩經・小雅・斯干》曰：「無非無儀，唯酒食是議，無父母詒罹」。這是古典規範婦女下廚作菜的要求。孟母也說：「婦人之禮，精五飯，冪酒漿，養舅姑，縫衣裳而已矣」（《列女傳》）。然而這些都是「婦道」，不是「母道」。禮書記錄行為規範，詳於子、婦的準則，而少見父道與母道。因為母和父一樣，也是尊嚴不可直指的。唯在家國一體的封建時代，國既無二君，家亦不可有二尊，母不能壓父，故降於父一等，不能因而說母道不尊貴也。《易・家人・彖》曰：「家人有嚴君焉，父母之謂也」。母與父並稱嚴君，其身分地位可以想見。

母親何以稱作「嚴君」呢？此非從封建社會家族結構的特質來了解不可。封建時代，貴族之家是國的雛形，所謂「千乘之國，百乘之家」。家亦一政治實體，在外有土地，有人民，徵收租賦，組織軍隊；在內有治事的僚吏和服務的眾僕。而在家族裡面，男性成員屬外，女性成員屬內；依他們主要生活的空間而分，堂以前是外，堂之後是內。封建家族有大宗（主支）、小宗（旁支）之分，按照不同場合，大宗分別統攝不同程度的小宗。譬如祭曾祖，大宗統攝共曾祖的小宗；祭高祖，大宗則統攝共高祖的小宗。那麼家庭中女性成員輩分最高、身分最貴者即是家庭之母，而依不同的禮儀場合，這位家庭之母也成為大小不同程度的家族之母。男性成員之至尊是父，女性成員之至尊是母。為母親者到底也統攝了家族的另外一半人口，單靠溫柔美德恐怕不足以維繫數百年的家風於不墜。這是母親稱為「嚴君」的原因，也是了解本文主角季敬姜的背景。

二

現在根據古書保存下來關於敬姜的幾條資料，綜合闡述，以見其為人。先看看她對兒子公父文伯的教育。

《列女傳》說，文伯出學還歸，敬姜觀察他的舉止，「見其友上堂從後，階降而卻行，奉劍而正履」，於是召文伯來教訓。

先說明貴族居住建築的格局才知道文伯所犯的錯誤。一般而言，貴族宮室坐北朝南，大門之外是前庭，左右兩間門房。進入大門是露天中庭，庭北有堂，這是整棟宮室的主體部分，地面高起，故有階梯升降，通常安置東西二階，或再加中階。堂後又有露天的後庭，再後面是起居的寢室，左右兩邊配建廂房。近年在陝西省岐山縣鳳雛村發掘的西周早期建築遺址想像復原圖可供讀者參考。文伯放學回來，入大門，過中庭，升階上堂。敬姜見其友尾隨於後，又見其友倒走後退下階，為文伯捧劍，為文伯擺好脫在階下的鞋子。按照禮制，這是服事父兄的作法，此時文伯並無為人父兄的身分。《禮記・曲禮》說：「人生十年曰幼學」，〈內則〉說：「十年出就外傅，居宿於外，學書計」。這是男子二十歲以前的教育。文伯尚未弱冠，而「自以為成人」，甚至擺出父兄的姿態，不以平等客禮待友人。古代上堂之禮，主人就東階，客人就西階。客人謙遜，自降身分而從主人升東階，主人必固辭，再使客人就西階。文伯使友人隨後上堂，已經無禮，何況又使友人不敢以背朝己，倒退下階，並為自己捧劍正履，真是無禮之尤。

敬姜於是訓斥文伯說：「從前周武王罷朝，襪帶斷了，回顧左右，沒有適合使役之人，於是俯首自結。左右非無人，身分不適合也，因此他能成就王道。齊桓公貴為霸主，而有坐友三人，故能成功伯業。以周公之聖賢，吃一頓飯三吐其哺，洗一次頭三握其髮，不敢怠慢客人也。他們都把朋友視作比自己高明的人，那像你，年少位卑，竟敢擺架子，把朋友當奴僕。你這孩子還能長進嗎？」文伯謝罪。敬姜乃聘擇老成的嚴師賢友與文伯遊處，文伯執子弟之禮甚恭，捲起衣袖，親為師友饋食佈菜，敬姜才高興地說：「我兒，你這樣才算成人」。

《列女傳》有一則記載文伯出仕，敬姜舉織布機為喻，教育他治國的道理。《列女傳》引述的織布機件如幅、畫、物、梱、綜、均、軸、摘等，頗有錯訛或通假，需費一點訓詁工夫。幅，疑即楅，《說文》云：「以木有所逼束」，可能是範圍布匹寬度的橫木。畫，舊注云：

「傍」，疑即榜，據《說文》，是一種矯正不直的工具。物，舊注說「一丈墨」，不可解，從引文內容推測，可能是治絲使平的器物。梱，織畢扣擊使絲平易的木椎。綜，《說文》曰：「機縷」，維持經線，使能開合交錯以貫杼。均，梁端《列女傳校注》改作杓，經梳也，使絲不亂。軸是織機的轉軸。摘，錢端改作樀，機上捲絲器。敬姜以織布機件說明政府組織和用人的準繩，她說：範圍的橫木如將軍，其人宜堅強，可以正枉。矯正不直的榜如官司正長，其人宜使不均者均，不服者服。能清除紊亂者如「物」，可任以地方首長；擅長外交若扣絲之梱著，可命為使節。至於開合推引，精善會計，任重道遠，舒卷無窮，這些特點如織機之綜、杓、軸、樀，凡有此才能質性者應聘為關內師、內史、相和三公。

本則資料開頭說：「文伯相魯，敬姜謂之」云云。敬姜談話的內容確實是經國之大計，但「相魯」的「相」字卻有問題，以致減低史料的可信度。春秋時代的相多指贊禮之人，和秦漢以下攬握大政的丞相不同。而且從《左傳》哀公三年司鐸宮大火，軍政大員趕來救火的職事推斷，文伯地位固在季桓子之下，敬姜說他「在下位」，是大夫而已，絕非正卿。然而劉向編書，多錄舊籍，隨文潤色，敘述或有錯誤，論說的內容大抵仍可採信。

上述故事即使是傳說，也非毫無依傍。《國語．魯語》記載文伯退朝，朝見母親，其母方績。文伯說：「以我們家的財富和權勢，還勞動您老人家緝麻嗎？大宗季孫恐怕要生氣，責備我沒能好好孝養母親」。敬姜聽了，歎口氣說：「魯國快亡了吧！你們雖居官位，卻懵懂無知，不達治國之道。坐下來，我告訴你」。於是論述國計民生，其知識體系比織機的比喻更龐大，牽涉的範圍更廣博。這是一篇重要的政治學文獻，值得仔細分析。

敬姜首先從土地之肥瘠和人民之勞逸談起。她說：以前聖王立國，選擇貧瘠的土地安頓人民，人民勤於勞動，故能長王天下。因為「民勞則思，思則善心生；逸則淫，淫則忘善，忘善則惡心生」。人民勤勞才會沈思而生善心；否則一旦逸樂，就容易淫蕩而生惡心了。敬姜認為人民之善惡起於土地之肥沃或貧瘠，「沃土之民不材，逸也；瘠土之民莫不嚮義，勞也」。土地肥沃，民生不虞匱乏，人民不知疾苦，便流於逸樂；相反的，貧瘠土地的人民莫不嚮往禮義，即是勤勞的緣故。這種惡逸好勞的政治哲學，大概是黃土地區農業生產長期積累的經驗結晶。古遠者且不談，比敬姜稍早的韓獻子反對晉國遷於河東鹽池附近，而力主遷都新田（《左傳》成公六年）。他們的基本概念是相通的。

敬姜接著歷數自天子以至於庶人都勞動的傳統。她所謂的勞動是廣義的，包括「君子勞心」和「小人勞力」。她說，天子與公卿早上祭日以修政事而習知地德，晚上拜月以理教令而糾彈天刑。白晝考察百官職司，宣序民事，夜晚監臨後宮，檢查郊禘的祭品是否潔淨，一切妥當才能安心。諸侯奉行天子之命，考國職，省刑典，誡百官，無使慆慢淫佚；卿大夫日講庶政，夜治家事，亦妥當而後安。士晝學政治，夕再傳習，必求無憾而後已。庶人以下，日出而作，日入而息，無日怠惰。以上是各階級男子的勞動，至於婦女，也不例外，唯按階級高低，勞動多寡有別而已。王后要親織冠紞，公侯夫人加紘綖。紞、紘、綖都是貴族禮冠的纓繫，依部位而別名。卿之嫡妻織大帶，大夫之妻成祭服，列士之妻再加朝服。自庶士以下的家庭主婦則負擔丈夫全部的衣裳。這些女紅，即使貴如王后，也不准假手他人。敬姜說，社祭蒸嘗，男子向神獻五穀，女子獻布帛，不備則有罪，這是古來的制度。統治者勞心，被統治者勞力，也是先王的遺訓。自上而下，誰敢淫佚其心而放棄勞動呢？孔子知道後，特別以敬姜之不淫佚其心教訓弟子謹記不忘。

三

公父文伯曾宴請同僚南宮敬叔，以露睹父為客。——古代禮俗，請人飲酒，尊另一人為上客。菜餚有鱉，太小。睹父生氣，推讓不食，諷刺說：「等鱉長大再吃」，說罷離席而去。敬姜大怒，責備文伯說：「我公公教訓過我們：『祭養尸，饗養上賓。』祭祀供養扮演祖神的人（古代稱作「尸」），裝個樣子，簡陋還無所謂；至於宴饗賓客，非大方不行。鱉有什麼捨不得的？卻因吝嗇而得罪客人！」老太太一氣，將文伯逐出家門，經過五日，因魯大夫的懇求，才允許文伯回家。

文伯承祖宗餘蔭，供職朝廷，雖有這麼博達通識的母親，自己並不太爭氣。從小對友人不禮遇，長大待同儕也小氣，故無知己的朋友。文伯病死，其妻妾皆痛哭失聲，甚至有二人為他自殺。《禮記·檀弓》云，敬姜臨屍不哭，說道：「以前我有這孩子，以為他能成為賢人，現在他死了，朋友諸臣無一流淚，內人卻哭得死去活來。這孩子實在太疏於禮了」。

關於文伯之喪，諸家記載不盡相同，基本上以《國語·魯語》為主。〈魯語〉記敬姜告誡文伯妻妾說：「我聽說好內之人，女子為他殉節；好外之人，男子為他犧牲。我兒夭死，我怕人家說他好內，你們都是與我共同祭祀祖先的人，請不要乾瘦憔悴，不要默默流淚，不要捶胸，不要呼天搶地，不要有憂戚之容。可以減輕喪服，千萬不要服重孝。你們能安靜，即是表彰我兒的美德」。

據《史記·虞卿列傳》和《韓詩外傳》，文伯之母生氣多少與孔子有點關係。《史記》說，敬姜責備文伯，孔子賢人，逐於魯，他不追隨；而今逝世，有婦人為他自殺。可見文伯對「於長者薄而於婦人厚」。《韓詩外傳》則記敬姜說：我使文伯師事仲尼，仲尼去魯，文伯「送之不出魯郊，贈之不與家珍」，是一位「不足於士而餘於婦人」的人。這兩則傳說雖深刻公父文伯的為人，但扯上孔子，不見得可信。比較平實的記載還是上述的〈檀弓〉和〈魯語〉，《孔子家語》所錄亦屬於這一系統的資料。〈魯語〉載孔子的評論曰：「知女莫若婦，知男莫若夫。敬姜雖是女流，卻有男子的智慧，懂得壓抑私情以播揚死去兒子的令名」。

典籍記載受敬姜教益甚多者還有從孫季康子，是春秋末年魯國的權力核心人物。有一次康子向從叔祖母請教，敬姜引述婆婆的話說：「君子能勞，後世有繼」。統治階級貴而不驕，謙卑勤勞，家業才能長久興旺。真是封建世家的至理名言。君子能勞，即上述好勞惡逸的政治理念。我們發現敬姜訓誡子孫，多徵引公公或婆婆之言，這也是封建世家的風範。孔子的學生子夏稱讚敬姜道：「婦人能學於舅姑（公婆），家風才得以長存」。

封建時代是唯禮的時代，敬姜不但知禮，而且身體力行，是禮制的活榜樣。言稱舅姑，此其一端。〈魯語〉有一條，敬姜欲為文伯娶親，宴饗主持宗族禮樂之家臣，席間賦詩，吟唱《詩經・邶風・綠衣》第三章：

綠兮絲兮，女所治兮。我思古人，俾無訧兮。

訧者過錯也。時刻奉古人為鑑鏡，以免過失。魯國樂官稱讚敬姜詠詩合婚，遵守禮法。

敬姜嘗往季康子家，康子在其朝，見從叔祖母駕臨，趕忙過來招呼。敬姜不答話，直往裡走，到寢門，還是不答話。康子乃辭朝入見，敬姜才講出一番道理。她說：「天子及諸侯在外朝考合民事，在內朝舉行祭祀；自卿以下在外朝考合官吏職司，在內朝處理氏族家族事務。寢門以內才屬於婦人的範圍。內外區分，不論那一階級皆無例外。現在外朝是你協調國家百官政事的地方，內朝是你治理季氏全氏族公共事情的地方，我都不適合發言」。這則故事保存在《國語・魯語》裡。

這裡的外朝、內朝及寢門涉及古代宮室的體制。據說天子宮室有五門三朝，由外而內，五門依次是皋、庫、雉、應、路五個門，三朝是庫、雉二門間的外朝，應、路二門間的治朝和路門以內的燕朝。治朝與燕朝都叫做內朝。諸侯也有五門，像季康子的身分大概只有三門二朝，其格局從最近陝西省鳳翔縣馬家莊發現的秦國宮室可以獲得大概的面貌。寢門分隔內朝和女眷活動之地，此寢門可能即是梱，或閾，是「內」「外」的分界線，當在堂後。《禮記・內則》說：「男不言內，女不言外」，〈曲禮〉說：「外言不入於梱，內言不出於梱」，所謂內外不僅具有空間意義，而且也指男女專司的職事。

早在西周初期就有「牝雞司晨，惟家之索」（母雞啼，家即敗）的俗語，封建時代的女性大都能信守不渝，敬姜是為我們傳下這種風俗的典型例子。〈魯語〉說，有一次敬姜祭祀她的公公季悼子，即康子的曾祖父，康子與祭。康子隔著寢門與敬姜談話，兩人都沒越過門檻。祭時主人飲賓（主客）酒，賓回敬主人，一來一往叫做「獻」和「酢」。祭畢，送神尸，撤除祭祀之俎，「諸父兄弟，備言燕私」，與祭者共飲。這次祭祀悼子，敬姜輩分最高，由她主祭；康子身分最貴，為賓。兩人雖然是從叔祖母和從孫的關係，但敬姜仍然守著男女分際，「酢不受，徹俎不宴」。司祭之家臣不在，翌日之繹祭便不舉行；舉行繹祭，繹畢而飲，喝幾口酒便離席回寢，以免醉飽失態。真是高貴婦人的典型啊，孔子聽了也不禁欽佩她「別於男女之禮」。

仲尼讚歎敬姜禮儀不止一端。文伯剛死，敬姜雖抑制私情，令其妻妾不准過度哀傷，惟思子憶夫，仍難免悲痛。〈魯語〉說她「朝哭穆伯，而暮哭文伯」，孔子稱其「知禮」，因為「愛而無私，上下有別」。古人說，寡婦不夜哭，所以遠情欲。以今日觀點來衡量，未免矯情，但在古代則是模範，否則孔子不會予以高度評價，並且引作弟子的榜樣。

四

我國歷史上的婦女，除少數政治人物外，很少如季敬姜能保留這麼多的資料下來；論其嘉言懿行，在婦女史上恐怕也是首屈一指的。雖然如此，我們仍無法為她寫比較詳細的傳記。從有限的史料，我們知道她的知識豐富，見聞廣博，更可貴的是她有眼光，有識見，能以理性導正私情。遙想這位兩千五百年前的貴婦，依稀可見古代世界的一種典型人物。

孔子讚美她的智慧，稱道她勤勞不淫佚，一再佩服她知禮。根據現有資料，她也是孔子稱讚過最多次的人。劉向《列女傳》評她「博達知禮」，劉歆《列女傳・頌》歌詠她是「慈母」。今本《列女傳》一百又四人，頌為「慈母」者只敬姜一人，她一生的言行應是對「慈母」的最佳注腳。

讀者閱覽本文，必發現敬姜這種慈母絕非《紅樓夢》中王夫人之流的慈母可比，也不是你我左鄰右舍的慈母。慈母形象的轉變似乎透露了時代、文化與社會的轉變。我們生活在一個「情勝」的時代，對敬姜這種慈母固不易了解，更無法像孔子那般由衷地讚歎。當然，一個目光看不出十年的社會，要求領略數百年的家聲，無異於冀求蟪蛄知道春秋。然而歷史是一面鏡子，敬姜離我們雖遠，作為一家之母，她的智慧、知識、見地，和教育態度似乎還有啟示作用。

《歷史月刊》四期，民國七十七、五月
原收錄於允晨文化出版之《古代社會與國家》

蘭嶼民族調查記略

一

民國六十三年我發表〈周代城邦的社會基礎自序——兼評五十年來中國古史研究的兩大潮流〉(參考書目2,頁二七~三二),曾經說過:「在古史研究上有兩門輔助學科,關係歷史發展理論之建立至大:一是考古學,一是文化人類學。考古學濟傳統史料之不足,文化人類學可以提供我先民行為的特性,二者都是治古史的人不可或缺的。」

這些年來我大部分的時間和精力雖然投注於中國古代史的研究,但慚愧得很,當時揭櫫以自勵的這兩大原則,個人並無多大長進,尤其人類學方面為甚。這些歲月關於中國古史的問題我前前後後大約寫作了將近百萬言,對中國古代歷史的發展逐漸釐清一些頭緒;根據這些頭緒而建構出來的假設即將成為我往後工作的目標。

目標之一是新石器時代原始社會的內涵及其轉變為國家的過程，傳統文獻固不足以解答此問題，近年出土的考古材料雖然不少，但要化作歷史還差一段相當大的距離，這就需要借助於歷史上少數民族的研究和當今民族誌的啟發與人類學的提示了。目標既然明確，這兩項工作遲早總要來的。就在民國七十二年四月中旬，中央研究院民族所所長劉斌雄教授、歷史語言研究所管東貴教授和我，一行三人赴蘭嶼及光復，從事民族學的調查訪問。對於臺東蘭嶼雅美和花蓮光復鄉馬太安部落的阿美人，劉先生久在當地作田野工作，有專書和論文問世，而且與他們維持很好的友誼。管先生早年也在中央山脈西側調查土著語言與社會，極富於臺灣高山族的田野工作經驗。三人之中只有我是生手，一向蟄居書齋，根據文獻研究歷史，既無田野經驗，又缺乏人類學的理論素養。幸賴劉先生的人緣和日語譯述，又蒙管先生多方協助，使我在短短七、八天之中對這兩個地方的民族和文化有點粗淺的認識，是我要特別感謝的。在馬太安停留的時間太短，只訪問王錫山老先生，回來後再參考前人的調查文獻，對於阿美族的母系社會，年齡組合和會所雖然很有興趣，唯牽涉廣泛，暫存不論。現在只作蘭嶼記略，多少表現一位歷史學工作者從事民族調查時所關切的問題，和對一個陌生社會第一眼的印象，或可作為日後我再從事田野的參考。

二

四月十五日搭乘十時十分的火車自臺北出發，循北迴線經花蓮抵達臺東，已將近下午六時矣，求宿。翌日清晨直飛蘭嶼，航程不到半小時。飛機極小，兩人並列而坐，前後五排，連同駕駛員一共十人而已。雖然人少，機小，途短，登機檢查依然嚴格，與國際航線不相上下。

今天天氣相當爽朗，遠天雖有濃雲，機下的太平洋經日光照射，水面猶發出一摺摺的光芒。約莫二十分鐘，蘭嶼在望，漸行漸近，原來她竟是一座山島，浸浴在大洋中。

蘭嶼面積只有四十五平方公里，北寬南狹，西南距鵝鑾鼻四十浬，西北距臺東市四十九浬，北距綠島四十七・五浬，是一座火山島。最高點芳蘭峰（舊稱紅頭山，土名dzirakoavak）不過五四八公尺，其他各山在四五〇至五五〇公尺之間，頗有夷易之感，但由於島小，無沖積三角洲，僅部分海岸附近有迂緩坡地及海灘平地，相對高度顯得頗為陡峭（參考書目6，頁一）。至今陸上交通除沿海岸線的環島道路外，只偏於南方的紅頭和野銀兩社之間有橫絕山嶺的小徑，整個島嶼還遍佈著原始森林。島上部落，北岸朗島（Iraralai），西岸椰油（Yayu，其南原有Iwatas社，後併入椰油）、漁人（Iratai）和紅頭（Imourud），東岸有野銀（Ivarinu）和東清（Iranumiluk）。這六個部落只有漁人與紅頭比較接近，步行十餘分鐘的路程而已，其餘各社沿海岸分離散錯，一向隔絕孤立，很少往來。蕞爾小島何至於斯？現在從飛機上瞻望這座山島，才領味出彈丸隔絕的道理。

蘭嶼，歐洲人稱作Botol Tobago，早在西元一六四四年荷蘭東印度公司《巴達維亞城日誌》四月二十日條下記有Botol島。爾後西洋地圖沿之，或又稱作Tobaco島，於是二名合稱而作Botol Tabaco，衍而為Botol Tabago（參考書目1，頁三九）。南宋趙汝适的《諸蕃志》流求國條末曰：「旁有毗舍耶、談馬顏等國。」馮承鈞校注云：「談馬顏殆指臺灣南岸Botol Tabago島」（《諸蕃志校注》，頁八六）。當本諸伊能嘉矩、藤田豐八之說，但金關丈夫則以為談馬顏可能指巴士海峽諸島至蘭嶼、小琉球以及臺灣南部的地區，不專指蘭嶼。Tabago成為蘭嶼的專名始於「末吉船航海圖」（用於西元一六〇四～一六一七年），作たばこ。西洋地圖則以西元一六五二年Nicolas Sanson d'ABBE VILLE所作的「中華帝國圖」最早，作Tabaco Xima，蓋本諸日名，Xima者，日語「島」也（引自參考書目1，頁四一～四二）。Tabaco可能是「談馬顏」的對音，而Botol或原自Votol，卑南阿美族稱蘭嶼為Votol也（參考書目1，頁三八）。然而國人自清代以下習稱作紅頭嶼，日本據臺襲之，民國三十五年始改名「蘭嶼」，因當地盛產蝴蝶蘭之故。

蘭嶼雅美族的來源，日人鹿野忠雄〈紅頭嶼とパタソ諸島の交涉と其の杜絕〉一文曰：「根據淺井惠倫的語言學研究，紅頭嶼和巴丹群島的語言不僅止於近緣而已，簡直可以斷定作同一語言。筆者（鹿野自稱）又比較雙方動植物詞彙，研究其民俗物品，可以確定極近於巴丹島的移民。雙方雖然顯示如此類似的事實，唯其種族系統以及文化的相近性暫時存而不論，至少表示雙方一直到晚近大約是三百年前吧，猶持續交流。」（參考書目7，頁五一）。紅頭社的祖先神話也說他們的祖先來自巴丹島（參考書目6，頁四三～四六），何時遷來卻很難考究了。

雅美人之前的蘭嶼並非無人荒島。此行劉斌雄教授從其報導人 Sigamumu 購得兩個瓷碗，經友人陳擎光小姐鑑定，係元代福建產品。類似的瓷器，據說業餘民族學家徐瀛洲先生已得數件（未見），皆地下遺物，土著採青石起土拾得，未經科學發掘。又見徐先生得到的玉玦殘片，形制與鹿野忠雄著錄的漁人社土著所保有者相似，他稱作「有角玦狀石輪」（參考書目7，頁二二九），和近年卑南石棺出土的玉環雷同。卑南石棺的年代更早，可能早到二、三千年前。

瓷碗和玉玦豐富了蘭嶼的歷史，也使問題更加複雜，偏遠的蘭嶼何以出土元瓷？經從什麼路線來的？玉玦能不能聯繫史前時期臺灣本島和蘭嶼的關係？這些疑難亟待考古學家來解答，也是這次民族調查的意外發現。

三

我們下榻的旅舍在紅頭村，抵達的當天先參觀停放在海濱的漁船和部落。日據時期紅頭社是蘭嶼的政治中心，而今鄉治遷移至椰油村，全鄉唯一的國民中學也設在該地，紅頭村只剩下郵局、衛生所和派出所，當然也有一所小學。村之南緣設置軍營和監獄，後者已移於綠島，空留下建築物而已。

蘭嶼六個部落的村社景觀近年丕變，民家多改建為國民住宅，只有野銀和朗島兩社還部分保留傳統舊貌，紅頭社的傳統屋宇則僅存一兩家而已。所以我們調查訪問的第一個重點是野銀。

野銀社坐山面海（各社皆如此），右邊是舊部落區，左邊是新的國宅區。舊部落區的前沿以環島道路為界，路外是果園、田地，直濱於海；背後是山，水源所在，緩坡可以放牧；右側是旱田和水田，旱田種植小米或甘薯，水田栽芋。更外側原來滿佈茅草，供部落取用，今已劃為國軍退除役官兵委員會的牧場。

部落社區依山坡而建，層層下降；每戶的家宅基本上分主屋、工作屋和涼臺三部分。先整地，挖掘一長方形土坑，四壁壘積石塊以固土，並設簡單的石階以便上下，下端開一方排水孔。行走社區之間，若遊於田埂或漁塭的水岸，唯此地一邊高一邊低不同耳。主屋都建在土坑中，屋頂不起出坑壁上沿，也就是社區通路。主屋前頭的坑壁上留一片空地，沿坑栽兩塊休息石，以便坐憩倚靠，石前有曬魚架，左側或右側是工作房和涼臺，後者通常高出地面數尺，茅草蓋頂，相當簡陋。

我們一行三人由前縣議員林新羽引領來參觀張永秀的家宅。下石階，躬身，低頭，脫鞋，爬入主屋。張永秀的主屋是典型的大宅，四門三進。所謂門不過是開了約三尺寬、四尺高的窗子而已，故出入爬行，不能直軀昂首；四個門一字排開。門的多寡與屋宇大小成正比，間接也顯示屋主的社會地位，多者四門，少者一門不等。一門屋主大抵破落孤寡，或無法自食其力之人；相反的，四門之屋當然是很體面的。我們進屋前數其門，少數一門，屋主鄭重更正門四而非三，其心理是可以理解的。整座主屋分三進，地基依次上升，皆鋪木板，第一進離坑底約半公尺餘。入門第一進，類似前廊，平時休息談天之所。再隔木板，開四門，升高不及一尺，又鋪設木板，是第二進，算臥室。再進去亦然，是為第三進，儲藏器具，若有老人同居，是老人的寢室。此之謂「三進」。每一進的寬度大約一公尺而已。第三進的後邊栽植兩根中柱，據說建築過程中行個儀式，爾後並不具有任何宗教意義，也不再對它們舉行任何禮拜，頗類似漢人家宅的櫟。第二進的右端是廚房，第三進的左端也有竈，特殊時節才舉火。雖有後門，設而常關，不細查，往往忽略。屋矮、門小、無窗，又坐落在坑中，所以初入門時頓覺一片漆黑，如踏進已經開場的電影院，久而始漸能視。上面所說門戶屋宇的尺寸是在這種很不適應的環境下目測的，也許有所出入，幸好劉教授主持的研究計畫兩位助理專門研究家屋，屆時必定有詳盡的測量資料，可供我們參考。因為廚房設在裡面，將整棟房子薰成黑色，還夾帶一股柴火餘味；但木料皆是極堅實的龍眼樹，久經摩挲，深覺溫潤。傳統的雅美人生於斯，寢於斯，煮於斯，食於斯，雖不見得舒適，坐久了益覺安全之感。

雅美人把家屋擺在土坑內，屋頂與坑口上沿齊，到底烏暗，不很適合人居，故在坑口外沿空地上又建築工作房。整棟建築坐落在木架上，是低矮的干欄式建築，不分進，不隔間，椽、柱、地板都是木料，像一間通舖，前後開兩個門，後門朝主屋一角，前門面海，坐在工作房內鳥瞰沿海風光，通風良好，清爽絕倫，這時才深深體會到雅美文化值得珍惜的一面。顧名思義，工作房係工作之用，但除非強風寒凍，也多作為寢息之所。工作房可大可小，張永秀的工作房頗大，他們夫婦兩人一再聲明這是他們親手蓋的房子，不假他人，獨自從深山選木，運材，砍劈，削整和搭建，前後歷時四年之久。這麼艱巨的工程沒有任何幫工似乎不太可能，然而他們既然這麼說，可見這也是他一生的一大榮耀。

涼臺離地面更高，視野更廣，是典型的干欄式建築，作為聊天休憩的好地方，這是走訪部落很容易發現的突出景致。各部落改建國宅後，工作房消失了，涼臺猶依附於屋旁，俯瞰藍天碧海的視野雖被一幢幢的國宅阻絕，但仍不失其作為左鄰右舍交誼的場所。不過若欲求之往昔，或在工作房，或在休憩石，或在涼臺上，遙望歸漁，一目了然，婦孺老弱呼雀躍奔走迎其夫君，迎其子弟，迎其父兄的景致就渺不可得了。這也是文化變遷之一。

中國新石器時代的建築可以分作南北兩大系統。北方黃河流域從半地穴式發展成地面建築，南方長江流域先則為干欄式，而後才是地面建築（參考書目3，頁二五～三六）。雅美人的住屋兼具中國古代南北二系，相輔相成配合無間。他們的主屋躲在土坑內，可能是因應颱風而設，但和大陸的建築有無淵源，則須進一步探討。

因為村社外面的茅草地遭退除役官兵輔導會的牧牛破壞幾盡，茅草難求，現在傳統的建築都改蓋鐵皮屋頂，淋覆瀝青，不及茅舍清爽。雖然野銀和朗島還保留部落舊址及其建築，嚴格說，傳統屋宇的面貌，今天再也看不到了。

雅美人的家屋沒有廁所，路外邊的叢林和海濱是他們方便的地方，讓豬狗來清理。他們視人體排泄物極其污穢不潔，不可存放在人的住所。據說國宅的廁所多封死不用，只有極少數的前進分子家裡才有廁所。傳統的中國人視糞若金，人從土地得到滋養，又把廢棄餘物還給土地，完成有機與無機之間的循環。其中當然也有缺失，譬如造成空氣和水源的污染，也是疾病傳染的媒介。以雅美人來看我們，倒是「不潔」了。然而他們封閉國宅的廁所，豈不也是文化變遷調適的一個問題？

四

上節提到村社內外的各種土地，不但用途不同，權屬也不同。土地權屬是了解社會性質的一大關鍵，譬如公有到私有的轉變過程或土地私有制確立的意義等等問題，直到現在還是古史學者興趣和關心的，然而由於史料過於簡略殘闕，這些問題依然停留在辯議階段。我在野銀調查時注意訪求土地性質，爾後又專請紅頭社的 sigamumu 來談這個問題（sigamumu漢名林昧，正為劉教授報導神話傳說）。雅美人的土地主要分作房地（sako）、水芋田（piangakawanan）、旱田、果園、茅草地、山林地，和漁場等部分。以下的敘述，大抵根據他的報導；為免於抽象使報導陷於含混，多請他現身說法，舉具體事實例證。

sigamumu 之父原來居住在部落邊緣，想蓋四門大房子，與乃妻商量，以妻的兩塊水田和某人交換房地（後者無兄弟，嫁到鄰近的漁人社）。原宅土地留給長子 sigamumu ，新得的房地後來三分給 sigamumu 的三位弟弟。房地是私有的，部落內的土地一定有所權屬。

sigamumu 的報導與我在野銀所聞者頗有出入。那天林新羽帶我們參觀村社時，站在村後丘陵俯瞰全村，邊緣有一塊廢棄的房地，我問林是不是部落內任何人都可以在該地新蓋房子，他肯定地答覆可以。林擔任過縣議員，粗通國語，不過這番對答，我不敢相信他絕對了解我的問題，故暫存疑。另外一個例子是野銀社長老會傳教士周定送。周的房子是一層洋房，比國宅高級，據他說整個蘭嶼鄉這種房屋不過五棟而已。房地原是垃圾堆，在部落邊緣。周說當年他任村長，以其髒亂，每天來清掃，爾後開墾作菜圃，因地肥，收成甚好，最後就在當地興建新屋。可見他對這塊土地的獲得過程頗為曲折，有優先占領，造成事實，令人不得不承認的意味。我問他當屋宇興工時部落人民是否出來阻止反對？周說：「村民確曾反對過，但他們主要怕在部落邊緣興建洋房會破壞傳統的部落社區，並沒有從土地權來反對我。」原來地方政府推行國宅時，野銀的老輩抵制，他們住不慣國宅，領導人即是前面提到的林新羽。所以野銀現在分成兩半部，國宅一區，傳統建築一區，中間隔著一條大馬路，兩不相涉。周定送的房子在舊部落一邊，所以他的說辭有幾分道理。但最後他說：「若論這塊土地的權利，我母親也有份啊，我當然可以在這裡蓋房子。」這話未免露出馬腳，可惜我當時有點敏感，不好再追問為什麼他的母親也有份？什麼叫作有份？致使房地權屬的問題不得澄清。（我們到周家是作客，借地方午餐，當時覺得他並不是花錢請來的報導人，沒再追問。）

sigamumu 舉另外一個例子，說明房地的性質。報導時在座有一位老人，名叫 sapúnnaonas，原來他父親極疼愛他，準備將房地傳給他的，所以叮囑他：將來住在老家土地上，不可離開。可是七、八歲時父親就過世，岳父要他入贅，母親因家裡水田不多，而女方又無兄弟，故允許他入贅。sapúnnaonas 乃離開其父留給他的房地作入贅婿，原房地歸其兄居住。這麼說來房地雖私有，卻與近代意義的私有不同。故 sapúnnaonas 入贅別家，則須放棄他在老家的房地。sigamumu 認為部落的空地必有所有權人，或因為是惡地，譬如邪魔作怪，地主不敢利用，若有人作巫術祓除，在上面蓋房子，所有權者可以提出要求，甚至訴諸武力，不過可以講條件，可以商量。

水芋田也是私有的，但它所憑依的灌溉系統則屬於父系世系群的最大單位 ása satəŋu。將山溝修築成灌溉系統需要大批人力，平昔還要維護和修理，都由父系世系群的管理人（ipapuipuŋut）負責動員工作，放水之權掌握在 ipapuipuŋut 手中（參考書目6，頁一三五）。因此水田的土地僅可因婚嫁、交換、贈與而轉出父系世系群，但水卻屬父系世系群所有的。漁人村在世界展望會工作的張先生說：轉出的土地多在渠水下游，所以比較沒有水地離合的矛盾。

sigamumu 之母的水田多於其父所擁有者，他們兄弟四人，另外一妹，父親去世後，母將所有的水田平均分配給四子，女兒沒份。因為總的來說，他們的水田並不多，不能分給女子。水田多的人家往往可以水田作嫁妝。譬如 sigamumu 之妻娘家有兄弟，結婚時嫁來兩塊水田，這兩塊田是母親的，父親原來也要給她水田，因哥哥反對而作罷。她在家頗得爹娘疼愛，故有水田作嫁妝，姐姐比她早出嫁，沒有嫁田，及她結婚，姐姐也提出同樣的要求，所得兩塊水田，仍然屬於母親的。

以 sigamumu 夫妻的情形來說，㈠夫妻的水田權屬是分開的；㈡但第二代繼承父母之田，田地就不可能與世系群配合了；㈢嫁女之田多從母出，是否表示，水田盡量要和父系世系群的灌溉系統吻合呢？這些問題恐怕有待更仔細的調查才能理出頭緒。

雅美人的水芋田割裂得很瑣碎。有些人可以擁有二十到四十塊水田。漁人村展望會的張先生舉例說，某人在外受傷倒地不起，發現而通報其家人者往往可以得到水田的報償。又說，人過世後，親戚皆來參與喪事，目的往往在於分水田。水田割裂正顯示它是家庭的私有財產，和氏族的聯索相當鬆懈。

水田有很清楚的家庭或私人所有權，旱田則不然。sigamumu 說：「水田是祖先傳下的，旱田不是。」當可作此解釋：旱田種粟或甘藷，採行休耕，不若水田年年栽芋。休耕的田地不論是部落的人民或氏族成員都可以自由來耕種，因為耕休交替中田地仍可能歸返原來的開墾者，所以旱田是無所謂所有權的。鹿野忠雄〈紅頭嶼ヤミ族の粟に關する農耕儀禮〉記錄種粟的農作團體，土名曰 tsitsipunan。他說這種團體由血族同志組成，但也有同村社的友人知己來協作，組員十三人至五十人不等，共同開墾新地，種粟，採收，收穫之後按等分分配（參考書目7，頁三八六）。據 sigamumu 的印象，氏族共耕的旱田並不多，紅頭社兵營稍過去之地好像有一片，只有種小米時氏族共耕；不種小米，別人也可以自由來耕作的，至於確切地點，他也指不出來。

果園凡經開墾種植者完全個人私有，別人在其範圍內種果樹則拔之。子孫的繼承只分果樹不分地，所分者多大樹，如龍眼、芒果、麵包樹與檳榔之類，至於香蕉、木瓜是不分的。山林地屬於部落，大抵取靠近部落的範圍，但並無界限。若欲造船或建築房屋，全島山林任何人皆可利用。海上的漁場亦然，一般而論，漁場是不分的，任何人皆可在蘭嶼沿海捕飛魚，唯普通魚的漁場必定在自己部落的沿海。據 sigamumu 的報導，沒有嚴格的部落公有財產地，這和衛惠林先生的調查有點相左（參考書目6，頁一三二～一三四）。等待採訪更多的報導人後再行研判。

土地所有權之公有或私有是相當錯綜複雜的課題，而且可能同時並存，這是史學家在研討公有制到私有制的過程時應該自省的，不要犯單線發展的謬誤。

五

雅美族的社群組織非常鬆散，幾乎尚未達到政治的層次。六個部落分佈在四十五平方公里的海島上，非但產生不了一個統一政權，即使同一部落內也沒有一位領袖。衛惠林先生二十多年前調查時發現：雖然他們有一個村落首長的稱呼曰 panikudən，但所指的只是現任的村長。據報告人說他們以前沒有這種制度；是自中國人及日本人來此後由政府所指定的「頭人」，其責任是調解部落民間之糾紛與徵集公共勞役。日本統治時期曾設置一種六社的總頭目曰 tomogutoŋ no panikudən，但雅美人並不承認他的權力。事實上現任鄉長及村長在處理公務上除非藉警察協助仍是非常困難的。一切民間的糾紛或社祭的問題，他們都不找這個官設頭人來解決（參考書目6，頁一五三）。衛先生於是檢討雅美人傳統習慣所承認的社會權威：分部落長老、漁團領袖、復仇戰鬥領袖，和財富領袖四類，名之為「無統一權威的社會領袖」。其實嚴格說，雅美族的社會談不到「領袖」二字。每年飛魚訊期各社第一次夜漁在海上祭祀，先入海的漁船船長謂之「漁團領袖」。這種領袖是不固定的，完全取決於該年飛魚的收穫，如果豐收，該船及船長明年可能首先入海，否則易人。復仇的戰鬥，首長和指揮都是臨時推選的，一旦和解，他們亦無任何權威。雅美族復仇的械鬥並不多見，萬一有人死傷，械鬥立刻停止，因為他們最怕鬼魂的緣故。如此戰鬥即使經常發生，也培養不出領袖來。誇耀財富不過顯示無形的社會地位而已，非藉此厚植勢力。至於老人雖受尊敬，但也不曾達到憑其年齡而解決村社事務的層面。

整體而論，雅美族的社會有部落，但沒有統治部落的酋長；有社會賢達，但他們對別人沒有約束力；職業結合有團長（如漁船組），但地位並不固定。即使這是以禁忌、祭祀繁複著稱的社會，也沒有超乎家庭之上，涵蓋全部落的祭司。雅美人政治性之淡薄，我猜想和他們之重視「平」與「分」有很密切的關係。

前文引 sigamumu 說其父新換得的房地後來三分給三個弟弟；sigamumu 另外談到死者遺產之處理時亦說，死者的房屋拆除，諸子平分建材，不容一子獨占，作弟弟者也絕不允許哥哥獨占。兄弟瓜分先父遺產，不只限於土地、房屋，鍋碗之類的家具，豬羊等家畜亦然。以豬或羊為例，若只一頭，則殺而平分之；若兩頭，但卻有兄弟三人，則先屠宰大的，小的等養大再宰；若一頭母豬、五頭小豬，先分三頭小豬，其餘兩頭小豬屠殺了平分，而共養母豬。sigamumu 不厭其詳地縷縷敘述這個沒有多少餘產的社會分配遺產的情形，益發顯示這是一個「不患寡而患不均」的社會，他們最關心的是公平，所以連抽籤的辦法他們也未嘗有（經證實的）。抽籤則論運氣，論運氣則認命，人一旦認命就視不平為當然了。

遺產分配固要求「平」，其餘不能求平者則以「分」補足之，小至日常三餐，家長先予分配食魚，每人一份；大至慶典儀式，主人分配豬肉和水芋，尤以新屋落成和新船下水最隆重。林衡立先生記錄椰油社某人工作房落成典禮，最後的儀式是分贈水芋和豬肉。據他說，主婦主持贈芋，先擇 mi-jopi 芋分贈客人，每人三根，一巡後，所剩仍多，再贈每人六根；接著贈 ni-ŋan 芋，向客前傾瀉若干，任其拾取。受贈者原則上只限於主人的成年男性親戚與朋友，如果水芋或豬肉準備得豐富，觀禮者的家小也會獲得贈與，甚至廣及同社之人。主人上持贈肉，當場屠宰，內臟切成碎塊送與客人，再按肉的部位等級分贈遠近親朋，近親得上等如豬頭，疏遠的同村村人則得雜碎肉。未來領取者，主家盛肉巡行村中分贈給他們（參考書目4，頁一二五～一三四）。鹿野忠雄記述新造大船的船祭云，祭祀的當天，還不到清早四時，皆起迎日，船員之家的女子拾取堆積船體的水芋於背籃，背負回家，然後以水芋祭，而分配給來會的親戚知己。同時男子屠宰犧牲，在紅頭社大船下水典禮要殺十一頭豬，二十五頭山羊，大多數在祭祀當天屠殺。以豬羊之肉分贈親戚好友，依親疏而分多寡，近親所得者較多（參考書目7，頁三七〇）。

此外還有節日性的食物饋贈。在 piavaŋan 月（約合陽曆七、八月間）的第一天舉行飛魚訊期結束的感謝祭。是日各家煮芋，製粟糕，煮乾魚，婦女持以贈送親戚朋友。甚至不限於本社，異社如有姻親或近族亦前往送禮（參考書目6，頁一四八）。

從這些禮儀可以看出分配財富在雅美族社會的重要。當我訪問 sigamumu 土地制度時，他談到果園，很冗長地敘述他父親有龍眼樹二、三十株，兄弟沒有瓜分，皆可任意去摘果實，但所摘的龍眼非全歸自已所有，要分給兄弟的。所以誰去摘都一樣，終究要分配的。而他自己種植龍眼樹約三百株，雖然是私產，果實成熟也會分贈給三位弟弟。了解分配在雅美人心目中的意義，對於 sigamumu 岔開的話題也就可以領會了。至於共同生產如墾種小米，合捕飛魚等，收穫也共同分配，在他們看來更是天經地義的事。

人類歷史上真正作到財富平分者恐怕只在生產力極低的原始時代，當時的政治機構不是極幼稚，就是不存在的。雅美人對於生產和財富之求平講分，和他們發展不出稍具政治意義的組織或制度無形中互相吻合。如果允許我們用一個不太恰當的比喻，社會的進展如生物之演化，或長於飛走，或專於嗅聞，或善於搏擊，或優於思考，每個民族的社會亦各有其擅長專精，因此，該社會得以維繫，該民族得以綿延。雅美人雖然缺乏政治組織，然而他們猶過群體生活，也有人際關係，其所憑依者即是信仰和禁忌。

信仰和禁忌是雅美文化最繁複、最細緻的一面，占了雅美文化的絕大部分，非長年累月地觀察，絕對無法領會其中精微。它們規範人民的行為，引導一年的勞動，維持社會的穩定，使個人樂其生，使民族能長存。我們豈可輕易以「迷信」視之！譬如雅美人好鬥，但嚴禁打死人，因為怕鬼魂作祟也。山林資源可以先占有，看中一棵樹材可在其上作記號，表示有所主，不愁別人侵占，因為他們怕侵占後被施加巫術，而這種巫術不待專家，人人會作，惡毒的咒罵即是一種巫術。

這個社會一年到頭有祭祀，但沒有專門祭司；很多祭祀皆以家庭為主，家長即是祭司。四月二十日大早參觀的 mipopowamu 祭，即可說明。當天合雅美曆 papatau 月的十六日，mipopowamu 是祈豐漁祭、招魚祭，也是初旬嘗新祭。前天下午先採小米，和一種土名叫作 samiloku 的葉子，一葉包紮三支小粟，煮過，放在芋盤上，家族每人一包。先各自祓除，祈求健康，家人永生，子孫旺盛，禱詞唸三次，然後互相祓除。男主人繞家一圈，亦禱亦祓。然後男性大小到海濱自家的船上祭禱，女性則禱於泉水、豬圈、水芋田。

清儒龔自珍《定盦續集．壬癸之際胎觀》曰：人之初，天下通，人上通，旦上天，夕上天。天與人，旦有語，夕有語。萬人之大政欲有語於人則有傳語之民，傳語之人後名為官。或以龍紀官，或以雲紀官，或以鳥紀官。龍、鳥、雲天所部，非人所部。後政不道，使一人絕天不通民，使一人絕民不通天。

最早的社會天人相通，旦夕有語，此情形春秋晚年楚大夫觀射父謂之「民神雜揉，不可方物；夫人作享，家為巫史。」（《國語・楚語下》，下同）後來天命傳語之人，即是祭司。第三階段則由最高當局設置大祭司統一宗教，掌管天人事宜，此即觀射父所說顓頊「乃命南正重司天以屬神，命火正黎司地以屬民，……是謂絕地天通。」神命專於一，於是「民神不雜」了。這是政治機構已具規模，中央權威不容民間挑戰，不允許假借神諭以抗命的必然產物。據觀射父說，顓頊時代達到了這個階段。至若「夫人作享，家為巫史」則遠在顓頊以前（參考書目5，頁七七～八〇）。蘭嶼雅美族的祭祀很生動地說明「夫人作享，家為巫史」的情況，也是天人相通相語的絕好的翻版。這與他們沒有發展出政治制度是互為表裡的。所以要了解他們日常的行為規範當求諸禁忌，而非道德，更無所謂的法律。

我們並不相信機械的階段進化論，也絕對不會把二十世紀的雅美族文明安排在中國歷史上五帝以前的時代，不過想舉出來的是雅美族未形成政治制度，社群組織鬆懈，和他們禁忌之煩瑣，祭祀之頻繁及家長之主祭等現象是吻合的，和他們力求財富之平均也息息相關。就人類政制發展的過程而言，雅美社會難免「幼稚」之譏，但若論戒絕專制獨裁，追求和平共存，祈望財富均等，當今所謂進步的文明當難免為雅美人所笑。

六

初民社會在二十世紀文明的衝擊下必定會快速地蛻化，雅美族亦不例外。這種蛻變固然值得歡迎，而且也無法迴避，但文明變易得失之間，也有不少地方令人迷惘、感歎。

傳統的雅美屋宇終將完全改作國民住宅或西式洋房，他們向來視為不潔的穢物必將與人為伍。炎熱的蘭嶼，國宅不一定比以前的房子舒適，可是政府幫他們建國宅以加速現代化，並不能長期替他們維護和修理。玻璃窗破了怎麼辦？渡海到臺東買一塊玻璃回去補嗎？牆壁屋頂壞了怎麼辦？磚頭、水泥、鋼筋皆須求之於臺灣本島。以他們現在的經濟水準，幾乎是不可能辦到的事。他們以前蓋房子，樑柱牆板取諸深山樹林，屋頂取諸遍地的茅草，只靠勞力，不花一分錢，日積月累不難建築一棟華屋。現在呢？深山已劃入國有林地，禁止砍伐森林，茅草也遭破壞了。蓋房子只有靠錢，錢無著落，只好靠政府補助或免費贈與，但更嚴重的是他們本諸傳統平與分的文化背景，認為政府既然幫建房子，為什麼不幫著修護呢？

雅美人的船從一人到十人，大小不等，也都是伐木自造的。政府為增加他們的收入，設法改善生產工具，輔助他們贈買機汽船。雅美人的船都拖上岸的，對龐大的機汽船而言，絕非船上工作人員所能勝任，於是不得不動用村社人力。本於共同生產和共同分配的傳統，幫忙拖船的人也要求分配漁獲，機汽船成員的勞動意願乃遽然降落。紅頭社兩艘機汽船停放在沙灘上，其中一艘已經報廢。然而船不能停在海上嗎？除非建港才可能免於風浪的襲擊，這又是多麼浩大的工程啊。

面對著龐大的國家機構，原來可以自由取材的山林資源，而今懸為禁令；沒有絕對、統一權威的社會，突然罩上幾千年發展而成的官僚制度。設身處地，雅美人當作何感想呢？當然，在二十世紀文明洗刷之下，禁忌必定一一破除，但沒有統治階級的社會也不見了，講求公平、分配的傳統也將消失。緊接而來的是不是階級？是不是貧富？禁忌破除後，雅美人靠什麼來維繫新的社會秩序？

九名乘客的小飛機又起飛了，真巧合，正是來時搭乘的那架。肅穆的山島拋在下後方。這個島上在近代文明侵入之前與桃花源或羲皇上人的世界是相彷彿的。然而目前她不得不蛻變，往那裡去呢？只有投入現代文明的洪流，而且注定他們猶有一段漫長時日居於劣勢。想起孔子「不患寡而患不均」的名言，不禁感慨繫之。

（感謝劉斌雄教授帶引我訪問，並且充當翻譯，沒有劉先生的熱心協助，本文是不可能完成的。）

《漢學研究通訊》二卷三期，民國七十二、七月

參考書目

1 王世慶〈蘭嶼歷史地理雜識〉，《臺灣文獻》九卷二期，一九五八。

2 杜正勝〈周代城邦的社會基礎自序——兼評五十年來中國古史研究的兩大潮流〉，《幼獅月刊》四十卷五期，一九七四。

3 杜正勝〈篳路藍縷——從村落到國家〉，《中國文化新論・根源篇》，聯經，一九八一。

4 林衡立〈雅美族工作房落成禮〉，《中央研究院民族學研究所集刊》第九期，一九六〇。

5 徐旭生《中國古史的傳說時代》，科學出版社，一九六〇、一九六二。

6 衛惠林、劉斌雄《蘭嶼雅美族的社會組織》，中央研究院民族學研究所專刊之一，一九六二。

7 鹿野忠雄《東南亞細亞民族學先史學研究》第一卷，一九四六。

鼎的歷史與神話

序

鼎是古代一種炊煮器，形狀類似帶足的深底鍋，或圓或方，圓鼎三足，方鼎四足，鍋沿立二豎耳，穿上棍棒，便可搬動。先秦以前沒有灶，炊煮器皆加腿以便燃火，故有些出土的古鼎尚留炱痕；周代金文與鼎相關的一些字也將燃火的情狀很具象地描繪出來。

長久以來，鼎在我們的飲食器皿中已經消失，這名詞在今天南北通行的國語也不用了，只保留在少數方言（如閩南語）。臺灣人稱炒菜鍋為鼎，頗有古意，但嚴格說並非商周之鼎，而是漢人所謂的鑊。然而先秦時鑊也屬於鼎，閩南語稱無足之鑊為鼎，源流是很長遠的。

鼎雖然脫離它的原始功能，退出中國人的飲食文化，卻在其他層面浸潤入語言和價值系統中。隨手翻開辭書，由鼎衍生的詞彙不勝枚舉。中文稱國家重臣曰「鼎足」「鼎司」「鼎臣」或「鼎輔」，一人之下萬人之上的宰相曰「鼎位」「鼎席」或「鼎鼐」，世家大族曰「鼎姓」「鼎族」「鼎食」或「鼎貴」，國家命運謂之「鼎命」或「鼎祚」，國家分裂叫做「鼎分」或「鼎立」，國家秩序混亂，人民不安叫做「鼎沸」。此外孔武有力之士曰「鼎士」，科考一甲三人曰「鼎甲」「鼎魁」，有分量的話曰「鼎言」。總而言之，帶有「鼎」字的語詞都表現出高貴雍容的氣質和堂皇華麗的風度。古今飲食器皿類名甚雜，但衍生詞彙之豐富，象徵價值之肯定，絕對無出鼎之右的。

帶「鼎」字的語詞雖繁，歸納起來不出兩類，一表示高級身分，一表示國家命脈。從歷史發展的觀點來考察，鼎詞這兩類語意正是古鼎先後不同時期的歷史反映。這應該不是偶然巧合，而是鼎融入中國文化的結果。中國人為什麼那麼重鼎愛鼎，倒是一個有趣的問題，現在先從鼎在古代社會的特殊作用說起。

鼎與肉食

鼎所炊煮的東西是肉，在古代必須具備特定的身分才可以吃肉，這種人叫做「肉食者」。

春秋初期曹劌及其鄉人所謂的肉食者係指封建貴族，庶民日常只能吃菜，古書謂之「疏食」。

周禮肉食以牛羊豕三牲為主，三者俱全是「太牢」，有羊豕無牛是「少牢」，只有豕是「特牲」，其內容詳載於《儀禮》。太牢備九鼎，〈聘禮〉云牛、羊、豕、魚、腊、腸胃、膚、鮮魚、鮮腊各一鼎，腸胃是牛羊的腸胃，膚乃豬肉特別細嫩的部位。少牢五鼎，據〈少牢饋食禮〉是羊、豕、膚、魚、腊。介於五鼎和九鼎之間有七鼎，只比九鼎少鮮魚、鮮腊，三牲皆俱，也屬於太牢。特牲包含三鼎和一鼎，基本是豬肉一鼎，另外兩鼎魚、腊。

根據周代禮書，上述的鼎名作「正鼎」，另有鑊鼎和陪鼎。擊殺牛羊豕後，先放在鑊烹煮。鑊是一種大鼎，安置於大門外。煮熟，然後用一把叫做匕的大杓將肉撈起，放在正鼎裡裏，這動作叫做「升」，故正鼎亦稱為「升鼎」。正鼎陳列於門內堂下之中庭，禮食時，以匕自正鼎撈肉置於木製之俎，端上筵席，這動作叫做「載」。鑊裡的牲體固以白水煮開，正鼎的肉也只用白水炊煮，不加鹽或佐料，其肉和湯皆淡而無味，古人稱作「大羹」，是不致五味的。這種肉是身分的排場，談不上口腹之欲，真正吃得有味的是陪鼎。

陪鼎，顧名思義是正鼎之副，將牛、羊、豕與菜共煮，再和以芡粉，很像臺灣的肉羹。按《儀禮》及注疏，不同肉類配合不同菜蔬，〈公食大夫禮記〉曰：「牛藿，羊苦，豕薇，皆有滑。」藿是豆葉，苦是苦荼，薇是山菜；滑乃堇荁之野菜研磨而成的乾粉，〈士虞禮〉

還分季節，夏秋用生葵，冬春用乾荁。陪鼎所煮的肉蔬，古代各有專名，牛藿曰膷，羊苦曰臐，豕薇曰膮。這種肉吃來津津可口，與無味的大羹截然有別，叫做「羞」，故陪鼎亦稱作羞鼎。

正鼎分別盛放牛、羊、豕、魚、腊等肉，詳細內容禮書也有交待。〈少牢饋食禮〉述五鼎之物，第一鼎羊鼎，容羊體的右半，去其髀。右半羊體，一是前肢和後肢，前肢含肩、臂、肱骨（臑）、近掌部分的膊，後肢只有脛骨（骼），因為屁股部分（髀）近竅，賤，貴者不食。其次是羊體的軀幹，包含脊椎和肋骨，分前中後三部，名稱不同，分別是正脊、脡脊、橫脊和正脅、代脅、短脅。六處各一塊，每塊二骨。最後是內臟，腸胃各三塊，肺四塊。以上是少牢羊鼎的全部內容。第二豕鼎，亦盛豕體之右半，前後肢、脊椎、肋骨與羊體同，肺四，無腸胃。第三膚鼎，挑選豬的脅革肉九塊，大概就是今日所謂的裡脊肉，特別細嫩。第四魚鼎，容十五條魚，種類沒有規定。第五腊鼎，麋肉乾。經學家說大夫用麋，士用兔。其他大牢九鼎七鼎或特牲三鼎一鼎，可以類推。

周代貴族肉食所用各鼎的對應關係，學者頗有不同見解。先說正鼎與鑊鼎。賈公彥、孔穎達都主張二者同數，也就是中庭九個正鼎，大門外亦必有九個鑊鼎。清人孫詒讓則持異數之論，太牢鑊鼎數少二，少牢少一。上面說過，腸胃是牛羊的腸胃，膚是豬的裡脊肉，皆可在牛羊豕之鑊共煮，所以異數說尚稱合理，同數說反而畫蛇添足。

另一問題是陪鼎和鉶的異同。陪鼎之羞食禮書又曰「鉶芼」，鄭玄說，鉶，三足兩耳有蓋，形制與鼎無別。賈公彥乃創「鉶鼎」之名，以為即是陪鼎；但清代王引之以下的經學家多駁賈說，認為鉶與鼎不同。近年由於長沙馬王堆一號漢墓出土「鉶芼遣冊」，云「牛苦羹一鼎」，於是學界又回頭肯定賈公彥。不過根據禮書，同一禮儀鼎鉶並出，數目不同（如《周禮・掌客》），陳列位置亦異（如《儀禮》〈聘禮〉〈特牲饋食禮〉〈少牢饋食禮〉），就功用而言，鼎與鉶的區別是很明顯的。前面說過正鼎之肉撈出置於俎才端上筵席，鉶與陪鼎的關係恐亦如此，上席的是鉶，不是陪鼎。但由於鉶的形制與鼎不分，故後來盛放庶羞的鉶也叫做鼎。

封建貴族食肉之禮多見於《儀禮》，生人享食，如諸侯使卿大聘問的聘禮，使大夫小聘問的公食大夫禮；祭祀先人，如諸侯之卿大夫祭祖禰的少牢饋食禮，士祭祖禰的特牲饋食禮。每日常食，《周禮・膳夫》說「王日一舉，鼎十有二，物皆有俎」，則天子每日盛饌九鼎，必備牛羊豕三牲；其他階級《周禮》無說，然而《禮記》〈玉藻〉和〈王制〉都有「諸侯無故不殺牛，大夫無故不殺羊，士無故不殺犬豕」的話，孔穎達遂斷定周禮天子日食大牢，諸侯日食少牢，大夫日食特牲，士日食豚，即按階級而有九五三一幾種鼎食。可是〈玉藻〉也說：天子日食少牢，諸侯日食特牲。比前說降一等，唯每月初一才享受上述的盛饌。禮經原典既已歧異，經學家解釋亦有派別之不同，都沒有絕對屈服對方的證據。

封建貴族肉食雖是常禮，但有些情況是不准食肉的，如大喪、大荒、大札、天地有災，邦有大故（《周禮・膳夫》）。荒是饑荒，札是疾疫，天災日月晦食，地變山川崩動，大故即寇戎之事。可見食肉雖美，也要風調雨順，國泰民安才能安穩地享用。

鼎數與身分

古代既以食肉劃分貴族與平民，食肉的貴族又依鼎數區別他們的高低身分，古史學者討論的「用鼎制度」即是這問題。大體上以鼎數表示身分的制度在周代確實存在過。西元前七世紀中葉，秦晉戰於韓原，晉惠公被俘，要等到兩國講和，晉侯改館，才受秦穆公餽贈七牢之饔餼（《左傳》僖公十五年）。對照〈聘禮〉，卿受饔餼五牢，七牢應是地主國對來訪諸侯的敬禮，晉侯受七牢也表示恢復國君的身分。另外是孟子的例子。孟子先喪父，祭以三鼎，後喪母，祭以五鼎。據孟子自己解釋，因為「前以士，後以大夫」，他自己的身分轉變之故（《孟子・梁惠王下》）。

用鼎數目和使用者的身分關係，《儀禮》也表現得很清楚。諸侯國大聘的正使身分是卿，地主國享以大羹九正鼎和庶羞三陪鼎的熟食，第一副使上介身分為大夫，只能享受七正鼎和三陪鼎的熟食而已（〈聘禮〉）。至於小聘，正使身分一般是大夫，國君設正饌七俎（〈公食大夫禮〉）。上文說過，堂上一組堂下一鼎，七俎即七鼎。所以諸侯國間聘問之禮，卿九鼎，大夫七鼎，秩序井然，這是享食的情形。祭祀方面，卿大夫祭祖禰用少牢五鼎（〈少牢饋食禮〉），士祭祖禰則三鼎（〈特牲饋食禮〉），大夫和士的身分區別也很明顯。東漢經學家何休遂將鼎數與身分的關係歸納出一個簡明扼要的對應原則：祭，天子九鼎，諸侯七，大夫五，元士三（《公羊傳・桓公三年》）。元士之下是一般的士，似可補為一鼎。

然而何休的原則僅可供我們參考而已，歷史實情恐怕更複雜。譬如身分同樣是士，喪禮使用的鼎亦隨儀式而異，小歛奠祭用一鼎，大歛奠祭三鼎（〈士喪禮〉），出葬之日起棺前的大遣奠則陳列五鼎（〈既夕禮〉）。不同禮書之間也有不一致之處，按〈聘禮〉卿享九鼎，而〈玉藻〉說天子月朔盛饌九鼎，則卿與天子便沒有區別了。觀射父說「祀加於舉」（《國語・楚語下》），祭祖當比盛饌隆重，但《儀禮》的少牢和特牲饋食卻不及聘禮和公食大夫。又據《周禮・掌客》，上公、侯伯和子男這三等諸侯的饔餼都一律十二鼎，鼎數似乎不能做為身分的絕對指標。禮書的歧異可能是時代演變的結果，也可能存在更複雜的因素，現代學者利用考古資料結合傳統文獻，建立用鼎的制度，大方向是正確的，但強以經學家的簡單原則作準繩，恐怕無法了解真相。

青銅鼎的前身是陶鼎，七千多年前已出現，但直到大汶口晚期，從大型墓M10來看，仍不像銅鼎之具備身分意義。銅鼎首見於二里岡下期，約歷史上的殷商前期，河南鄭州和湖北黃陂盤龍城都發現帶銅鼎的墓葬。由於商代貴族墓的基本禮器是酒器，而且也以酒器占居多數，鼎簋等食器遂顯得突出，所以帶酒器的墓不必帶鼎，而帶鼎者往往都帶酒器。個別情形，如盤龍城李家嘴M2和殷墟西區M1713各隨葬四鼎，論棺槨規模及葬品內容亦居各墓之冠（《文物》，一九七六年二期、《考古學報》，一九七九年一期），有人於是認為鼎在商代貴族中已具有特殊意義。不過殷墟西區也有一些小墓僅出一鼎，別無長物，比隨葬其他禮器的無鼎墓還寒傖。因此即使到殷商晚期，鼎的身分意義恐怕仍未絕對化。

傳統文獻說商人嗜酒，周人禮食則犧牲、粢盛和旨酒三者並重，而以犧牲最隆，此趨勢與今日所見商周墓葬的禮器組合相符。就商周文化整體特質看，周文化比較重視食器，即使在殷商晚期，各地隨葬酒器約為食器之三至四倍時，關中地區的隨葬食器卻比酒器比例高。這似乎是周文化的特徵。然而周人立國時是否就建立以鼎數表示身分的禮制，甚至嚴格得像經學家歸納的簡單原則呢？現在考古和古史學界存在著不同的意見。有人相信何休所講的用鼎制度早在西周初期已經確立，西周後期開始破壞，有人認為用鼎制度形成於西周晚期，也有人主張嚴格的用鼎制度要到春秋才出現，西周是不存在的。我曾經整理二百餘座考古墓葬，自西周至戰國早期，按車服器用等隨葬品研究周禮身分制，得到初步的結論是，以鼎數為身分指標的隨葬制度大抵在西周中期萌芽，西周中晚期之間完成，西周晚期至春秋早期完備。

以上的論辯涉及枯燥煩瑣的考古資料，本文不容細述，然而基本上大家都同意用鼎數目可以顯示身分區分。研究者若把經學家的簡單原則僅當作參考，自然能包容較細緻的分歧，否則不僅史學成為經學的注腳，考古學也將成為經學的附庸。

九鼎傳說

周代禮書中，以鼎表示身分雖隨處可見，但卻沒有什麼表示國家命脈的痕跡。由於今本《儀禮》保存的禮制絕非周禮的全部，我們當然不能據以否定鼎的國祚意義。不過考驗其他文獻，這個問題還是可能獲得某種程度的解決。

《周頌・絲衣》是一篇宗廟頌詩，描述繹祭的情形曰：「自堂徂基，自羊徂牛，鼐鼎及鼒，兕觵其觩，旨酒思柔。」鼎的功能與意義和《儀禮》所載者相似。《左傳》三度提到鼎作為國際賄賂或君臣賞賜的禮物。春秋初年宋莊公因政變而繼位，名義不正，賄賂魯桓公郜大鼎以獲得承認（桓公二年）。春秋中期，晉助魯自邾索回泗上之田，魯襄公答謝晉卿荀偃，贈以吳壽夢之鼎（襄公十九年）。稍後鄭子產視晉平公疾，為他說明病因，平公稍癒，乃賜子產莒之二方鼎（昭公七年）。用作餽贈錫賞的鼎大概沒有代表國祚的神聖意義吧。

不過周人長久以來也流傳著象徵國祚的九鼎傳說，其淵源已不可考，但當不晚於春秋早期。上面提到宋國賂魯郜大鼎，桓公納陳于太廟，臧哀伯講述儀物的禮制意義，期期以為不可，就提到「武王克商，遷九鼎于雒邑」。百餘年後，西元前六〇六年，楚莊王伐豫西之戎，至於雒水，觀兵周疆，問鼎之大小輕重，透露欲偪周取天下的雄心。王孫滿回答他「在德不在鼎」，更詳細地說明九鼎的來龍去脈。據說夏鑄九鼎，因桀昏庸，鼎遷于商，經過六百年，商紂暴虐，鼎再遷于周。成王定鼎于郟鄏（今洛陽），「卜世三十，卜年七百，天所命也。周德雖衰，天命未改，鼎之輕重未可問也」（《左傳》宣公三年）。九鼎於是和國祚劃上等號，而為上帝賦命于下國的象徵。這樣的九鼎當然與一般代表個人身分的鼎不同。

然而歷史上果真有「九鼎」嗎？現在分始鑄與遷移兩方面來討論。王孫滿說「昔夏之方有德，貢金九牧，鑄鼎象物」，沒有明言鑄造者。《墨子・耕柱》說是夏后啟，後來有人說是夏禹，總之都在夏朝開國之初，和王孫滿說法不衝突。夏初距今大約四千年以上，屬於考古學龍山文化晚期，當時黃河流域早已使用簡單的青銅工具，但今知青銅禮器（酒器）之出土還要遲四百年以上，即夏商之際的二里頭三期，銅鼎更在以後的二里岡上期才出現。這是今日考古業績的總帳，所謂夏初鑄鼎的傳說還無法獲得科學知識的支持。

我們當然知道考古資料可以就已知論其有，不能因未知而論其無，未發現比二里岡或二里頭更早的銅鼎，不見得禹啟鑄鼎的傳說就不可靠。不過九鼎比較特別，傳說它們歷經三代，是傳國的重器，大小輕重與眾不同，故惹來楚莊王觀兵而問。不論莊王是否實問，王孫滿的確虛答，他沒明說九鼎之大小輕重。今日商周墓葬出土的銅鼎，一般高度很少超過三、四十公分（帶耳），重量多在十公斤以內，上百公斤者寥寥可數。春秋中晚期楚國王子午鼎（一〇〇公斤、六十九公分），西周晚期大克鼎（二〇一・五公斤、九十三公分），西周初期史家塬龍文鼎（二二六公斤、一二二公分）皆一兩百公斤，而最傑出的當數殷商後期的司母戊鼎，重達八七五公斤，高一三三公分，為今知各鼎之冠。歷史記載頗見大鼎，《竹書紀年》云周夷王烹齊哀公于鼎，《國語・晉語四》亦說晉文公欲烹鄭叔詹，叔詹據鼎耳疾號。能容納一個成人的鼎應該不小。傳說的九鼎在當時人心目中也應如烹人大鼎之龐碩，非一般泛泛之鼎，所以戰國遂有一鼎九萬人輓之的誇誕浮言（《戰國策・東周策》）。以我們現在的古史知識來判斷，夏初的鑄銅工藝應該還不可能達到這地步。

遷鼎的傳說也有破綻。根據臧哀伯的話，遷鼎的人是周武王，《逸周書・克殷》也說武王「命南宮百達、史佚遷九鼎」，但王孫滿卻說成王定鼎郟鄏。武王克殷到成王營造成周還有幾年時間，什麼地方夠格安頓這九個大鼎，史書並無交待。

其實古代戰爭，俘虜士女，遷奪重器是很平常的事，《逸周書・世俘》說武王「薦俘殷王鼎」應是實錄。〈世俘〉是周初的文獻，比〈克殷〉可信，遷九鼎的傳說大概是從俘殷王鼎衍生而成的。其演義既不是十，也不說八，而必曰九大概是上述身分鼎制天子九鼎的反映，九鼎即是天子、天下的同義詞，所以俘殷王鼎就變成遷九鼎了。再加上夏商之事，九鼎的神聖意義和神祕色彩便愈來愈濃，推波助瀾者很可能是戰國的說客。司馬錯以周失九鼎為亡國；張儀先勸秦惠王「據九鼎，按圖籍，挾天子以令天下」，後說趙王「包兩周，遷九鼎」（《史記・張儀列傳》）；馬犯以九鼎為餌誘魏王助周築城（《史記・周本紀》）。他們雖然都沒見過禹鑄的九鼎，但對九鼎為天命神器的說法卻深信不疑。

司馬遷寫《史記》，全盤接受九鼎傳說，不但相信武王遷九鼎，成王居九鼎等比較遙遠的傳述，即使近在戰國，也不分析批判。〈周本紀〉云：「威烈王二十三年九鼎震，命韓、魏、趙為諸侯。」七雄於是具備合法身分，開始戰國時期。〈周本紀〉和〈秦本紀〉皆云：秦昭襄王五十二年周赧王卒，秦取九鼎。入秦的九鼎是所謂禹之九鼎嗎？司馬遷將「九鼎」如實看，恐怕是上了前人的當。歷史上真正鑄九鼎者首推篡國心虛的武則天，她在西元六九六年鑄九州鼎，神都鼎最大，高一丈八尺，受一千八百石，其餘八州鼎高一丈四尺，各受一千二百石（《舊唐書・禮儀志二》）。唐尺一丈八，合五四〇公分，有司母戊鼎四倍高，重當數千公斤，據說派十餘萬名衛士併大牛、白象曳拉，應非虛言。這才是歷史上真正的九鼎。

鼎的神話化

〈秦本紀〉說秦遷九鼎在西元前二五五年，但〈秦始皇本紀〉卻說二十八年「始皇還過彭城，齋戒禱祠，欲出周鼎泗水，使千人沒水求之弗得」，上距九鼎入秦不過三十六年而已。堂堂的秦帝國怎麼在最興盛的時期內把天命重器弄丟呢？可見秦遷九鼎之說《史記》本身就有矛盾。泗水戰國屬宋，於是《史記・封禪書》又記錄另一種神話，說什麼宋太丘社亡，鼎沒于泗水彭城下。據《史記・六國年表》，宋太丘社亡在周顯王三十三年，即西元前三三六年，早於秦昭王滅周取鼎八十一年，九鼎既已沈於泗，秦人滅周又如何俘獲？張守節作《史記正義》發現這矛盾，於是創造「秦昭王取九鼎，其一飛入泗水，餘八入秦中」（〈秦本紀〉），但仍然無法解決時序之錯亂。況且八入一飛和較早的傳說並不符合，《水經注・泗水注》明明說「九鼎淪沒泗淵」，沒有八和一的分別。彭城即今徐州，去洛陽一千二百里，誠如前人所議，周鼎至重，搬運都有困難，何況飛越！

總而言之，九鼎入泗的神話是三代遷鼎傳說進一步的發展，當是戰國時期逐漸流行的新說，秦始皇統一天下不久，東巡過彭城才會使人入水求鼎。《史記》說求之弗得，應當可信，漢代壁畫遂有「撈鼎圖」。後來更加傳奇，說鼎是撈到了，但突來一龍將繩索齧斷，遂沈而不可復得。這則神話見於山東嘉祥的武氏祠石刻畫，也收在《水經注》中，但酈道元並不相信。

九鼎的神話性在王孫滿答覆莊王時已播下種子，他說：夏后「鑄鼎象物，百物而為之備，使民知神姦。故民入川澤山林，不逢不若，螭魅魍魎，莫能逢之：用能協于上下，以承天休。」鼎不但具有辟邪作用，而且可以通天。《墨子・耕柱》云，夏啟既鑄九鼎，使翁難雉乙卜於白若之龜曰：「鼎成三足而方，不炊而自烹，不舉而自臧（藏），不遷而自行」；其遷於夏商周三國在始鑄之占卜都作了預言。九鼎的神奇，漢代緯書《稽瑞》引《墨子》又曰：「不灼自熟，不爨自沸，不汲自滿，五味生焉。」好疑的王充明確宣判這是「世俗增其言，儒書增其文」（《論衡・儒增》）的結果，不值一辯。「不遷自行」的神話似晚於九萬人輓一鼎，也許產生在戰國晚期或秦漢之際。

大體上，九鼎國祚論因說客而流佈，九鼎神話說則可能經方士而發揚，在西漢前期尤其盛行。漢文帝十五年望氣方士新垣平說文帝立五廟於渭陽，欲出周鼎（《史記・孝文本紀》），五廟祭祀東西南北和中央的五帝。次年新垣平又望汾陰有金寶氣，推斷當是周鼎，文帝乃「治廟汾陰南，臨河，欲祠出周鼎。」孝文繼秦始皇求周九鼎，無功，有人檢舉「新垣平所言神氣事皆詐」，平伏誅（《史記・封禪書》），求鼎之事才告一段落。

但鼎的神話已經深入人心，為皇帝者並不死心，到孝文之孫武帝時，直把銅鼎與求仙當作一回事。歷史往往有巧合，西元前一一六年汾陰巫者得一鼎於后土（社壇）之旁。「鼎大異於眾鼎，文鏤無款識」，於是向官府報告，武帝迎鼎至甘泉宮，薦於宗廟（〈封禪書〉）。據宣帝時的張敞說，「鼎大八尺一寸，高三尺六寸」（《漢書・郊祀志下》），約合一八六公分和八十三公分。曰大曰高，高小於大，以今日所見古鼎形制來看，這項記錄有點含糊。不過高度若八尺一寸，比司母戊鼎還高，重量當超過一千公斤；若三尺六寸，則低於大克鼎，估計不會超過二百公斤。但無論如何，比習見之鼎確實大十幾數十倍。

汾陰大鼎之出土將五十年前新垣平的陰霾一掃而空，方士藉機大量宣揚鼎的神話。夏禹鑄鼎的調子已不足動人，要彈黃帝或黃帝以前的天神才夠動聽。他們說泰帝最早鑄一神鼎，黃帝作三寶鼎，禹才鑄九鼎，一者壹統，三者天地人，這些鼎逢聖世則興，夏商周三代遞遷，周德衰，鼎乃淪沒，今上聖明遂再出現。最有名的方士是齊人公孫卿。他說今得寶鼎與黃帝得鼎同月日。黃帝據〈寶鼎神策〉推紀，三百八十年後仙登于天。公孫卿的意見連同偽造的〈寶鼎神策〉請朝臣所忠上奏，所忠認為荒誕不經，而且大鼎已薦于宗廟，不必再玩新花樣，拒絕了。卿不死心，託武帝嬖幸轉呈，武帝大悅，召見卿，問鼎書的來由。公孫卿說：「受之於齊人申公，申公已死。申公生前與安期生遊，受黃帝言，獨傳此鼎書，預言漢之聖者在高祖的孫或曾孫，屆時寶鼎出，與神通，行封禪。」武帝正是高祖的曾孫，聽得心花怒放，問黃帝始末，卿說：「黃帝採首山銅鑄鼎於荊山下，鼎成，有龍垂胡頷下迎黃帝，黃帝上騎，群臣後宮從上者七十餘人，龍升天，餘小臣拔持龍頷，掉下來，仰天而號，此地今名鼎湖。」說得武帝若有所失，感嘆道：「我如果能像黃帝，離開妻子好比脫鞋而已。」於是大肆候神求仙，準備封禪。早先亳人謬忌提倡郊祀最高的天神太一，武帝並不理會，現在由於古鼎出土，與泰帝鑄鼎的神話一拍而合，於是派祠官祭太一，行郊天禮。漢代國家祭禮如五帝之上建立太一的地位及封禪參天大典之實行，都因渺小汾陰巫者的獻鼎而起，我們能不感慨歷史的偶然嗎？

這件鼎發揮這麼大的作用，固然由於龐碩，另方面也因為有花文而無文字。武帝孫子宣帝時，美陽得鼎，他原想效法乃祖元鼎故事，但經好古文的張敞指出那不過是周朝大臣子孫刻銘先人之功的禮器，沒有什麼神奇，於是作罷。既然有文為證，方士便無從傅會了。但三國時代不信長生的曹植也寫過〈黃帝三鼎贊〉，可見寶鼎神話影響之深遠。

經過西漢方士的結合，銅鼎與神仙遂不可分，後世道教徒煉丹服食也少不了鼎。《抱朴子・金丹篇》有《九鼎丹經》一卷，可能是漢代方士的著作，葛洪論丹藥最重視九丹，是在神鼎煉成的，故曰九鼎丹。神仙家追溯到黃帝，〈金丹篇〉引《黃帝九鼎神丹經》云，「黃帝服之，遂以昇仙」。乘龍升天的神話就被服丹成仙所取代了。煉丹的鼎在魏晉也稱作爐，古鼎形制見於今器者以道教廟宇的香爐最近似，臺灣大小廟宇多可見之；爐中的香灰閩南方言或稱作「金丹」，是否為中古神仙家煉丹於鼎的遺痕，倒值得考究。

結語

鼎是古代使用最久的一種禮器，意義亦最隆重，自西周中期起成為彰顯身分階級的指標。日常飲食只有天子才夠資格享用九鼎，「九鼎」遂成為「天下」的同義語，寖假而衍生出禹鑄九鼎，傳遞三代的傳說。

鼎在社會身分意義之外，特殊的九鼎更含具嚴肅的國家命脈的意義，許多離奇的神話逐漸發展，到漢武帝得大鼎，方士傳會黃帝寶鼎神策而昇天，鼎的神話遂達巔峰。

武帝求仙不成，方士自然收斂，但鼎本來就是炊煮器，又有這些神話作基礎，於是和煉丹之士締結不解之緣，言丹必言鼎，這派道教乃稱作「丹鼎派」。

不論個人身分或國家命脈，都是歷史社會賦予的意義，與鼎的本身形制或原始功能皆不相干。但任何社會都會隨人的需要而給某些不會講話的事物加上意義，鼎便是最好的例證。鼎存於中國文化數千年，發展成功許多詞彙，多具備高貴莊嚴的意義，與鼎的歷史密切相關。

因物啟興，本乎人情，如果能從其中獲得教訓或啟示，也不必純以傅會譏之。從這個角度來看，古董的鼎在今天仍能發揮動人的光芒。《周易》有鼎卦，九四曰：「鼎折足，覆公餗。」折斷一條腳，鼎不能保持平衡，鍋裡的肉必傾瀉出來。中國人把鼎比做國家，以前國家的基礎是重臣，現在則是人民，「鼎折足」這句話對今之當政者還是有很深刻的警惕作用。《周易》六十四卦，革卦第四十九、鼎卦第五十，戰國人作的〈雜卦傳〉就說過「革去故，鼎取新」，這六個字簡化為「革故鼎新」一詞，在此時此地，意義不但彌新，而且迫切。如果說鼎而不知革故鼎新，則這篇雜文實在也不值得太理會。

《故宮文物月刊》八十六期，民國七十九、五月

歷史家素描

通貫禮與律的社會史家陶希聖

胡適之所稱「中國文藝復興」的民國初期，政治雖然烏煙瘴氣，社會上卻有一股沛然莫之能禦的清流，流過廣闊的原野，匯成浩瀚的氣象，終於開創出大大小小、前無古人的新局。也好像暮春三月，花神降臨江干，把兩岸百花點染得枝枝爭妍，朵朵鬥豔。

陶希聖即是當時的一枝奇葩，他開拓的社會史學，為歷史研究打出一個遼闊無垠的新天地，堪稱一代之傑作。

「社會史」是新名詞、新概念，如果要在傳統學問找尋相近的內容，主要存於類書和經學的三禮中。類書材料豐富，大至天文地理，小至草木鳥獸，巨細靡遺，但向來只把它當作掌故，表現博雅而已。至於三禮，傳統包袱太重，多被禁錮在經學門戶中，也很少人認真當作社會的反映。我們找遍中國社會史學百代的家譜，不論直系、旁系，遠近親疏，明末清初顧亭林的《日知錄》可算是絕無僅有的異數。雖然這是一部札記，但也聊勝於無了。這是民國初年以前中國社會史研究的概況。

民國以來，正統史家沿襲前清學術傳統，依然缺乏社會史的認識，不知社會史的課題。為中國社會史研究之先導揭開序幕的，反而是一批外行人，契機是他們展開的轟轟烈烈的社會史論戰。

可是社會史論戰是議論歷史，不是研究歷史。論戰者依傍馬克思的歷史階段論，借用馬氏的歷史動因來解釋，在中國浩瀚史料中，擷擇少數幾條對自己有利的資料，往既定的架構填塞，舉手之勞，建構幾千年歷史演變的規律。於是可以上天入地，罵祖喝佛。論戰者以快筆自傲，以尖銳為高，予生予死，要圓要方，皆操之在我，與李卓吾評歷史、金聖歎批小說沒有二致。

陶先生投入戰場，以博學多辯之才和旺盛的創作力（一個月寫十四萬字的記錄），很快成為一員勇將，很快獨樹一幟，很快變成一方盟主，當然也變成多方攻擊的鵠的。他把一部分論文編集成《中國社會之史的分析》和《中國社會與中國革命》等書，頓時洛陽紙貴。後來他自我批判說，當時犯了急於求得簡速答案的毛病。這正是社會史論戰無可避免的通病。

參與論戰的戰士，陶先生是很早覺醒的一人。他發現論戰的空疏與無力，大家只有立場和意見，沒有知識與真理，雖聲嘶力竭，總嫌沙啞，於是幡然改轍。民國二十年赴任北京大學講席後，設立經濟史研究室，主編《食貨半月刊》，號召同志，大家孜孜矻矻收集資料。陶希聖「洗盡鉛華」，似乎完全變了一個人。

此時他的信念是：要了解中國社會是什麼社會，只有先探求歷史的真實；只有建築在真實而且堅固之史料基礎上的革命理論，才是可信的理論；經不起史料批判和檢驗的理論，譬如朝露，一時雖晶瑩如玉，終必蒸發無形。他主編《食貨半月刊》，只本著一個立場——認真地發掘史料，對自己這樣要求，對學生、朋友這樣鼓勵，對論敵也這樣奉勸。當時還有論敵就理論與方法來向他挑戰，他對理論已經意興闌珊，只在半月刊「編輯的話」簡明地表白立場和方向。他說：

> 史學雖不是史料的單純的排列，史學卻離不開史料。理論雖不是史料的單純排列可以產生，理論並不是儘原形一擺就能算成功的。方法雖不是單純把材料排列，方法卻不能離開史料獨立的發揮功用。

他希望大家不要再蹈社會史論戰的覆轍，把方法當結論。如不勤於搜羅史料，從史料發現問題，又在史料尋求解決的答案，他相信斷斷提不出進一步的理論。

陶希聖二十三歲北京大學法律系畢業，二十八歲參加社會史論戰，三十三歲主編《食貨半月刊》。他以《食貨》馳名中外，而其學術格局與境界似不限於半月刊的階段。概括其學術歷程可以分為成學、社會史論戰、《食貨半月刊》、《食貨月刊》和晚年定論等五個階段。他因論戰而成一時之名，卻以《食貨》立百代事業，此五個階段展現幾種學識境界，但從青壯之成學到晚年的定論，我們仍可發現其一貫之道，那就是以禮與律為基點，探討中國的社會組織與社會倫理，而建立以社會為核心的史學。

關於成學過程，他的《八十自述》已有所說明，這裡只提出影響他日後學術發展至深且巨的四部著作：秦蕙田《五禮通考》、徐乾學《讀禮通考》、胡培翬《儀禮正義》和英國歷史法學家梅因（Sir Henry Sumner Maine）的《古代法》（*Ancient Law*）。前兩部係民國十一年北大畢業，經法律系主任黃右昌先生指點的；後兩部則執教於安徽法政專校時自己披讀的。他說黃先生一席話決定他為學之方向，梅因與胡培翬使他從法學轉入社會史學。可見這四部書對他的重要性。

民國十二年暑假，陶希聖居家，研讀《儀禮正義》，參證秦、徐二《通考》，討論服制與宗法的問題，發表在《學藝雜誌》上，開始他的學術生涯。《禮記・檀弓》縣子瑣舉滕伯文為叔父孟虎與姪子孟皮同服齊衰之例，而謂：「古者不降，上下各以其親。」於是推斷商周兩代社會組織的差異及孟子所稱天道（儒家）一本、墨子二本的道理，建立他對中國社會組織與社會倫理認識的雛型。這話要從服制講起才易明瞭。

《儀禮・喪服》經傳的族群結構以父系宗族為主，藉服喪之輕重以表現成員的親疏關係。以男子自己作中心，往上溯是父、祖、曾、高，往下數是子、孫、曾、玄，往旁推是同胞兄弟，一從以至三從兄弟。同父的成員屬於一世的關係，同祖者二世，同曾祖者三世，同高祖者四世；一世同胞兄弟，二世從兄弟（堂兄弟），三、四世二、三從兄弟。照五服親疏關係推衍，一世親服一年的期喪，二世親服九月的大功，三世小功五月，四世緦麻三月。四世以外則為無服的疏遠族人。然而〈喪服傳〉並不這樣一律，對父與嫡長子原是一年的，加重為三年；對祖父與伯叔父原是九月的，加重為一年。此之謂「加服」。相對的也有減喪的「降服」。這是周人宗法制，特重宗子（嫡長）與尊親（長輩）的緣故。整個族群結構則以高曾祖父己子孫一系直線作主軸，此之謂「一本」，儒家宣揚的社會倫理即從此種社會組織出發。

商人則不同。滕伯文對叔父與姪子服同等之喪，是尊親無加服，即孔穎達說的，各隨本屬之親輕重而服的「商道」。商人對自己父親的祭祀與伯叔父無別。陶先生曾為我講解《尚書・高宗肜日》，該篇說：「典祀無豐于昵」。昵通禰，父考之廟。自己父親的祭祀不得比伯叔父豐盛，否則上天示警，可見商人沒有嚴格的宗法制。這道理在別的資料還可獲得佐證，漢代經學家稱作「古之道」。既未確立嫡長系統，各個成員在族群的地位沒有一本的樹幹作準則，而以當事人兩者的相互關係來計算親等。譬如堂兄弟，按周禮是共祖之親，屬於二世；但按商禮，由己經父、祖、伯叔父、到對方，則為四等親。從堂兄弟算過來到自己也是四等親。服緦麻的三從兄弟按周禮是四世，按商禮則為八等親。二世、四世是從「一本」出發，四等親、八等親則依自己到對方，及對方反回自己的「二本」來計算。比較西歐律法，一本是日耳曼法，二本是羅馬法。高麗採用中國五服制的喪禮，但堂兄弟稱作四寸親，再從兄弟六寸親，親等計算方式卻「二本」，他於是推測高麗民族與殷商民族同源。周道一本，同姓雖百世不婚，是嚴格的族外婚。商道二本，五世之後可以互通婚姻。這些差異說明古代中國至少存在著兩種以上不同的社會結構。

周道既然以嚴格的宗法制為骨幹，君統宗統合一，對封建君長亦行加服，所「周道尊尊」；商人單憑親疏遠近而服喪，故「殷道親親」。親重於尊，站在一本立場的孟子自然要罵二本的墨子是「無父無君」了。陶希聖認為一本從自己的直系出發，演變為宗族主義；二本從相對兩人關係來計算，會造就個人主義。墨子講「兼相愛，交相利」，即是個人主義，孟子斥之為禽獸。這些紛爭從社會組織的傳統推求才容易明白。

近人論述商周社會，往往推重王靜安的〈殷周制度論〉，卻忽略陶希聖的見解，其實二人各有千秋，故特表出。陶先生對秦漢以下兩千年歷史的發展，還有他自己的體系，商道與周道只不過是濫觴而已。

中國歷史從古代封建轉入秦漢帝制，也就從禮制進入法制。法制的源頭，陶先生特重管仲。管仲在齊推行參國伍鄙，作內政而寄軍令。晉公子重耳流亡於齊，桓公妻以齊女。重耳既親見管仲之政，又從齊姜聞知管仲治術，後來返國亦從事改革。晉長年為春秋盟主，法術、兵學最盛，戰國時衛鞅等人客卿於秦，故秦法多襲三晉治術；爾後漢承秦制，建立傳統帝制政治結構的規模。所以漢代的制度律令，近秉秦晉之舊，遠紹姜齊之源。他遂拈出「齊學入晉」、「晉學入秦」兩句話來概括中國傳統法令的起源、演變與傳承。至於社會組織，漢朝顯然承襲周的傳統。西漢初期王位繼承幾次產生廢嫡立庶的危機，終於安然度過，確立嫡長的制度。而《儀禮》和《禮記》闡述的制度也在社會上普遍採行。朝廷以孝治天下，民間以孝悌為做人之本，中國社會組織的原理與秩序於是奠定。此過程他謂之「漢行周道」。「齊學入晉」、「晉學入秦」和「漢行周道」這十二字標識中國社會與文化本質的大源，兩千年的歷史，追根究柢，出於古代姬姜兩大部族，子姓的商道在古典期蛻變為傳統期的過程中終於斷絕泯沒了。

漢代以下，禮律並行。政府有吉、凶、賓、軍、嘉的五禮，民間有冠、婚、喪、祭的家禮。兩方面都出於《三禮》，歷代雖略有改易，始終未動搖本體。律是政術的依據、統治的形式，其內容特質應在社會生活、政治制度和經濟組織上探求。中國律法，漢魏晉以至北周為一階段，經師禮說與官府法典互相為用；唐律開啟的律學系統，則注入濃烈的儒家倫理精神。

陶希聖據禮與律這兩大支柱解疏秦漢以下歷史的發展，以社會組織為骨幹，旁及政治制度和倫理思想，方面雖多，實則同條共貫，終極問題還是中國社會是一個什麼社會。他的學術面貌創基固早，解答的課題雖與社會史論戰時期的問題相似，但理論之圓融，要等到離開權力核心、專心著述的最後二十年。他既學有所本，又挾其《食貨半月刊》時代點讀中古近世諸朝正史的廣博知識，故能闡述傳統兩千年歷史演變的一貫之道，條理井然。《中國法制之社會史的考察》一書可以作為代表，可惜只寫到六朝，未曾完篇。

從社會組織推及社會倫理，尋求「基於自然法則的倫理法則」，這觀點在他七十歲以後的作品已不斷出現；九十歲編集舊作，手著〈天道人倫一以貫之〉，以為晚年之定論。自天文曆數的循環出發，推證人倫秩序、人性之本和王道政術。陶希聖所說的「天」不是玄學的天，「性」也不是玄學的性。因星象以定曆法，論巫史而及人事，說天道人倫的常變以明禮之本，終於回歸太史公的「窮天人之際，通古今之變」，展現學術上的上乘境界。他自謂以前的作品容易讀得懂，但〈天道人倫〉這篇就不懂了。

總結陶希聖治學歷程和他所開創的天地，我們獲得不少啟示。第一，以禮、律為骨架，社會組織與社會倫理為核心，而勾勒出的社會史，上可達於政治、思想，下可及於經濟、生活，體系龐大，有源有流，足供學者窮畢生精力，作無盡藏的追求。第二，六經皆史，守三代王官之典，博採近代西方社會科學的方法與經驗，最後又回到中國傳統學術的典範。這些經歷都值得我們細心玩味。他創辦《食貨》，開啟中國社會經濟史學之新風氣；這裡提出「通貫禮律的社會史學」，希望能傳達他一生的學術境界。

陶先生是我在臺大史研所畢業時論文的口試委員，按習慣我也可以算是他的門生。但口試過後，我們未有機緣再見，後來是什麼機緣又得承他的教誨呢？現在也想不起來了。大概十餘年前吧，幾位朋友有感於相聚談天，往往言不及義，遂相約組織文會，由一人發表論文，大家攻錯。朋友散在異地，於是商借食貨社址，大概就這樣才逐漸和陶先生熟稔起來。

這時陶先生年紀雖已八十開外，但身體健朗，思路敏捷，言談不紊。他自己一人住在食貨社址，自己料理生活。我們的討論，他很少參加，往往討論過後，他會客氣地招呼我們，話匣子一打開，非兩小時不能停止。我們深怕他累壞，他則毫不在意，依然健朗善談。從開口破題到結篇，天馬行空，古今中外，無所不談；起承轉合，自有章法，記錄下來，便是一篇美文。年事如此之高，口才如此之好，知識如此之博，識見如此之遠，我所親承謦欬的前輩，不過三數人而已。

陶先生博學多才，擁有多方面的成就。他襄贊最高當局，參與機密幾達三十年，然而我們只問難學術，從未請教人事內幕。當時雖守君子之情操而今想來，不知有多少第一手民國珍貴史料都隨他而逝矣。

綜合《歷史月刊》七期，民國七十七、八、一

《國史館館刊》（復刊）五期，民國七十七、十二月

一代考古名家高曉梅的潛德幽光

河北安新高曉梅（去尋）先生是世所公認的中國著名考古家。中國科學考古首推殷墟發掘，殷墟發掘離不開西北岡王陵，整理編撰陵墓發掘報告的曉梅師必將隨之不朽，這是大家熟知的事。但曉梅師還有涉及中國學術發展的另外一面，鮮為人知，個人忝為門生，固有責任陳述心得，唯慚愧不能傳其學，而今師已西歸，問道無門，追悔莫及矣。

回憶我有幸親承曉梅師的教誨，是二十多年前的事了。那時他在臺大考古人類學系開殷商考古，我選課，成為他正式的學生。老輩先生教學方式和年輕教授不同，課外的傳授往往比課內多，曉梅師也不例外；何況他一向以「開講」（聊天也）著名，當你聽得津津有味時，知識、觀念、方法，就源源不斷輸入你的腦海和心版中。如果遇見喜好發揮意見的學生，他會仔細傾聽，而在要害處反問兩句，又有古希臘賢哲的韻味。

不過，我和曉梅師進一步的相識應該在他擔任我的論文指導教授以後。我原請沈剛伯先生做導師，沈師患白內障，不能修改論文，便邀曉梅師聯合指導。沈師是曉梅師的長輩，看重曉梅師理路清晰，思考細密，心胸開闊；曉梅師則深服沈師的識見通達，眼光敏銳，經常稱揚，不絕於口。我從他們兩人中體會學者互相欣賞、互相敬重的風範。

後來我有機緣到中央研究院歷史語言研究所服務，繼續鑽研中國古代史。在這個熱鬧繁華的臺灣社會，還有中央研究院這種地方提供一片「淨土」，讓一些追求真知的人摒絕外界的擾攘，懷「康德式」的寧靜，沈迷於知識真理之大海，數十年來，這種學術精神，不能不歸功於遷院來臺的前輩長者的護持，曉梅師即是其中一位關鍵性的人物。

曉梅師的尊翁是前清廩生，執教於縣城中學，推測他深厚的舊學底子當是少年時期的家學奠定的。考入北京大學歷史系，接受新思潮，然而觀念儘管新穎，傳統學問的基礎卻依然堅實。誰都知道北大是藏龍臥虎之地，曉梅師做學生也應該屬於龍虎之類的吧。大學三年級與前後期同學胡厚宣、楊向奎、孫以悌、王樹民和張政烺諸先生共結「潛社」，編輯《史學論叢》，發表他們的研究成果。這幾位先生除孫以悌英年早逝外，後來個個都成為領袖級的名學者。這些才華洋溢的青年，所作的論文，可以糾正舊說，折服名家，六十年後來評量他們的水準，當今教授恐怕亦難免自慚形穢。

曉梅師在《史學論叢》第一冊發表的論文是〈殷商銅器探討（先秦藝術史之一章）〉。二十世紀以來，中國青銅器學經過中外學者的努力，突飛猛進。曉梅師從故宮博物院院長馬衡先生學銅器，但更能注意域外學者研究形制花文的貢獻，實已超越乃師之樊籬。我曾請教他的古器物學是怎麼學成的，他淡淡地說，只是隨便到處找東西看看讀讀罷了。勤奮博學加上天生穎悟是第一流學校之第一流學生的通相，固然令一些師長欣喜，也會使某些人不寒而慄。曉梅師這篇探討殷商銅器的處女作，雖以傳統著錄的器物為對象，但簡擇精當，論斷有法，大刀闊斧，一掃謬說，實在不敢相信是二十出頭的年輕人的手筆。尤其他能參考當時最新的殷墟發掘資料，論證傳統銅器學忽略的形制和文飾，在當時國內外的水平，無疑也是最先進的。至於他側重藝術史研究角度的古器物學，雖數十年之後，其眼光仍然令我們讚歎欽佩。

我不曾探詢曉梅師「潛社」的取義，但從字面來看，古書有「發潛德之幽光」，也有「潛龍勿用」，考查潛社同仁行誼，都不是懷抱「大丈夫當如是」的政治人物，他們毋寧嚮往潛德幽光的謙謙君子吧。因此，我們也不難發現當時的確有不少第一流才智俊彥，發願終身奉獻學術，以追求真知識相砥礪，「不屑同於假手功名之士，而能自致於不朽之域」（借用陳寅恪序鄧廣銘《宋史職官志考證》贊揚鄧氏語）。憑藉自己的才智與勤學，在學術思想領域中開闢一片新天地，不諂笑脅肩，不仰人鼻息，把自己的生命投注在更深更廣的時空中，也可以算是英雄好漢吧，何必汲汲經營群眾和黨羽！

曉梅師的才華尤其在大學畢業論文〈李峪出土銅器及其相關之問題〉顯露無遺。李峪是山西北部渾源縣的一個小山村，民國十二年出土一批古銅器，一部分被法國古董商人王涅克（L. Wannieck）所得，攜歸巴黎公開展覽。鄉人傳說，秦始皇二十八年巡行天下，路經李峪，祭祀山川，這批銅器就是當時的祭祀禮器。王涅克不加考信，稱作「秦器」，一時大譟，聞於西方漢學界。當時對於銅器斷代的認識還不深刻，除籠統的「殷周式」外，便是「漢式」了，而且屬周屬漢也沒有標準可循。曉梅師從馬衡先生處獲睹渾源銅器之照片，判斷與王涅克所購者同屬一批遺物，遂興起釐清混淆、解決爭議的宏願。他駁斥秦始皇祭山川的傳說，否定「秦器」之論，歸結認為李峪銅器當是墓葬出土遺物，這方面充分表現他文獻學功力之深厚。其次從事藝術史的分析，推斷李峪銅器的風格為春秋末年的新款，並且考定李峪墓葬年代當在西元前四、五世紀之間，這方面顯現他古器物學涵養之精邃。最後指出李峪銅器受到「司克泰・西伯利亞」（Scytho-Siberian）文化的影響，探索古代中國北方與南西伯利亞的關係，這方面透露他治學眼光之敏銳與遼闊。近幾十年來，中國北方青銅器出土日夥，特別是一九八七年山西太原金勝村發現春秋戰國之際的大墓，出土大量銅器，不論形制、花文都和李峪出土者極其相似，曉梅師六十年前的論斷——墓葬和年代，完全獲得證實。以當時客觀條件的簡陋，相關知識的貧乏，而能有此成就，論文導師傅斯年先生盛讚其才華，實非過譽。

年輕的曉梅師就像一顆燦爛的新星，獲得傅斯年先生賞識，推薦到史語所工作，參加殷墟發掘。在安陽從事考古，不滿兩年，開始抗戰，隨所西遷，初駐長沙，再轉昆明，最後止於四川南溪李莊。這期間寫作的文章，不論古鏡、銅劍、帶鉤或屈肢葬，都沒有忘懷他的司克泰・西伯利亞文化，他相信古代長城內外的交通遠比我們今日想像的頻繁。他不是關在長城內孤芳自賞地看中國文化，而把中國文化放在從太平洋經蒙古、南西伯利亞、中亞到南俄黑海的大舞臺上衡量。這是何等的氣魄與胸襟啊！即使在抗戰時期最困難的條件下，他猶能熟悉當代西方和日本學者的成績，批隙導窾，糾正缺失。其識見之敏銳，推演之縝密，結論之矜慎，雖百代以下猶多足以為法。這門學問近來因為北方式青銅器大量出土，遂逐漸引起中國學者的注意。

司克泰・西伯利亞文化與中國古代文明的關係，套用時下流行的話，是曉梅師一生的「最愛」，即使晚年，話題一旦涉及，莫不神采飛揚，洋溢著青年的氣息。事實上他撰寫這類文章都在三十五歲以前，爾後國事日益蜩螗，生活日益動盪，播遷來臺，百廢待舉，曉梅師受命整理乃師梁思永先生西北岡報告未完稿，無暇顧及年輕時所好，遂以殷墟考古終其一生。耗費三十年歲月整理之報告，用力彌深，內容詳贍，體例嚴謹，臻於世界第一流水準，奠定史語所考古報告在學術界的不朽地位。然而他終身推尊其師梁思永先生，自居於輯補地位，其尊師之志，懷師之情，歷數十年而不衰，是古之人也，放眼今世，難求其匹！

曉梅師的殷虛考古之成就，也獲得應享的榮譽。不過從另一方面看，曉梅師青壯有為之年因遭國家百憂，早歲名作沒有進一步發展的機會，就像一顆未發足光的寒星，俯視著淒涼遼闊的原野，一閃一爍！橫亙歐亞草原文化交流史的研究，幾十年來中國人尚有不足，不只是曉梅師一人的遺憾而已吧。人生際遇，幸與不幸，實在難說啊！

綜觀曉梅師之學識可分幾個方面來看，他親躬殷墟田野發掘，撰著不朽之報告，是位考古學家；博通甲骨金文，是位古文字學家；本科訓練歷史學，著述旁徵四部，據殷墟考古建構殷商古史，是位歷史學家；追究喪葬禮俗，參引民族誌書，是位民俗學家；尤其專精三代古器，斷其年代，析其風格，發其義蘊，究其禮俗，超邁傳統古器物學之樊籬，是一位開啟新學風的古器物學家。凡此種種，皆以科學考古發掘之資料作基礎，而歸結於民族文化，其學術蓋以考古與歷史文化為核心。曉梅師的學術講究真憑實據，不尚空談，凡游移多端，可以作多種解釋的文字，他一般只承認僅是一種意見，夠不上「學術」二字。他的思想新穎敏銳，見解層出，但一生著墨不多，時人間或物議，然而有些人著述雖汗牛充棟，卻如過眼雲煙，聊供覆醬瓿而已。

曉梅師平易近人，未泯童心。寓居李莊山坳之時，夏苦蚊蚋，冬苦雨雪，物質唯艱，而猶不改其樂天之性，每於飯後講古，童稚群集，不知夜闌。來臺之後，身分雖高，但高院士與工友促膝下棋，仍是中央研究院特有之景觀。而今每當我回想曉梅師的「潛德幽光」時，猛然驚覺他已不在了，我真後悔自己以前在他面前說的太多，聽的太少。我真盼望能再看到這位恂恂老者柱杖佇立於史語所考古館前的景象啊，再給我一次機會和他促膝暢談吧，這次我絕不再講我的什麼古代史，只聽他的殷墟、司克泰・西伯利亞。但太遲了！一切都不可能了！

《聯合報》二十五版，民國八十、十一、二十六

學術與現實之間

——許倬雲的省思和關懷

《文星》雜誌選許倬雲先生作本期的封面人物，以表彰這位當代中國自由主義鬥士。他的朋友同儕分別說其為人、辦事、處世等方面的特色，治學則囑稿於我；忝為他的弟子，自然義不容辭。

許倬雲不僅是鬥士，也是學者。他博通中國五千年歷史，嫻熟近代西方科學，學問面甚為遼闊。不過，從比較嚴格的學術來說，他是一位中國古代史家，專門於周秦漢三個朝代。出版專書三種，即《先秦社會史論》(*Ancient China in Transition*)、《漢代農業》(*Han Agriculture*)和《西周史》；論文集一種：《求古編》，收到民國七十年發表的論文。以後仍不斷有論著在學術期刊登載。估計他的中文著作超過八十萬字，英文專書及論文無數，以五十餘歲的盛年，累積如此大量的學術成績，可見其生命力之活潑和創造慾之旺盛。

學術粗看是冷靜的，甚至沈寂得有點不食人間煙火，故有人嘲諷作「象牙塔」。但至少在歷史學來說，大凡傑出有成、卓然獨特的史家，不論著作的主題離現實多遠，多有所寓意。這是史學理論家所謂古今貫通，從現在了解過去，根據過去來認識現在的道理。出色的史家也會在遠離現實的著作傳達他所生存的時代與社會的面貌，呈現他的世界觀與人生觀。何況許倬雲是一位明顯投入現實的學者，在他的作品中也當有其對於現實的反省與關懷。

知識分子對現實的關懷在中國並不是新鮮的事體，毋寧說是傳統文化的一大特色。中國讀書人早在二千五百年前登上歷史舞臺時，便具備了濃烈的淑世精神，所謂「士不可不弘毅，任重而道遠」，毅然以天下為己任。唯傳統讀書人與現代學者的人生型態截然異趣，當今學院的學者乃西方文化的產物，中國是找不出什麼根源的。西方式學者起於歐洲中古修道院的僧侶，近世以來人文化後頗秉承行會的陳規，加上為知識而知識的求真精神，幾種因素摻雜在一起，就顯得遺世孤立，不食人間煙火了。總之，西式學者希望與現實拉得愈遠愈好，至少保持相當距離；而中國傳統的讀書人則力求投入現實社會，非如此，不足以為士。

晚清以降，洋學堂取代傳統教育，所謂「學者」這種人物乃逐漸形成。然而文化移植不可能單純到一加一等於二，以中國士大夫深厚的淑世傳統，學者在純學術之餘也或多或少表現其現實關懷的傾向。民國以來成名歷史學家的風範，如胡適之、傅孟真、錢賓四、陳寅恪等先生可以充分地說明這個的看法。

論胡適之的著述，他是歷史學者；若論其社會活動，卻是一位歷史人物。不過這兩方面似乎找不到內在關聯，好像硬生生地將兩張照片重疊在一起，但於他本人卻沒有任何的矛盾或不調。從胡先生早年的《中國哲學史大綱》到晚年的《水經注》研究，其中不少關於歷史的論著，舉其大端，諸如《中國中古思想史長編》，以及禪宗史的論辨，我們很難從這些巨著尋覓他的社會改革運動之泉源。他可以從事醇之又醇的學術研究，同時也可以投入火辣辣的改革鬥爭。事實上有兩位胡適之，一是學術的，一是社會的。前者雖有乾嘉遺風，作為二十世紀人物，無可否認的，卻是西方學者的典型；後者則是傳統知識分子理想型人物的高度表現。「學術」與「現實」如果有所聯繫，那是在於他個人，而非知識本身。

傅孟真亦然。他的學術名著〈性命古訓辨證〉和〈夷夏東西說〉，抉隱發微，令人擊節讚歎，卻也可以肯定與他之關心國家安危無任何關聯。倒是日本侵略東三省日亟時，他提倡研究東北歷史，學術與現實掛了鉤；就學問層次而言，那是外鑠，不是內發。學者傅孟真與現實傅孟真依然分作兩橛。他和胡適之皆是中西合璧，異味雜陳，會於一身而井然有序，我們不得不佩服他們才性之廣博，氣質涵容之深厚。

學術與現實關聯的第二種典範可以錢賓四作代表。錢賓四學貫四部，生逢西風壓倒東風之世，激勵奮發，毅然以闡揚中國文化之真意義和真價值為其畢生之職志，而且奉行不怠。除開《先秦諸子繫年考辨》、〈劉向歆父子年譜〉等純學術意義較重的著作外，自《國史大綱》以下，凡涉及中國社會、政治、人民，和思想信仰的論述，幾無不與他對民族命運、文化前途的看法息息牽連，即使《朱子新學案》也不能說無所為而為。對錢賓四來說，知識是他信念的支柱，論說是他生命的發揮，學術與現實融合無間，成為曠世的瑰寶。學術和現實打成一片，會不會損害學院所要求的嚴格品質呢？大抵是不會的。這點恐怕得歸功於錢賓四學問之博大與精深。這種類型千載難逢，有其志氣不一定有其學識，有其學識不一定有其才情。

藉學術著作來傳達作者對現實之感受者，陳寅恪亦一典型。陳寅恪早年寫李懷光之叛的史筆已經余英時點出。晚年遭家國之變，身心備受蹂躪摧殘，孱孱盲翁，盡其畢生才學，來歌頌一位弱女子，傳下《柳如是別傳》，臻於「春秋」隱而晦的境界。這是學術與生命交織的血淚。陳寅恪之哀怨隱晦和錢賓四之踔厲奮揚雖然異曲，若論學術與現實之結合，二者則是同工的。他們的分別當於才性和際遇求之，而不在對學術的體認。

個人的學術品味往往是因緣配合的結果，才學氣質是因，時勢際遇是緣，此二變數稍異，便產生不同的學術面貌。對承平時代多數的學者而言，機緣多近於壯年時期的陳寅恪。寅恪先生的《隋唐制度淵源略論稿》、《唐代政治史述論稿》以及無數關於中古社會和域外文化之論文，奠定中古史研究不朽的典範，可謂學術著作之造極。若平淡看過，與時下一般專業史家等倫，恐怕不得這位史學大師的立意和用心。讀其細密佛教史考證之餘，似乎不能說他對近代文化交流的問題無看法；讀他體大思精的二稿，似乎不能說他對中國傳統的政治社會無一貫的見解。在嚴格論文之外，他的見解便像神龍一般，倏忽顯露，構成寅恪史學的特殊筆法。他是這麼一位「在史中求史識」的學者，俞大維先生很清楚地闡述他學術作品的用意是在歷史中尋求教訓。所以寅恪先生雖自謂「平生為不古不今之學」，換個角度來看，卻是「亦古亦今之學」。學術對現實的關懷盡在命題之中，我們認為這是學院史學的一條康莊大道，值得追隨，加以發揚光大。

以上胡、傅、錢、陳四位學術泰斗，除陳先生是許倬雲所心儀私淑者外，其餘三位，許先生皆幸受其教，孺慕景仰，以至效法模範是很自然的。然而也由於個人才性之異，際遇有別，加上數十年間學術風氣之轉移，許倬雲顯露學術對現實之關懷方式和前輩的風範自然有同有不同了。大體上，他也兼具「學術的」與「社會的」兩種角色，但活動層次不及胡、傅之高，介入不如他們之深，影響不似他們之廣。因其生也晚，學風轉變，故能為「亦古亦今之學」，學術和現實沒有剖判為兩半；然而我們並不能在他的專業論著中感受到賓四式的熱情或寅恪式的悠遠。不過，他所鑽研的課題仍在在呈現對歷史文化和國家社會的關懷與投注。

許倬雲的學術論著範圍以姬周到炎漢為主，課題環繞著政治結構、地方力量和農業經濟。周是中國古典文明完成的時代，也是傳統兩千年文化的基礎和泉源；漢是傳統政治制度與社會結構形成的時期，二千年來政治社會的基本骨架在乎其中。所以這兩個段落是了解中國歷史基本性質最緊要的環節。許倬雲曾說，他的研究範圍牽涉到二種時期，一是形成期（formation），一是定型期（crystalization），前者見性格的發展方向，後者則是特殊個性的定型。把文化比作人，他認為一是孩提階段，一是成人時期，古代和今天可以連成一線；故對他而言，即使研究二、三千年前的事，並不當作遙遠的過去，而是與今日相通的。此正是前文所述史學古今通貫之義。他學術的立足點適符合古人所謂的能見其大。學術浩如煙海，自其大者而適之，無處非小；自其小者而視之，無處不大。要大要小，在於自擇。但如果缺乏對於現世的關懷，要分別大小輕重也不容易。關於中國文明形成期，許倬雲有《西周史》；定型期則見戰國秦漢的論文和專書，其主要課題下文將有所說明。

自早年的《先秦社會史論》，許倬雲就用社會流動（social mobility）的概念來理解春秋戰國的變革，他的歷史觀就充分顯示「溫和妥協」的自由主義色彩了。我們當然無法肯定他先有這樣的歷史觀才草擬那樣的論文，也許他只在研究方法上引當時流行的社會科學概念進入史學，而得到的意外收穫；也許他受其業師李玄伯（宗侗）春秋社會階級升降的啟發。但不論怎樣，早期的「溫和妥協」卻變成他往後學術生涯與社會活動的基調。而從整個史學研究的園地來說，也成為對抗階級論的一支勁旅。

許倬雲的歷史論著主要探討中國歷史上兩大課題，一是中央政府與地方社會力量的衝突和融合，二是農業與商業，亦即鄉村與城市的互補與連繫。他的見解大抵充滿「溫和妥協」的色彩。

統一集權的中央政府雖然到秦始皇滅六國才確立，但其胚胎早在春秋晚期就萌芽，至戰國而茁壯。〈戰國的統治機構與治術〉係從「官僚」的角度來說明封建制度崩潰後到統一政府形成的過程。這種以皇帝為首的中央政府一旦誕生，就像霍布士（Thomas Hobbes）的Leviathan，龐然怪物，兩千年下來沒有任何個人、團體或機構能與之相抗。可是由於中國幅員龐大，俗話說：「天高皇帝遠」，在特定的條件下，遠離京畿的地方，社會力量往往會逐漸膨脹，終至於形成「土皇帝」。漢初建國，承秦末與楚漢相爭之弊，六國後裔及地方勢力乘機坐大，漢中央政府恩威並用，或以酷烈手腕剷除地方豪強，或用溫和政策收攬地方力量以為己用。景武時期多採取酷烈方式，昭宣以後則以溫和手段為主。〈西漢政權與社會勢力的交互作用〉一文特別說明這種溫和政策的歷史意義。藉著孝廉和博士弟子員的察舉管道，中央政府將可能離異的地方社會力量吸收到中央，地方領袖乃從帶有抗逆性的「豪俠」變為支持政府的「士大夫」。士大夫上則為中央官員，下則為地方僚吏，合成「三位一體」的權力社群，他認為這是漢代政權的社會基礎。中央政府若能不斷吸收地方的新力量，生生不息，當可長保其活力。不過，一旦中央政權腐化或僵化，地方進入中央的管道阻塞，政府固成無源的死水，社會力量也因為沒有出路，又形成與中央對峙的緊張局面。另一方面，就已進入中央，獲得權益的社會力量而言，日久生蠹，也會喪失其原先的活力與社會意義，東漢之衰亡，即是中央政權腐化和社會力量僵化的結果。

中央政權與社會力量交互作用的模式不限於西漢一朝，而是大一統中央政府成立後的通相，爾後各朝各代只有交流管道和社會力量內涵之更替，形式是不變的。這兩種可能衝突分歧的力量借著交流的管道結合在一起，締造穩定的局勢。他這樣的認識正可說明上面所謂「溫和妥協」的基調。時值今日，這篇文章猶透露某些解決當前政局難題的玄機，值得執政黨黨員找來研讀，體會化解對立力量的智慧。相對的，在野黨也宜從漢代社會力量投入中央政權後的僵化記取歷史教訓。

漢代和今日懸隔二千年，歷史發展固不可能一板一眼地合拍；何況當今社會遠較漢代複雜，我們也不能以達到二千年前的成就為目標。社會力量的內涵，表達的形式，和終極期望都與漢代不同。但如古人所說：師其意可也。歷史學術論文的現實意義亦「取其意」而已。何況許先生既非未卜先知的術士，寫論文也不同於造讖緯，唯多年前的學術著作含有時代意義，足見真有關懷的學者，即使冷僻的論文也不可能與現實截然無關。

第二，農業和商業的歷史課題。農業是傳統中國最主要的產業，農民占中國最大多數的人口，農村作為中國社會最根本的立足點。傳統兩千年的社會便是以小農戶和小農經濟作基本骨架的。平時農民向政府提供種種人力物力的奉獻，作為統治機構的奠基石，但他們幾乎很少獲得政府的照顧。中國農民是謙卑的、微末的，表面似無問題，但一爆發問題，往往不可收拾。政府忽略他們的代價便是改朝換代——有一部分人稱作「革命」，這也是傳統中國歷史的大課題。

當然，大部分時間農村還是頗為平靜的，農民還是可以糊口綿延的；換句話說，整個社會的基盤並沒有翻騰，這當然要歸功於產業。中國農業生產怎能養活那麼多的人口，許倬雲提出兩點互相牽連的解釋，即精耕細作和市場經濟。他結合傳世文獻和考古文物探討周漢農業史，包括生產工具的改良與生產方式之革新。我想此一學術工作也是有緣由的。民國以來關心農村問題的學者大抵可以分作兩派，一派主張改良技術，提高生產，一派強調生產關係，先解決所得分配的問題。終於演成一右一左。許倬雲深受其教的沈宗瀚先生便是技術改良派的健將，「精耕細作論」之提出和近代農村問題的論戰肯定是有密切關聯的，另方面又符合他的歷史觀念的基調。

論中國社會的經濟基礎，精耕細作只是雙輪車的一輪，另一輪便是市場經濟，二者相輔，這輛車才能走動。許倬雲認為中國農村並不是遺世獨立、自給自足的經濟體，而是坐落在更廣大的市場網絡的小環節，透過網絡之鉤連，各個環節於是互通聲氣。小網絡匯集於小鎮，大網絡的尾閭是大城，大小環節既有生產與消費的關係，疏通的網絡自然就產生物品與人力的調節作用。按照這種看法，商業便不是壓迫農業的罪魁，城市也不成其為剝削鄉村的禍首了。基於這種冷靜的考慮，他甚至懷疑董仲舒筆下的農民苦痛過分誇張。從中國知識分子的傳統來看，未免有失人道立場，然而他的道德勇氣在學術求真之餘，似乎也是「溫和妥協」基調的反映。

許倬雲二十多年來倡導借用社會科學方法研究歷史，尤其是社會史。指點學子注重Max Weber, Eisenstadt 等人的理論，而他本人也是活學活用社會科學理論相當成功的例子。他常自謂雜家，頗有「泰山不辭土壤，河海不捐細流」的氣概。方法本來是雙刃刀，善用可以制敵，不善用反而傷己。這些年來臺灣以社會科學方法研究史學的結果或成或敗，其功過當然不能由許倬雲負責。他的研究取向從近代中國社會史學來看是頗有意義的。近代中國社會史的研究以馬克思派為大宗，許倬雲努力推介新方法和新理論，多少奪回一些園地。這番天地之開闢固賴群策群力，不是任何個人擔當得起的。

許倬雲的職業是學院的歷史學者，卻承襲中國士大夫以天下為己任的傳統。中國士人一向秉持是非分明的良知，以弘毅任重的抱負自期，謀道不謀食的氣節自勵，又有抨擊權貴，剛毅不吐的執著。他論秦漢知識分子，特別表彰董仲舒之流的理想型人物，當亦與景行之思，而自我期許。然而歷史家往往認識有餘而進取不足，因為參透世變之後，多一分悲憫便少一分激勵。他的歷史認識既然不離「溫和妥協」的基調，他的政論風格——不比黨，不阿諛，婉而約，肯而切也就在意料之中了。這正是學術素養投射在現實生活的結果。如果對於這樣溫柔敦厚的諫議還聽不進去，要等待什麼樣的結局呢？

古人云：「人生不滿百，常懷千歲憂。」對學歷史的人而言，這種憂世心情尤其縕切。這裡願以「千歲之憂」四字送給許先生，也以此四字和學歷史的年輕朋友，特別是學院之士，互相激勵。

《文星》（復刊）三號，民國七十五、十一、一

在人類文明發展架構中的古史學者張光直

張光直先生應聘為中央研究院副院長，總理人文社會科學各所之發展與整合，學術界與一般社會都寄予厚望。《時報周刊》想給讀者介紹張先生的學問，徵稿於我，這是傳播界盡責的表現，我乃樂於應命。不過我沒榮幸受教於張先生，無法窺其學術堂奧，只能就與自己治學比較相關的部門略陳見聞，疏陋誤謬，或所難免，這是要先聲明的。

按照通行的學科分類，一般把張先生歸屬於考古學家，因為第一，他的學問以考古學為基礎。早年畢業於臺灣大學考古人類學系，是中國考古學開山祖李濟先生的得意門生；接著負笈哈佛大學人類學系，專攻考古學。第二，他長年以考古學為專業，哈佛畢業後先後在耶魯和哈佛教授中國考古學。第三，著述領域以考古學為主，他出版多種專書，發表數以百計的論文，而數增訂過四版的《古代中國考古學》（*The Archaeology of Ancient China*）流傳最廣。

第四，他曾實地從事過考古發掘，民國五十年代在屏東林園鳳鼻頭，現在則代表哈佛大學與中國社科院合作發掘商丘。因此，張光直可以說是一位名副其實的考古學家。

然而與大多數的考古學者相比，張先生留在書齋的時間遠遠多於在田野，閱讀文獻遠遠多於觸摩實物，思考的視野遠比專業考古工作者寬廣，提煉的觀點或概念往往超出考古學的範疇之外，從這些方面看，他似乎又不能以考古家為限。事實上他的研究雖多憑藉考古資料，主要目標則關心文明的發展。如果把歷史界定為人類過去行為思想和文化的總集，包括歷史學在內的多種學科都是解答總集之工具的話，那麼將張光直先生歸類為古史學者似乎也不為過。這一點，在今年（民國八十三年）初中央研究院歷史語言研究所舉辦的「中國考古學與歷史學整合研討會」，他發表的論文已經「夫子自道」了。他建議打破既有的學系，成立一個包羅生態學、地質學、古動植物學、古人類學、人類學、考古學、古文字學、古器物學、古文獻學和歷史學的「古代史系」。唯有多學科的有機整體研究恐怕才是他心目中的古史。

人文社會學者終極目的是在了解人類的過去與現在，過去的部分就是歷史。幾十年來，作為一個考古學家，張光直面對考古學界的大變革——所謂「新考古學」，似乎多以了解人類歷史作為他治學的總則，既不懷念以器物型態學為基調的「舊考古學」，也不追逐流於玄虛空論的「新考古學」。在考古學理論方面，他提倡聚落考古，即為挽救器物型態學的煩瑣化，而指向器物使用者的人群，以聚落為標的，運用各種知識解答考古發掘所獲得的資料。具體的研究，則集中於中國古代社會與文明的發生與流變，他的《古代中國考古學》，不論是第一、二版的中原核心論和「龍山文化形成期」，或是三、四版的多元文化「相互作用圈」，都著意於描繪一幅幅的中國古代社會文明史。幾十年下來，中國古代考古學資料已累積到汗牛充棟的地步，除了相當深入的專業學者，往往望而生畏；而考古報告之枯燥煩瑣，更易令人乏味。張先生以他的古史架構駕御繁重的考古資料，使初學者獲得入門途徑，而他的古史觀也是專業學者砥礪自己理論的磨刀石。平心而論，《古代中國考古學》固非六〇年代大陸編撰的僵化史觀的《新中國的考古收穫》所可比擬，也比八〇年代平實的《新中國的考古發現和研究》多一家之言的逸趣，誠為四十年來中國考古收穫的大功臣。此書之所以成功大半要歸功於作者具備了敏銳的歷史眼光。

張光直在五十歲以後特別喜歡講巫，幾乎成為中國古巫論專家了。商周青銅器的動物紋是古巫文化，動物作為人神交通之媒介；新石器時代良渚文化的玉琮，也是古巫文化，玉琮表示天圓地方，是巫師通天地的法器；河南濮陽西水坡出土墓葬龍虎蚌飾，墓主是巫師，乘龍騎虎上天下地，好像魏晉道士的龍虎蹻，當然也是古巫文化。透過他的眼光，古代幾乎無物不有巫的影子，如果給他貼上「泛巫論」的標籤，他即使不盡滿意，恐怕也不能否認有此傾向吧。

先秦的巫，秦漢以下的巫，現代的巫，北亞的薩滿，他們之間固然互有同異；即使先秦，從新石器時代以來，據說經歷過「家為巫史」到「絕地天通」的整頓階段，至少這五、六千年的巫當然也絕不是一個模樣的。這些細緻的學術問題尚等待更多人力投入研究，才會有比較可靠的答案，這些答案肯定也不會只有一種意見。不過我毋寧更看重張先生古巫文化觀在學術史上呈現的意義，不論客觀事實或他的主觀願望，他提出連續或斷裂的質詢，企圖喚醒世界學者重新檢討一百多年西方學界所建構的人類文明發展的軌跡——那到底只是歐洲文明獨特的現象，還是人類的通相？根據他的研究，中國古巫文化是連續性的，這在世界諸文明中也是具有普遍性的；歐洲文明反而是斷裂而且是個別性的。古巫文化論不但空間上跨出不算小範圍的中國，時間上邁入迷濛悠悠的舊石器時代；這個人類文明發展史的新架構，立意則更雄壯，在西方觀點主宰下的當今學術界，又顯得有點悲壯，想要從中國的案例提供全人類文明研究一個新的方向。作為研究中國的東方學者，實在應該同情而且正視這個深具歷史意義和文化使命的學術課題。

張光直久已蜚聲士林，載譽天下，既為耶魯哈佛之名師，又是中央研究院和美國國家科學院的院士，這些身外盛譽固用不著我多費筆墨。我們竭誠歡迎他回來一起工作，以他識見之廣博，具學術整合的長才，有主持多學科合作計畫的經驗，相信對於中央研究院所賦予的任務必能勝任。他的為人敦厚謙沖，有容納異己、善聽逆言的度量，對臺灣學術界肯定會引發一些催化作用。臺灣學術文化幾十年來追逐歐美理論精力盡瘁於斯，現在來了一位既熟嫻西方學術潮流又想走出那潮流陰影的領導人，對過去的風氣或許可以產生扭轉的示範意義。而以他一向治學格局之宏大，把臺灣、中國放在全人類文明發展的架構中來考量，對日益狹隘化的本土思潮無異也是暮鼓晨鐘！張先生適時回來，我們不單對他有所期待，也希望在臺學者能奮發自勵，自我期許。

《時報周刊》一三〇期，民國八十三、六、二十六

史學新天地

「疾病、醫療與文化研討小組」的緣起與立意

年輕時，曾看過聞一多先生的《神話與詩》，其中有一篇〈神仙考〉，談到中國人追求眉壽、神仙之事。其後一段時期裡，我的研究主要在社會史及政治史領域，主要環繞著兩組課題：國家與社會。在十年前，我開始嚴肅反省自己的研究，這樣能夠觸及歷史的核心嗎？亦即是是否能觸及當時真正的人民與社會情境？我想可能不夠。

到一九八六年時，我依稀浮現一個觀念：歷史就像個「人體」，有骨胳、血肉，也有感情、心思。我以前的研究重心是歷史的骨骼、血肉——政治社會史中的階級、組織、結構，然而，單有骨骼、血肉是不能成其為一完整的「人」的。人與人間還有相處之道——倫理、做人的準則、人對生命的追求及其間的心態（mentality）等，我反省到這些也應納入歷史學的研究中，於是我的研究由社會的外表進入內裡，並嘗試一些新課題，如周禮問題，但論述

身分與禮儀仍不能達到我的目的。後來，有一因緣，我要為我的老師高去尋先生寫一篇祝壽論文，想想何不談談有關「生命」的課題，那時便突現一個課題——「從眉壽到長生」於腦海之中，並以此為基礎，進入生命的研究範疇。

基本上，個人認為中國古代的生命觀可區分為幾層來看。第一、就身體方面，包括古人如何認識人體？身體有病痛如何處理？這類問題屬於醫療史範圍。第二、人，可以思維、判斷、有喜怒哀樂，是由什麼主宰的？儒家主張「心」是主宰，道家人士則主張「氣」是主宰，這屬於思想史的課題。第三、古人還相信人體還有魂魄出入的現象，人死後靈魂何處歸去？這又屬於以往所分類的宗教史範疇。上述三層構成人的論述系統，相互滲透。此外，人為了護生度死而發展出的觀念與學術，如本草學、醫學、宗教儀式等，其發展的軌跡與社會的轉變有什麼關係？放在政治、社會的脈絡（context）中來看時，此又屬於政治社會史的領域了。

這些思路大約已經涉及醫療史、思想史、宗教史和政治社會史四個領域，其首尾的終極關懷對象不離那個時代的人群的心態。由於個人的上述思考，也會在我的課堂教書時談及，一些年輕朋友受到鼓舞與影響，便基於個別興趣而從事相關研究，並且每個月在中央研究院歷史語言研究所聚會討論一次，成立至今已持續三年了。參與本小組的人數雖有流動性，但每次皆維持在十五人左右，而長年持續者有六、七名（除史學外，人類學、醫學等學者亦有參加）。

臺灣史學界以往幾乎不觸及這些多層相連的問題，而類似本小組的長期定期學術性討論且同時發表嚴肅論文的，在人文及社會科學領域內亦較少有先例。臺灣學術界比較喜歡召開大型的學術會議，開完之後，這些來自四面八方的學者仍舊各奔東西，相關議題缺乏持續性的深入探索。類似於歐、美、日本學術界的「學術團隊」、「科學家社群」的形式，對於學術的良性發展貢獻較為根本，但在臺灣史學界尚未形成氣候。前些時候我在教育部顧問室推動區域性的跨校讀書會，由老師帶領若干研究生針對一個主題進行研究，一年聚會幾次，由教育部補助經費。這類計畫已有五、六個申請，對本土學術的紮根來說，是個可喜現象。

「疾病、醫療與文化研討小組」討論的問題範圍甚廣，我個人做的部分是從一般典籍中爬梳整理中國傳統醫學形成的基礎。中國傳統醫學理論是建立在道家「氣」的哲學上的，自戰國時期起便確立了以「氣」為生命之本的經脈體系。這種醫與道合流的現象，在醫學資料上多有所見，如中醫基本典範《素問》和《靈樞》都假託道家所推崇的黃帝，而扁鵲、倉公、淳于意的醫療濟世行徑當屬方士之流；在道教學資料中亦不勝枚舉，如《神仙傳》、《高士傳》、《列仙傳》多載有醫家，三國神醫華陀的醫術繼承漢代方士遺產，又創五禽戲，以導引濟生；而葛洪、陶弘景等道士之為名醫，更是著稱。

傳統中國社會以宗族為基礎，但史學界對於宗族成員的心態，特別是老、弱、婦、孺的歷史十分缺乏理解。在思想層次上，儒家固然承認「食色性也」，但除男尊女卑或相敬如賓的倫常規範外，論及男女、進而夫婦相處與互動之道並不多；儒家重視宗族綿延，鼓勵多子多孫是很自然的事，但並不重視生育、養育的知識。這種缺陷則有賴於以道家思想為基礎的醫療文化來補足，教導中國人男女、夫婦之道、幼幼老老之行，及飲食攝生傳宗接代等等知識。

自春秋晚期以降，以道家「氣論」為基礎的中醫體系成形後，佐治中國人孝親養老的根本觀念，主張在日常飲食起居中求其自然不過分，以合乎養生之道。而夫婦「房中」之道的書，歷代論述也所在多有，正確的「房中」不外是導正人類所不可免而且有可能損傷身心健全的性行為，從中追求健康長壽，怡養愉悅心境。此外，求子、胎教、胎養、嬰兒保健等書更是豐富。這些在本小組的研究中已有部分成果。

已往我們的史學界很少探討這些問題，現在在我看來，反而應該成為史學的主要課題。史學研究的主要對象是人及人所創造出來的文化，除由政治、經濟、社會的架構觀察之外，我們也應從其他面向加以探究，深入其核心，這就是我們所謂「史學新領域的探索」。歷史家有責任學習別的學科知識，如醫學、哲學、宗教學，並與史學相結合。本小組成立至今，仍屬實驗階段，成功與否尚未可知，但我們有信心，假以時日，參與的同道多了，必將有成。

所以我們一秉初衷，繼續努力，擎起大旗，探索學術的新領域。

《性與命》二期，民國八十四、七月

鄧功偉、李世偉記錄

附錄

本文所涉及「史學新領域」，讀者若有興趣，可參考下列杜正勝氏所發表的文獻：

（一）醫療史領域

〈形體・精氣與魂魄——傳統中國對「人」認識的形成〉，《新史學》二：三（一九九一）。

〈試論傳統經脈體系之形成——兼論馬王堆脈書的歷史地位〉，收入《馬王堆漢墓研究文集》，湖南出版社，一九九四。

〈從醫療史看道家對日本古代文化的影響〉，《中國歷史博物館館刊》總二一（一九九三）。

（二）思想史領域

〈什麼是新社會史〉，《新史學》三：四（一九九二）。

〈從眉壽到長生——中國古代生命觀的轉變〉，《歷史語言研究所集刊》六六：二（一九九五）。

（三）宗教史領域

〈生死之間是連繫還是斷裂——中國人的生死觀〉，《當代》五八（一九八六）。

在歷史世界探索的旅行家

童淑蔭

南港多雨，草木豐美，中央研究院在群山環翠下，一棟棟古樸的紅磚屋宇，散發著寧靜典雅的人文之美。這裡遠離市區塵囂，盈耳所聞唯有燕雀呢喃，偶有一陣跫音響起，啼鳥依舊怡然自得毫無懼色。日夜晨昏中，許多學者在此窮經皓首、著述思考，建立起中研院崇高的學術聲望。

民國八十一年，歷史學者杜正勝，以一百票高票當選人文組院士，獲得學術成就的最高肯定。而回顧當年在小學畢業時，他曾因家境清寒打消升學念頭，準備去當學徒，直以為人生從此就是這樣，卻因小學老師的鼓勵與支持，又重拾書本回到學校，後來進大學、研究所、公費留學一路往上走。杜正勝心存感念地說：「在人生的許多十字路口上，我們常因他人的一句話或一本書的啟示，而邁向不同的生命旅程！」

聽說書先生海吹神聊，啟發對歷史的興趣

杜正勝是一位「融合平民活潑生命力，與精博文化陶冶於一身」的學者，他生長於高雄縣永安鄉俗稱「新打港」的海邊漁村，那裡有著南臺灣特有的晴暖天氣，杜正勝的童年就在鹽田、魚塭畔，撿拾蚌殼、觀看水鳥中度過。第一位啟迪杜正勝對歷史興趣的是一位走江湖賣藥的說書先生，昏黃的燈光下，老胡琴吱的一聲拉開時代序幕，歷史長河隨著古老緩慢的節奏，流進充滿好奇的童稚心靈，英雄的壯烈、戰爭的殺戮，像走馬燈一樣在杜正勝的腦海輪番上演，後來他長大遍覽群書，才知道說書先生講的正是含有濃厚史實的《東周列國志》。

杜正勝在求學過程，遇到許多良師益友，孫水復先生是他人生路途上指點方向的第一盞明燈。小學畢業以後，因家中食指浩繁，他做工貼補家用，孫老師基於愛才心理，親自到家中與他的父母洽談，並再為他補習一年，使杜正勝得以順利升學。

杜正勝從小就是一個喜歡讀書的學生，學校課本他唸幾遍就能心領神會，而課外書籍則是他每日重要的精神食糧。當時《中央日報》正在連載南宮博的歷史小說《李清照》，文中多處引用詩詞，對於一個初中生而言，雖然可以領略文學之美，卻無法了解其中諸多掌故，強烈的求知慾，使他向郭雲中老師請教如何跨入文學殿堂，在郭老師的指導下，他精讀《史

記》、《戰國策》，這兩本不僅是史書，還是文采生發的傑作，是大學文史學生必讀的經典，證明郭老師確實深具眼光與識見。

受業沈剛伯，私淑錢穆，親習長者風範

從臺南師範畢業之後，杜正勝一邊教書一邊自修，憑藉堅強的毅力，終於考上第一志願臺大歷史系。臺大校風向來自由開放，養成他獨立思考、廣泛閱讀的能力。讀大學部時，對他影響最為深遠的是系主任許倬雲，「許先生教上古史與中國社會史，講課富啟發性，使學生能觸類旁通、聞一知十。」日後杜正勝以上古史、社會史為研究領域，自是有其淵源。讀研究所階段，杜正勝受業於沈剛伯先生，沈先生是臺灣文史界的老前輩，教授西洋史，議論風發，從歷史掌故到國是建言，時局批判，內涵深厚，無所不談。杜正勝說：「研一那一年，我考上沈先生所主持的公費留學歷史科，當時名額有限，可謂一項殊榮。我因此和先生關係日漸密切，常向他請益各種問題。沈先生在青田街的宿舍，是一棟有庭院的日式房子，他曾擔任臺大代理校長和文學院院長，家中的擺設卻是非常的簡單素樸。我們兩人同屬猴，差四十八歲，常在一起吃飯談天，情感形同祖孫。先生知識淵博、聲望威隆，卻能諦聽後生小輩

的意見，並適時予以撥點指導誠屬不易。另外沈先生也負責國科會人文方面的經管，可是自己從不願申請，他將機會留給別人並藉此提攜後進、獎勵人才，這真是前輩學者的風骨和典範。」

杜正勝在考大學前，就已閱讀過錢穆的《國史大綱》，錢穆一直是他素所敬仰的學者。攻讀碩士學位時，他帶著在學報《史原》發表的文章〈墨子兼愛非無父辨〉，到素書樓向國學大師請益。杜正勝提及錢穆對他的兩點啟示：「錢先生看完我的文章標題後說，一個人做學問時應該建設不要破壞，可以發揚墨子長處，卻不必批評孟子，孟子的言說自有他特定的時代意義。古史辨之所以式微，就是因為它只有破壞，而做學問應該走出自己的理論路子。日後我在學術研究上，如果能夠愛人所同、敬人所異，並堅持自己的路向，錢先生對我的啟發很大。其次，錢先生預言我研究社會史必然走向文化史，當時我僅心中存疑，二十多年來，證明錢先生確實是洞燭先機！」

一個歷史家，同時也應該是偉大的旅行家

童年時期閉塞的鄉下環境，無法阻擋杜正勝強烈的求知慾；讀研究所時眼界愈寬，小小

的島國囚禁不了他探索世界的心靈，於是他藉由公費留學，到英國倫敦政經學院攻讀英國經濟史，留學生的辛苦自不在話下，而英國人保存史料的功夫，著實讓他記憶深刻，「研究經濟史必然需要當時的修道院、莊園的物價與工資；研究法治史也需要那時審判的案例和法令規章。英國由於內亂少，自中古以來，能夠長期不斷累積第一手資料，這對研究者非常便利。」

杜正勝沒有博士學位，在院士中算是罕例，然而他著述精勤，研究紮實，抉幽闡微，自闢路徑，普獲學界肯定。杜正勝說明放棄學位的原因：「首先在臺灣西洋史研究無法建立起來，就是因為缺乏原始資料，我研究英國經濟史，回臺後很難再做下去，大概只能教書，但是碩士論文《周代城邦》，已讓我有研究中國社會史的基礎。再者，如果我繼續留在英國，就沒有機會再向沈先生學習，這會使我深覺惋惜。又加上我堅持到外國來就是要學外國歷史，不學中國史，基於這三點理由，兩年後我選擇回來臺灣。」

杜正勝回臺的旅程，在當時也算是一項壯舉。他將教育部給予的機票費用折合成現金，在倫敦辦好各國簽證，就開始單身旅遊，他從倫敦、巴黎、威尼斯、羅馬、希臘、土耳其、伊朗、阿富汗、巴基斯坦到印度的加爾各答，一路觀看名勝古蹟，足跡遍佈南歐、南亞各文明古國。搭乘火車輪船，住在小旅館中，歷時七十天，而且經過的都是當時沒有邦交的國家。杜正勝回憶起年輕往事，笑著說：「一個偉大的歷史家，也應該是一個偉大的旅行家。中西兩位歷史學之父，一個是希臘的希羅多德，他遊歷過巴比倫、黑海北岸、埃及，這在古代社會是一件非常不容易的事。另一位是中國的司馬遷，他走過黃河中下游、大江南北，東南到會稽，西南到昆明，可謂讀萬卷書，行萬里路。」

貼近平民心靈，研究廣大社群的精神面貌

從英國回來以後，杜正勝開始教學的生涯，他先在東吳大學教西洋中古史、西洋通史與中國上古史，外雙溪的朝煙夕嵐裡，他教了四年書，由於責任心重，杜正勝往往必須備課到深夜。在當時史語所第四組主任管東貴的賞識和邀約之下，他到中研院從事學術研究，杜正勝說：「還沒有到中研院之前，我和管先生素未謀面。由於他在學報上，看過我所發表的論文，就請朋友帶口信說他這一組需要研究古代史的人才，問我願不願來，我當然非常樂意，中研院環境雅致，藏書豐富，而且學問根柢深厚，討論風氣興盛，又有問學的朋友，能夠全神貫注從事研究工作。」

在這期間，杜正勝以碩士論文《周代城邦》為基礎，逐步發展出自己的研究體系。大陸史學家每籠罩於馬克思主義的史觀之下，斤斤計較古代史的分期，例如從奴隸制何時轉變為

封建制，杜正勝則跳出理論框架，以「城邦論」說明上古社會的權力結構，而不以奴隸制解釋等級劃分。他繼而以「編戶齊民」的觀念，闡析秦漢以後中央與地方的政治經濟結構，這時的構成模式是以後兩千年的基礎。

近十年來，杜正勝開始思考他的研究理論，是否可以深入地刻畫廣大庶民的生活思想，他認為城邦論與編戶齊民僅止於對一般人民政治、經濟生活的了解，就漸漸地將研究觸角轉移到人民的精神領域，杜正勝解釋道：「打個譬喻來說，以前研究的是骨骼，現在研究的則是血肉。」他以人民對生命的看法為入手點，例如從形體、精氣與魂魄，探討中國傳統對人認識的形成，以及自中國人生死觀的特質，尋求出中國文化中對人的定位、人生價值的追求。

杜正勝展現的是臺灣新一代史學家的格局與氣魄，他不僅著述精勤、春風化雨，誨人不倦，對當前的政治、歷史生態也有一份終極關懷，他盼望能夠以聯邦架構平撫統獨糾葛，並以恕道化解族群紛爭，杜正勝說：「我們衷心祝禱有一天，族群意識變成文化的點綴，而不是政黨的圖騰！」

《中央日報》長河版，民國八十四、三、三十

探索古典與傳統的歷史家

陳雅鈴

杜先生是歷史語言研究所研究員兼所長，民國八十一年榮膺中央研究院院士。

從一位臺大研究生踏入研究領域至今二十一年中，其研究斷代係以中國古代史為主，首先側重商周，尤其是周代；爾後再往前溯及新石器時代，向後延伸至秦漢。雖然所研究的時間、範圍有所延伸，但其研究主體卻始終未變——即社會史之研究。回顧臺灣四十年來的教學研究，社會史算是歷史學中較弱之一環，原因在於中國社會史發展，原與左派史學有比較密切的關係，在五〇年代及稍後的臺灣是有禁忌的。而杜先生在七〇年代初，選擇社會史作為研究主體，其轉折點何在？他又如何檢討左派史家對中國古代社會性質的認定而提出何種新的解釋呢？他近來的研究，表面上仍是中國古代社會史，實際上，研究重心已由結構性研究轉而對文化、心態領域之探索。究竟是什麼樣的領悟促使他的新思考，來重塑「新社會史」之內涵？他對未來的自我又如何期許？本文試著追索這位年輕院士在學術領域中的心路歷程。

學生時代之鍾愛

自大學時代開始，杜先生便非常喜歡中國古代史。一方面是由於二十世紀以來，古代中國歷史之研究發展澎湃；另一方面則是因為年輕時所熟悉的名家，如胡適、傅斯年、錢穆、顧頡剛等先生，皆研究古代史，故直覺認為中國古代史值得研究。於是，在大學選修斷代史時，以「中國上古史」為主修，可見其對古代史之鍾愛。

至於如何走上社會史之研究？杜先生自承，他並非一開始就喜歡社會史。當時一般青年都喜歡談思想，杜先生也不例外，故於研究所初期著手先秦思想史之研究，並發表〈墨子兼愛非無父辨〉一文來為墨子辨白。此篇學期報告刊登於臺大史研所刊物《史原》第三期。不過，他在涉獵思想史之過程中發現，唯有先深究時代及社會才能夠了解當時思想家的觀念和主張。於是，便暫時擱下思想史，而將注意力放在社會史上。這種由思想史轉入社會史之研究，其轉折是在研一至研二時。準此，學生時代之鍾愛——中國古代史及社會史，就此確立。

對左派史觀之反駁——城邦論

在確定中國古代社會史之研究方向下，研二的他便經常到中研院史語所傅斯年圖書館查閱相關資料。當時對他發生啟發作用的專書，包括：李宗侗先生的《中國古代社會史》、瞿同祖先生的《封建社會》，此外，還接觸到中國大陸相當豐富而齊全的歷史考古文獻，尤其集中注意左派史家對中國古代社會性質之解釋。左派史家以馬克思史觀為架構，認為中國古代社會性質不是奴隸制，就是封建制（此封建係指傳統中國二千年，而非周代的封建）；也有以「亞細亞生產方式」來建構中國古代社會。杜先生對於這樣的解釋並不滿意。他認為古代政治社會的特點在城邦，故提出「城邦論」以反駁左派史觀。其碩士論文：〈城邦國家時代的社會基礎〉即是對此問題之反思的具體成果，後來修訂出版成為《周代城邦》。

一九七四年，杜先生考上教育部公費留考，到英國倫敦政經學院（London School of Political and Economic Sciences，簡稱 LSE）攻讀英格蘭中古史。該校素以經濟學著稱，也有相當豐富的經濟史資料。杜先生得在探究莊園經濟課題時，學習到如何以細微資料建構小型社會之方法。一九七六年接受東吳大學端木愷校長之聘請回國，開始為期四年的教書生涯，直至一九八〇年夏天進入史語所，正式開展專心研究的階段。

八〇年代思想之建構——由「編戶齊民」到「新社會史」

進入史語所後，在研究方法上，有一突破，即開始運用大批新出土的考古資料，配合傳統文獻來探索「古代社會與國家」。這種結合出土資料與傳統文獻之方法，係來自史語所前輩高去尋先生不斷啟迪的結果。當時致力的課題在春秋晚期城邦社會崩潰後，如何形成統一的秦漢帝國。而《編戶齊民——傳統政治社會結構之形成》一書便是該問題之解答。「編戶齊民」的中心思想，雖在於說明傳統政治格局之基礎及社會結構之特質，實質想突顯的是，無名庶眾默默的歷史貢獻。本書看似政治社會史之取向，實則流露出作者對人民歷史之關懷。此外，在探究城邦理論的同時，杜先生將研究觸角再向前延伸，由周代上溯至新石器時代，意在「從村落到國家」的架構中發現中國遠古社會如何經由新石器革命（Neolithic Revolution）到城市革命（Urban Revolution）而形成三代的城邦。

相對於「周代城邦」或「編戶齊民」的研究，八〇年代後半期，杜先生一直在思考的問題是：如何使歷史研究兼具「骨骼」與「血肉」。一九八六年杜先生在中研院第二屆國際漢學會議上發表〈周禮身分制之確立及其流變〉一文，文中提到「研究周代歷史，若不觸及禮制，即使建構其骨架，猶有缺少血肉之憾。軀殼雖具，而遺其精神。」由於有感於他過去的歷史研究較側重政治、軍事、經濟及狹義的社會層面，即屬於所謂「骨骼」的部分，覺得他建構的歷史還不夠真實、深入，於是杜先生開始擴展研究領域，將目標放在不同時代人民的生活、禮俗、信仰和心態上，此即「新社會史」觀念之成形。連同在九〇年代初寫的論文包括：〈從眉壽到長生〉、〈形體、精氣與魂魄——中國傳統對「人」認識的形成〉、〈生死之間是連續或斷裂〉、〈內外與八方——中國傳統居室空間的倫理觀和宇宙觀〉。由上述論文之用心，不難看出，杜先生致力整合醫療、思想及信仰以探究古代人的生命觀，或由中國的建築佈局來看中國人的社會觀及宇宙觀。這種結合各層次的研究，正是在舊有歷史研究之骨架上，賦以新社會史的血肉，偏重探索一個社會裡人們的生活、禮俗、信仰與心態，以期使歷史學成為一門有骨有肉、有血有情之知識。

九〇年代之思考取向及未來之自我期許

承續八〇年代下半葉對「新社會史」之思考，杜先生在一九九二年與所內同仁邀集一批對醫療史有興趣的年輕學者和學生，組成「疾病、醫療與文化」研討小組，從醫療的角度致力研究社會文化的歷史問題。杜先生在其論文〈作為社會史的醫療史〉中提到，「我們研究社會的著眼點在於人民的歷史，故把醫療史當作社會史來研究，以彌補以往史學的缺憾，使歷史研究能真正落實到具體的人生問題。」準此，九〇年代的思考取向正是充實「新社會史」

新研究領域與內涵的探索，而且重視不同知識領域的交集地帶，開發新的課題。

九〇年代杜先生對中國歷史的大架構有進一步的具體發展。八〇年代他考慮的時間架構，站在「現代」把將近萬年的中國文明劃分為原始、古典、傳統三大階段，此時放進空間因素，提出「同心圓」的架構，即以中國本部為中心，一圈圈往外畫，觀察中國與周邊地區的民族融合與文化交流。此觀念可溯及七〇年代劉崇鋐先生交代翻譯一本漢學名著：《中國與伊朗——古代伊朗與中國之文化交流》(*Berthold Laufer, Sino-Iranica*)。在翻譯過程中，杜先生體會到中國文化有許多東西來自域外，一般習焉不察，就當作中國原有的東西。現在他重拾此一體認，想以中國為中心，並推往中國周邊之北亞、中亞、西亞和東南亞之研究。他相信對周邊的了解愈多，便更能了解中國。從世界史或亞洲史的角度來看中國史，具體的研究有〈歐亞草原動物文飾與中國古代北方民族之考察〉。

當問到對未來之自我期許時，杜先生表示，仍將持續新社會史課題之研究，希望把「中國古代生命觀」和「由考古所見歐亞草原文化的關係」寫成專書。而「編戶齊民」中所留下的另一課題，即探討經濟力量所造成社會不平等的「羨不足論」，也期望能早日完成。杜先生認為這一生他衷心關懷的課題是「古典與傳統」之探究。他說，任何時代的人所站的時空位置皆是現代，任何人所研究的「古典」都是從現代看到的古典，所研究的「傳統」也是從現代看到的傳統，他的學術天地和生命趣味是古典、傳統和現代交織成的，最近策畫的電視劇《孔子的故事》即是一個例證，在歷史考證的原則下注入他的生命領會，以解釋孔子的心境。

後語——歷史家也應該是旅行家

杜先生有沒有休閒生活？有人一定會感到好奇。他喜歡旅行，而且認為歷史家也應該是旅行家。將近二十年前，隻身橫走南歐、南亞，從倫敦出發，經法國、義大利、希臘、土耳其、伊朗、阿富汗、巴基斯坦到印度的加爾各答，一路乘火車、汽車和輪船，走了七十大才飛東京、京都。他觀賞過埃及南北古蹟，到過約旦河西岸和耶路撒冷，曾踏尋釋迦牟尼和耶穌的足跡，走過長城內外，大江南北。他喜歡個人旅行，品嚐孤獨漂泊的滋味。他愛自然風光，但最好又有文明古蹟的地方，至今猶以未能走過孔子浪跡列國的路途為憾，也以未到中南美洲認識印第安古文化而耿耿於懷。

當然，大多時間他都用在閱讀和研究上，寒盞燭光，夜伴蟲鳴，信守學術研究的清寂。他最愛悠遊於書海，每有發現，不禁雀躍心喜。他以能得到良師益友及與識或不識者交流為樂。杜先生偶而也會對國家社會面臨的問題發表評論，貢獻意見。他辦行政不久，開始推動史語所的一些制度改革，以期落實「學術至上」的理念。他鞭策自己永遠是一位學者、一位讀書人，相信個人的學術如果落伍便沒有資格領導同仁。杜先生對於知識探索的執著以及對學術研究的使命感，大概是讓他至今還孜孜不倦、沈潛於書齋的原動力吧！

《中央研究院週報》五四一期，民國八十四、八、十八

歷史想像與古代社會

邱家宜、呂麗文

只要上過杜老師課的同學，大概都會對他那種，在課堂上用生動細膩的了解，來帶領學生進入古代世界的方式，留下深刻的印象。古人距離我們是遙遠的，古史研究所憑藉的資料是破碎、零星的，如何在超越時間的親切感中，去了解古代世界的人類社會？在這樣的動機之下，促使了我們與杜老師的對話。

老師往往能把破碎零散的史料，具體的加以組織，豐富其意涵，呈現一種鮮活親切的面貌，予人耳目一新的感受。除了表達的方式，是否亦涉及個人關切的重心與史料重組的方式。

上課不同於做研究

我想這裡涉及兩個方面。在寫作方面，我早期的作品在風格上比較活潑，後來寫的東西就比較不生動。其中原因是，早年我寫《周代城邦》的時候還是一個學生，懂得不多，所以勇氣十足。一些比較深邃繁瑣的問題都沒好好處理。現在當然懂得多一點，但卻還達不到去蕪存菁的境界，所以現階段所寫的東西大概是談不上活潑的。

你們所謂活潑，大概和上課比較有關係。上課的方式與寫論文做研究有別。基本上我所設定的對象是大學生，不一定每個人都要準備做學者，但每個人至少是個知識分子。做一個知識分子要了解古代的中國社會，所以我只選擇重要的問題加以發揮，對繁瑣的細節就避免涉及。然而，當我在寫作的時候，我所面對的卻是另外的嚴格學術問題。

想像自己是一個古人

再來談到如何組織駕御零散資料的問題。我想這應是研究古代歷史的人，至少是研究唐代以前歷史的人，都必須要發揮的一種能力——其實每個人都有這種能力——就是從很零碎的資料裡面，發掘意義，發現關聯，進而織成一幅圖像；然後還必須投入你們所研究的古代世界裡面。基本上，在唐以前的資料都還是很少的，所以除了組織以外，多少要運用一點想像力。這裡所謂的想像，就是「同其情」。你必須盡量想像自己是二、三千年前的人，回到他們的世界。從他們的生活起居開始，以至他們的待人處世，他們整個的心性、他們的思考、他們的理想、人生觀，以及他們的企盼追求等等，投入他們的世界去了解古人。如此，雖不敢說一定抓得準，但這樣一來，研究者與史料才能發生緊密的結合，否則就將永遠徘徊在古代世界之外，不得其門而入。所以，我的研究，在一開始寫作以後，應該說是一種整體的歷史研究。

老師認為好的歷史研究應該是整體的，但目前的史學分科日細，似乎並不予人一整體的印象。

歷史是一個整體，研究只能一偏

當然，我們現在的學術分科很細，人家問你研究什麼，你說我研究歷史，這一聽就知道是外行。歷史，什麼歷史呢？但不論你研究經濟史、法制史、社會史、政治史……這是你的一個起步，一個立足點。我們不能把古人就當成一個經濟人或一個政治人，這是不可能的。

任何時代都一樣，歷史就是一個整體，但研究只能一偏。你只能從一方面下手。一個研究者，最重要的是，雖然從某個特殊的層面出發，但是你所探討的每一個問題，都是當時的關鍵現象之一，而且它必須與當時的各種歷史事實都是緊密結合的，只是輕重有別而已。

整體不是大雜燴

如果只是一個孤零零的事件，就沒有太大的研究價值。史料記載是有選擇性的，所以歷史研究自然也有選擇性。你所選的問題雖然從獨特的層面出發，但須和當時其他各層面多少有關聯，所以你進入它的世界之後，自然而然的就可以擴充成為一個整體的研究，這就是我所謂的整體的意思。總而言之，研究只能由特定方向入手，但終極目的在於展現整體。但要注意，整體並不是大雜燴，而是從點所引發出的全面。

對一個歷史研究者而言，對史料的敏感度毋寧是極為要緊的，老師在上課時援引例證，常可從看似不相關處透出端倪，此種駕御史料的能力，自非一蹴可幾，是不是請老師稍微談一下。

絕不可以理論駕御史料

這個說起來好像很詭辯。當我們在閱讀歷史作品時，不可能自命為純客觀，但也不要完全拿現代一些主觀的想法去駕御古人。更重要的，讀書也好、做研究也好，絕不能以現在校園裡流行的某一種理論去駕御古代的資料。不要先胸有成見，拿著某一學說就要加以證明或否定。先平心靜氣的閱讀那些儘可能可以收集到的資料，然後把這些資料加以生活化。

史料不是死的東西

舉個例子來說，余英時先生由座位來研究鴻門宴的微妙場面，項羽東向坐，劉邦北向坐，東向為尊，北向稱臣，這座位祛項羽之疑，又表示劉邦的臣服，座位問題看似微末，關係政局卻不小；這須進入古代社會中，了解秦漢時代的應對與觀念才能明白。我舉這個例子，一方面也感覺現在年輕的學生們，對這類的細節都很少重視。其實很多細微處往往是最重要、也是最真實的。當然，這類研究也比較麻煩，因為你沒有投入古代世界就不會有這類的敏感度。只有從閱讀史料的過程中，不斷一步一步的進入那一種情境，很平實的設身處地的與古人交通。這聽來好像很玄妙，但也只能這麼說。絕對不要說：我要研究古代的階級，我要研究古代的什麼力量……當然，這很難完全避免，但是如果一直抱定一種特定方法，想要研究一種特定的東西，可能永遠都不得其門而入了。

受沈剛伯先生影響很大

在這點上，我深受沈剛伯先生的啟發。沈先生是我的老師，從大學時代開始聽他的課，他不管援引《尚書》、《詩經》或其他典籍中的資料時，所賦予資料的意義與分量，給我很大的衝激。本來，資料好像是死的，但被他放入，譬如說商業發展，或法律發展這樣的一個過程裡，好像幾句話就有極大的重要性。譬如下棋，牽一子而動全局。做學生的也只能警覺到老師這種長處，至於如何達到這種境界，恐怕須要自己去摸索。其實古史材料除了考古發掘之外，都是二千年來大家不斷讀的，每個讀者的識見不同，賦予史料的意義，自然也不一樣。

歷史研究的工作不外乎歷史重建與歷史解釋，其間主客的分際如何？

寫歷史如同當導遊

歷史解釋在目前是一種很動聽的口號。好像你做一個歷史事實的研究，價值就比較低一點，加上一點解釋，價值就變得比較高，這也可以說是現代人的偏見。我想，真正入流的歷史作品，其實都有解釋，只是解釋的方式不同罷了！你讀一篇歷史文章，此文就如同你的導遊，帶你到你從未去過的地方，這個導遊帶著你看東看西，把景觀呈現在你的眼前，這種透過研究者所呈現的歷史景觀，或是面貌，你說這是不是解釋呢？如果換了另外一個人，也許又是另一番風貌。如果一定要抱持某一種理論才是解釋，那也未免太狹隘。

歷史解釋是一種假說

就我個人而言，解釋是作者的一種假設。自然，每一個研究者都希望其假設能符合歷史的真相。但嚴格的來講，任何一個讀者都可以懷疑。另外一個人也可以針對同一問題來研究、解釋、形成另外一種假說，再由其他的讀者來批評。所以說解釋乃是假設，這是我的意見。

標準在能否經得起史料批判

只是一個好的假說往往更切近歷史事實，也就是說它的重建工作做得較好。而這個檢查的標準則在於它是不是經得起史料的批判。如果經不起史料的批判，再漂亮的理論不過如空中樓閣，江上風月而已。這是玄想家，不是歷史家，我們一旦離開事實就不要談歷史。

老師是研究社會史的，在歷史研究與社會學，甚至社會科學研究之間主要的分野何在？

同樣要有一些基本的想法

社會學也好，社會科學也好，這都不是我的學力所及，我不敢評論。不過，在研究的初始，心中先有一些問題與假設，我想歷史學其實也不例外。因為，你所要探討的對象是那麼龐大，那麼複雜，而且毫無頭緒，沒有一些基本的想法你如何研究呢？

歷史需受史料限制，社會科學則可不斷開發

不過，在這裡有一點，社會科學的資料是可以不斷創造的。譬如你做一個社會調查，一個田野工作，可以產生新的材料來印證假設。而歷史研究的材料則是固定的，有限的，近來雖經考古發掘，可以增加一些新材料，終究有限，和社會科學可以開拓新的資料領域有所不同。由於歷史學基本上受史料的限制，如果只抱著一個既定的假設，可能產生的弊端就是：只能拿材料來做正面，或反面的印證，而不能發揮有限史料的功能，研究者畫地自限，迷失於某種框框之中。

呈現古代社會要從資料出發

重要的是，你有一個問題。在這個問題中，你去很仔細的閱讀材料，細細揣摩，去發現另一個世界。在找材料時不能受任何假說的限制，要儘量擴大範圍，從資料出發，看你能把古代社會呈現到什麼程度——這裡是一個分寸——史料不足時，推論儘可能適可而止。

老師的《周代城邦》原題〈城邦國家時代的社會基礎〉，以後發表的文章也多關係社會基礎的，請問何以會特別注意社會基礎方面的問題。

我並不主張階級命定論。但是，一個人從小到大的一切經驗都有可能讓你去注意某一種特殊的問題。我們無法避免個人的主觀。研究者的背景、才氣、個性、興趣，以及其所關心的問題，都會在閱讀史料的過程中，左右他的注意力。尤其是要選擇什麼樣的題目入手，更會受以上這些因素的影響。這是無法避免的，而且應該說也不需要避免。因為，古代史研究好比挖礦，每個人都從自己的起點向下挖。正因為每個人所關心的，所感興趣的東西不一樣，歷史研究才更能多采多姿。如果大家的路線都一樣，像大陸上說「階級鬥爭是推動歷史的主力」。好，大家都來研究階級鬥爭，一個模式，把複雜的歷史講得簡單，有趣的歷史講得乏味，活潑的歷史講得呆滯，有什麼意思呢？大陸的史學是在特殊環境下的特殊產物，今且不談。如果我們假定，每個人都能獨立自由的做研究，這個歧出性與多樣性就一定會存在。

對「國人」所表現的社會力量十分嚮往

以我個人而言，我早先所關心的就是社會基礎的問題。這和我出身基層社會或許有關係。在社會基礎中我又特別強調「國人」，這是因為在研究的過程中，發覺它和自己所關切的問題，愈來愈相契，在我作學生的時代，印象中，大家最關切的就是中國長久以來中央集權的政治特色。所以使我對古代的「國人」不禁心嚮往之。

是一種多層次的互動過程

但是這種傾向是在研究的過程中才逐漸產生的，而不是先入為主，故意來左右我的研究，這可說是一種多層次的互動過程。陳寅恪先生的學術研究可以借來說明我的意思。他的作品是亦古亦今的，然而絕對經得起嚴格的史料批判，但在純學術之後，卻都隱涵另一番意思與意境。這不是指桑罵槐，更不同於所謂的「影射史學」。關心現實，對一個史家而言是應該的，但千萬不可以「現實」粗陋的去駕御歷史。

歷史研究的過程中，時間的橫隔，將必然阻礙我們對古人的了解。舉中央集權的例子來說，也許在古人心裡，根本就沒有民主這一類的觀念，或是我們二十世紀人的一些價值標準。

在這種情況下，是不是會有危險？譬如說，我們認為中央集權是不合理的，這有沒有可能不符合歷史人物他們真正的情感。

是分析而不是評判

不能免於一些二十世紀的觀念，固然不錯，但當我們呈現古代的現象時，基本上我們是要解釋事實而不是要評判古人，而且我們只是做一種分析，我們要解釋今天之所以如此，乃是因為以前的種種，而不是硬以今天個人的喜好評騭古史發展。其實，要真的說起來，古代的人是不是就都以忠君為他們的人生觀，這都還要經過很仔細的研究才可以說的，不可以這樣一句帶過。不同的時代，不同的人，他們的情感不同，即使同一時代也不是統一的。

時代不同，敏感的問題也不同

總之，我們可以肯定，今日我們所敏感的問題，古人也許不那麼敏感，或是即使敏感到，由於別無路子，只好接受。但不能武斷的就認為古人都很命定的接受中央集權的政府，且一定肯定其正面的價值，譬如黃宗羲顯然是另有一個理想國的。正反面的資料都很多，還須靠大家努力研究。

在老師求學的過程中，除了前面提到的沈剛伯先生之外，有沒有受到其他先生比較重要的影響。

主要影響在對問題的看法方面

沈先生是我碩士論文的指導老師，我雖然從大學時代就聽他的課，由於年輕無知與自傲，那時對沈先生並不如其他同學對他之崇拜仰慕，進入研究所後，學問稍進，愈發現沈先生之高明與銳識，愈覺得自己的無知，我和沈先生接近是研三寫論文這年，還有從英國回來後，也常向沈先生請教，只恨時不我與，沈先生遽然歸去，在我對古史稍形成一些看法後，我已找不到沈先生來改正我的錯誤了。另外許倬雲先生是我的古史啟蒙老師，我至今仍常向他請教。高去尋先生除引導我更注意考古資料外，也提醒我心思要細密。還有錢賓四先生。我稱不上是錢先生的弟子，只是讀他的書，私淑而已。我之所以覺得受這些先生影響較大，主要是在他們對問題的看法上面。

研究不一定要走批判的路子

當我還是研究生的時候，有一次拿自己寫的一篇文字〈墨子兼愛非無父辨〉去請教錢先生，他光看題目，就批評我的路子不對。大意是說：孟、墨各有所長，研究不一定要走批判的路子。今天看來，我認為錢先生確有資格光看題目就指出我的方向不對。而且唯其如此，才更顯得高明，這是學問層次的問題。若非如此，我的整個路子恐怕就會拘限而無法開展。

題目要自己找

錢先生給我的另外一個影響是：題目要自己找。當研究生時去拜訪他，我也不能免俗，請他提供幾個題目供我作論文參考。他說，他不能給我題目，題目是讀書有得的結果，要自己找。他的話使我更警覺：學問的路子要靠自己去摸索。一直到今天，如果有學生向我要題目，我仍要這樣說。因為老師給你的是老師的題目，你的世界被限制住了。向老師學習，不是亦步亦趨的跟著老師。而是必須思考自己要從老師那裡學什麼。

老師這學期開中國社會史，對修課、聽課的同學有沒有什麼期望。

讀書要先有自己

我常覺得讀書要先有自己。你們為什麼選這門課？因為以往沒開過所以好奇來聽聽；還是因為時間恰當，就湊個學分？我認為最理想的情況是：你們心中有一個問題。一個要解答中國社會是怎麼來，怎麼去的問題。那麼來上課就有意義。心中有疑，老師、書本，都為你所用，替你解惑。知道自己要什麼，就處處都可以學到東西。然後，也才可能樂在其中。

國立臺灣大學歷史系《史系導報》（革新版）三十一期，民國七十四、　、五

另闢史學天地的學者

周延鑫、王道還

本刊自去年推出的「新院士專訪系列」，六位新當選的院士中，已陸續刊登了五位院士的訪問內容。民國八十二年九月二十日下午，王道還先生陪同本刊總編輯周延鑫先生，一起前往中研院史語所，訪問前一年新當選的院士杜正勝先生。

杜先生是一名歷史學專家，為切近《科學月刊》的性質，在這次訪談中，杜先生深入淺出地說明，我國醫療文化對外的影響，當然，他也說明了研究中國城邦學說中的獨到觀點。

最近的波斯灣戰爭，美國史考可夫將軍在打伊拉克的時候，先讀了《孫子兵法》，結果獲勝。所以中國文化在多方面對外國都有些影響。杜院士是中國文化史的專家，特別最近寫了從醫療史看道家對日本古代文化影響的文章。先從這一方面聽聽您的意見。

中國對外雖有影響，其實她也不斷吸收外來的養分

中國是個人口多、地方大的國家。她的文化延續甚久，在文明古國中，唯獨她沒有中斷過，一直到今天還存在，所以這個群體的文化很自然地會影響到別的地區，不過大家也不要忘記，中國文化其實也不斷吸收外來的成分。我以前在當研究生的時候，劉崇鋐老師接受國立編譯館的委託，找我翻譯一本書，叫做《中國與伊朗——古代伊朗與中國之文化交流》。這本書的作者是美國人 Berthold Laufer，擔任過芝加哥田野博物館館長、著名漢學家，也是古文字和古語言學家。他的學問很博雅，中國、古波斯、古土耳其，都相當通。他寫的這本書叫 *Sino-Iranica*，中譯本我加「古代伊朗與中國之文化交流」做附標題，因為，內容講兩國間的文化交流。交流什麼呢？書中談得最多的是植物，包括蔬菜、水果等等，其次是礦物。主要講那些東西是從伊朗、印度、西藏等地區傳入中國本土，而在中國人的文化及日常生活裡已經變成不可分割的部分。書中運用了很多古文字資料，將每種植物逐條的考證下來。另外，我現在注意的課題之一是「歐亞草原動物文飾」的問題，也可說明中國北方跟外來文化很有關係；中國對外雖然有影響，其實她也不斷在吸收外來的養分。

至於跟日本的關係，我最近關於醫療史的研究是一個機緣促成的。日本長崎的中國歷代博物館要辦一個討論會，研討中日文化交流，此博物館和北京的中國歷史博物館關係比較密切，幾年來北京歷博經常支援展覽。我原本婉拒邀請，因為兩千年來的中日文化交流我沒有研究，基本上我是研究兩千年以前的，所以我回絕了。但是北京的歷史博物館館長堅持要日本方面一定邀請我，希望我能去，於是我就思考切合會議的題目。原先我寫過關於古代生命觀的論文，也跟幾位年輕同仁研讀了一些醫學史資料，我想我大概可以從這方面談點中日文化交流。

既然決定與會，那時我剛好在英國研究古代國家，便抽空開始閱讀倫敦大學亞非學院圖書館內有關日本醫療史的藏書，對於醫療文化（也就是漢醫）背後所呈現的中國道家（日本人喜歡稱做「道教」）的文化因素與精神，日本的醫療史著作似乎不太注意，甚至於幾乎不提這個問題。所以我就從這一觀點開始閱讀，從他們著作裡去尋找原書，那個圖書館還好，收藏不少日本古籍。

因為日本古書很多都是用漢文寫的，所以我讀起來還方便。從他們的正史《國史大系》之類開始看下來，再翻檢《群書類從》之類書，我得到一個大致的概念：日本首先是巫醫傳統很深厚的地區，但接受漢醫以後，「合理性」的醫學就生根了，這是在奈良時代。到了平安時代，日本人開始撰述他們的醫學著作。就目前所看到的資料，奈良時代基本上沒有他們自己的著作，醫療制度抄襲中國，讀的醫書也都是中國的。到了中國的北宋時代，即日本平安時代，才開始形成他們的「漢醫學」，對中國的醫學有所取捨。第一，他們重視臨床經驗及本草學，對於中國的養生之道比較忽略。中國養生學是從人體的「氣論」開始的，所以講究「導引」，發展出各種氣功。中國的養生之道雖然也包括本草學，像今日流行的「食補」，但氣論導引毋寧更重要。從戰國時代開始就非常重視，《莊子》所謂的「吐故納新，熊經鳥伸」，長沙馬王堆漢墓帛畫的「導引圖」，以及華陀的「五禽戲」，都講人的肢體運動，學習動物各種姿態來導引身體的精氣，強健人的筋骨，這是中國傳統醫學，尤其「衛生之經」的大特色。但在日本，古代所留下來的（或是已經失傳而可根據書名來判斷的）著作，我們不難發現日本的養生之道是以本草為主，對於導引並不太重視，這就是日本學習中國文化的取捨。中國傳統醫學以道家之氣為基礎，發展出經脈體系，從漢朝到隋唐，很多醫家以及本草學（藥學）者都是道士或是跟道教（家）有很密切關係的人；日本醫學者則是政府的官僚，他們在奈良時代學習中國傳統醫學，到平安時代開始走他們自己路的時候，對中國氣論較不注意，即使重視養生，也多從本草出發。

日本的醫生代代相傳，尤其是國家的醫生，所以是一種家學。到了中國的乾隆末年，丹坡元簡整理先祖丹波雅忠的醫書《醫略抄》就說：中國的醫書，如葛仙翁、孫真人（孫思邈）諸人的著作，如果用神農《本草》或張仲景《傷寒論》的標準來看，是頗不合乎準繩、不合乎醫學規矩的。可見日本「漢醫學」的傳統把「醫」跟「道」分得很明白；而在中國，醫跟道則比較融合在一起，這可能與中國醫學對人體認識及經脈理論有關，所以我就寫了一篇〈從醫療史看道家對日本古代文化的影響〉。中國文化其他方面對日本的影響當然還很多，值得大家研究，我自己對日本古文化方面並無深刻的了解，我作這篇文字實在出於一時的機緣而已。

中國漢醫用藥，除了植物以外，還有很多動物方面的，例如犀牛角，日本人好像不太用這種犀牛角，但漢醫裡卻要用到。

除了動物方面是中國人強調之外，其他還有以毒攻毒的方法，像蛇、蠍子等。很多中國先民不知道的癌症，就是以毒攻毒的方法來抑制癌細胞、惡性瘤等。像臺大與中研院生化所最近做的雞母珠abrin蛋白，是有毒的，但可以抑制癌細胞的生長。這方面日本所受的影響比較小，對於本草學中植物方面的用藥比較多。所以日本的生物化學，在植物分類學跟植物化學物質的提純、合成都很有名。

我想除了這些以外，杜先生也對中國古代的文化還是有所涉獵。你最近到大陸發表〈中國古代城邦說〉，是否能談談中國古代的城邦和世界其他國家的城市有什麼異同？

提出「城邦論」另闢一個史學天地

在〈中國古代城邦說〉這篇論文我討論中國古代政治社會的特質。我從事歷史學研究以後，基本上就走上這一條路。首先在歷史理論上，我面臨了一個問題，就是中國大陸的史學籠罩在馬克思主義的教條下。大陸學者沿襲馬克思的理論，講社會進化的五大階段，從原始社會進入奴隸制、封建制、資本主義社會，最後是社會主義或共產主義社會。屬於古代的部分，大陸學者基本上是講奴隸制到封建制的轉變。他們就在這個大理論架構裡面找史料來填補，即使有不同意見，頂多也只辯論奴隸制和封建制的分期點應在中國歷史上的什麼時代而已。我從學生時代開始讀到這類著作時，便懷疑歷史是否只有像馬克思這種講法？隨著經驗的累積，我覺得歷史現象及歷史實體是很複雜的。每個研究者看歷史的角度和著重點均不同，所以我自從撰寫碩士論文（民國六十二年），就選了周代國家形態作課題，提出「城邦」的說法，想要以「城邦論」來突顯中國古史的特質，而在「奴隸制」和「封建制」之外另闢一個史學天地。

以後陸續研究，我的城邦論更趨精密、時代的範圍擴充得更遠，上溯到商或更早的「國家」起源階段，就是我們傳統說的夏朝以前，一直到春秋，前後將近兩千年。這樣一個時段裡，政治社會的特性是什麼？基本上我是以城邦來解釋的。

九月初南開大學舉辦「世界古代史研討會」，這在中國是第一次開這樣的研討會。所謂「世界史」，他們原來都限於西方歷史之研究與教學的人才，但這次他們覺得「世界史」也應該把中國包括進去，所以這次研討會中有一個主題，就是「古代城邦說」，包含東西方城邦的討論。主辦人知道我曾寫過《周代城邦》一書，所以邀我參加。我原本不知道有那麼多外國人，到後來第二次、第三次通知，告訴我答應要來的外國人已有八十八人之多，來自十餘個國家，包括英、美、法、德、義、希臘及俄國等等，而且都是各個專業領域的學者，當然包括研究近東、埃及、土耳其、希臘、羅馬等西方古文明。在原來的通知裡面也有印度及巴基斯坦的學者參加。因為我很想知道有關西方古文明研究的現況，所以我有興趣出席這個研討會。

民國八十一到八十二年我曾得到國科會補助，赴英從事「古代國家的比較研究」，學習一些西方古代史。回國之後，既然有這個機會，有這麼多不同國家的學者聚在一起討論古史，我當然很樂意參加。而且那時候主辦單位特別給少數學者一小時的大會時間報告，我是其中之一，其他一般人只有三十分鐘的分組討論而已。

我先寫了一份中文的〈古代城邦說〉，再作一份比較長的英文摘要，可以念六十分鐘的稿子，那時在英國，方便請朋友修改。我參加這次研討會的目的是想要了解西方古代史的研究行情，而有些外國的學者對於中國的城邦說也有興趣。我就說明我認為中國有城邦的歷史文獻證據是什麼，古文字的證據是什麼，考古新資料的證據又是什麼。如果我們根據這些證據重建歷史，那我們所理解的古代城邦的景觀（典型城邦）是怎麼樣，那裡面的人群關係是怎麼樣，權力結構又是如何。最後我也稍稍做了一些中西的比較，比如說中國城邦最重要的崇拜對象是祖先，統治者的祖先；而土地神代表人民的神，也就是社，相對於宗廟的祖先神就不那麼重要了。但兩河流域的城邦也好、希臘的城邦也好、羅馬的城邦也好，每個城邦的城邦神是非常重要的。希臘城邦百分之八十以上的人口都是農人。我們以往有一個錯誤的觀念，喜歡用中西來比較，說希臘是商業文明、是航海的；中國是農業文明、是在陸地上的。其實不然，像那百分之八十以上的希臘城邦公民都住在城外，但是中國城邦的自由民有一個非常重要的先決條件，必須住在城內，所以也叫做「國人」，這是非常大的一個區別。國人就是居住在城內的，這是居住的先決條件決定人民的身分。

中國城邦的國人是自由民，但兩河流域早期的蘇美（Sumer），所謂的廟宇國家(temple-state)，以城市廟宇為國家之主體，城邦的人民其實是廟宇的佃農。中國的國人並沒有這種特性。當然，可以互相比較的還很多，所以我提出古代城邦，並不是要把中西講得相同，反而想透過比較而了解其異，知道其間的差別，以掌握各社會的特色，而每個學者的專業研究也才可能更深入。這是我目前對於「城邦論」研究意義的大致看法。

除了原先寫的那本《周代城邦》以外，後來我又寫了一些論文，修改後都收在《古代社會與國家》裡。這次所寫的中文稿子有一萬五、六千字，算是節本，英文又更節縮，但基本上把我的觀念比較有系統地陳述出來，一些枝節問題多撇開不討論。我希望以城邦說提醒中國大陸學者，在馬克思史觀外還有另外的理論。

大陸也有人討論城邦，但他們是在馬克思的大理論指導原則下進行的。其中有長期講城邦論的林志純（日知）先生，認為中國古代的「國人」（自由公民）已有希臘式的民主，我不相信可以找到資料來支持他的說法。當我寫《周代城邦》時，我堅信中國的國人不同於希臘的公民，在這次開會中有一位年輕學者（復旦大學的講師）提一篇論文，反駁林志純先生的理論，與我二十年前的看法接近。主張希臘式民主，在日本還有一個著名的學者貝塚茂樹，所舉的證據同樣不夠充分。

當然我們可從兩方面去講，比如從中國的「國」字來講，外面這個框框像圍牆般圍住裡面，但是不是像有人說的具有像希臘式的民主制度？這當然是值得討論的問題。但是我認為農業制度是個文化起源，從狩獵到農業，再到商業及工業，如此慢慢發達起來，但中國的城牆文化對中國人的影響非常大。我們如果到上海，可看到中國近代文明的發展，到北京可看到較古老的文明，在西安可以看到更古老的文明；從北京又可看到另一道城牆——萬里長城。甚至於一直到今天在臺灣的每戶人家經常會砌起一道牆圍起來。依你看，如果中國繼續發展下去，這個城邦制度會不會有消失的一天？

「國人」結合成共同體發揮強大的力量

城牆取消不取消的問題已經成為事實。在都市的發展過程中，城牆已大部分拆除了。如果說四十年前、三十年前，甚至北京城牆被拆也是二十年前的事情，那時候若有今日這種觀光的眼光的話，城牆是應該保留。例如可以興建新北京，讓老北京城當作觀光用，四合院沒有改，外面的城牆也沒有改。像今天到西安，甚至山西的平遙古城，當地反而靠古城吸引觀光客。但當時大家的眼光並沒有看到這層，覺得應該把城牆毀掉才有發展，毀掉城牆好像是城市發展的自然結果。雖然世界上很多國家在以前也有很多的城牆，不過在中國，城牆卻是一個很大的特色。以前李濟之先生在哈佛大學寫論文的時候講到中國的民族，就把城牆當成很重要的文化因素。我覺得那時候他的眼光是很敏銳的。我們翻查地方誌，所有的大小縣城都是有圍牆圍起來的。

今天我們當然離城邦時代已經很遠了，以前我講城邦及國人時，特別著重一點，在那個時代、那個社會裡，有一群住在城裡的平民，他們與貴族分享政治上的力量，而發揮某種制衡作用。那種講制衡的民主，是當時我寫《周代城邦》的感受，我研究歷史特別表揚「國人」就是這緣故。在中國歷史上，秦、漢專制統一的政府形成以後，人民的權力愈來愈緊縮，但是在秦始皇或戰國以前，中國有過一段相當長久的城邦時代，將近有兩千年之久。城邦裡的自由民（國人）干預政治的力量，根據《左傳》記載是相當大的。貴族內部的鬥爭如果分成兩派的話，往往希望爭取國人的支持。國人可以決定國君的廢立、可以決定國都的遷徙、可以決定國家的和戰，因為國人也是國家軍隊的主力。他們是自由民，有資格當兵，而且群聚在一起，形成很緊密的社會，我稱作「共同體」，故能發揮強大的力量。

但到春秋晚期，社會開始轉型，城邦崩潰，中國就走向以個體小農經濟為主體，而大的中央集權罩在上頭支配每個個體，這樣的型態成為中國專制的基礎。先前是以血緣社群來凝聚國人的社會，小小城邦成為一個獨立的政治實體，由於範圍小，國君的權力也不大，而且國君有貴族及國人來制衡。我覺得相對於秦漢大一統，那個時代比較講均衡，統治者比較不能專制，這是我探討城邦的主要用意，我覺得應該要儘快擺脫大陸學者遵循的「奴隸制」與「封建制」的框架，我們對中國古代歷史才會有新的認識。

我們也該考慮到民族文化自尊的感覺

我最近有個機會到西藏去，他們就是實行農奴制度，當然現在中共進入西藏之後就取消農奴制度。現在中國大陸還是有些問題，像西藏要求獨立自治的問題。原來的農奴制度是不是因為不好所以要把它取消掉？

就文化觀點來講，藏族和漢族的差異是相當大的。站在藏族的立場，他們會覺得很驕傲。

他們的宗教、科技、醫療等種種文化，決不亞於漢文化。在歷史上，他們也曾經歷過非常輝煌的時代，他們的領土到達今天的青海、甘肅一帶，已經逼近關中。在吐番時期，四川西邊一部分也都屬於他們的，所謂青康藏大高原都是他們的，所以他們心裡大概也不情願成為中國的少數民族。當然中共號稱他們進入西藏以後就開始解放農奴，這我不太清楚，因為我對這個問題沒有研究。但有時我們也該考慮到民族文化的自尊感，即使是一種偏見吧，由這民族文化的自尊所激發的熱情力量，往往不是我們在數據上所能表現出來的。

北京的共產黨政權據說在西藏投入了很多金錢，他們對少數民族的人口政策也比較寬鬆，但是不論漢民族如何做，也很難得到少數民族百分之百的認同，中共自然應該要有這種心理準備。因為打開歷代疆域圖來看，新疆這個地方是什麼時期屬於中國的，西藏這個地方是什麼時期屬於中國的，屬於中國的時間比較長，還是比較短？這些我們都可客觀地討論。一個籠統的印象，是他們獨立時，中國管不到的時間比較長，而不是中國管轄下的時間比較長，所以現在他們認為應該獨立，我想這也是很自然的事。

現在有一個俄國的客座專家叫做劉克甫 (Michael V. Kryukov)，在杜先生這邊做研究。他現在跟你合作的題目是「從民族理論來看漢民族的起源與演變」，漢民族與世界各民族比較下有那些特色？

為什麼要邀請這個學者來？第一個他研究漢學的成績相當不錯，他任職於俄國科學院民族學與人類學研究所，娶中國太太，中國話講得很流利，一九五〇年代曾到北京留學過，也做過田野考古和民族調查。我請他來臺做研究，主要讓外人了解臺灣的學術研究、了解史語所。我一向不贊成國科會的講座或講席，來一次作兩場演講，如蜻蜓點水。坦白說，現在臺灣學術界放洋回來者多如過江之鯽，大概用不著這種「醍醐灌頂」式的演講。真的在一次演講之後就茅塞頓開，功力增長千百倍嗎？所以我堅持來這裡要居停一段時間，互相了解，我不相信蜻蜓點水式的講習。劉先生來，和所內同仁的溝通沒有障礙。其次，我們對俄國了解也比較少，我們現在還沒有辦法請真正專門研究俄國學問、講俄國歷史文化的學者來。因為涉及很多背景、語言方面的問題，而且這邊也沒有多少人純粹做俄國研究。

劉克甫先生研究民族史，他提出「從民族理論來看漢民族形成」的題目。我是個歷史學家，一向對實證研究比較有興趣，所以對古代與漢民族有關的民族文化融合的問題，我想也可以藉著這個機會來整理一下。大體上，我們日後的合作，我的部分主要是從考古學與歷史學文獻的證據來看漢民族的形成過程，從中提出一些理論。現在有很多流行的民族學理論，最大的分別就是客觀說或主觀說。主觀說以「認同」為認定民族的先決條件。客觀說以我們習知的，從語言、文化、宗教信仰等等客觀因素來分析。從學術發展史來看，新方法當成舊方法的輔助，往往有利研究，如果說要完全取代，往往反而受害。這是我對新理論的態度。

如果用民族理論來講漢民族的形成，他當然會提出看法，但任何見解都要經得起資料檢證，歷史學的研究法倒不在乎基於什麼理論，毋寧更注意過程和發展。我的重點在於從周代到秦漢，漢民族的形成過程中與整個政治社會大變動的關係，這是我日後的一部分工作。

各地方都有古文明，互相交叉、影響而融合成多樣性的文化

我可以順著這個問題再做進一步的討論。關於中國民族的形成，我們過去比較傾向於北方的影響力。甚至還有人更進一步提出中國文化或中國民族中的一些重要成分是從北方來的。可是現在我們已經有愈來愈多的證據顯示出南方的重要性。從人類自然史的角度來看，我也不大相信中國人來自北方。因為人類的演化與擴散中心都是在熱帶地區，所以應該從熱帶往北方移，不是從北方往南方移。

過去還有一個很有意思的理論是講所謂蒙古人的特色的，認為蒙古人的體質特色，是在寒帶地區形成的。譬如說鼻子比較扁，不會是高鼻，因為高鼻在寒冷地區比較沒有適應價值。不過現在生物人類學家已不再用這種方式討論體質特色的由來了。而遺傳學方面的證據總是指出非洲可能是現代人類的老家，但在國內似乎還沒有看到關於這方面較仔細的論述；大家好像知道這麼回事，但如果要具體說出來，總好像不容易像我們過去談北方的影響力那樣的自然，關於這一點您是否有什麼看法？

第一，剛才提到南方的問題，最近這些年來中國南方的考古已經愈來愈引起大家的注意，所以我這一次七月底到八月從陝西經四川、湖北到江西走一趟。一路上看了不少文化遺址，跟我研究最有關的是兩處文化遺址。一個是巴蜀，在成都北邊的廣漢三星堆，出土的大批青銅器，大概屬於商代晚期和西周早期，那些青銅器和中原的風格很不一樣。有兩米高的銅人，大「面具」造型奇特，眼睛突出，大耳朵，另外也出了很多的玉器。這些文物不但在表現的風格，而且在功能上與中原的迥然有別；它表現濃厚的宗教氣氛。

另一處是江西南昌之南九十公里處的新淦縣大洋州，也出了大批青銅器，花紋方面有很大的地方特色。這裡在長江之南相當遠的地方，以前大家把中國古代文明都看在黃河流域，後來範圍逐漸推廣，但是眼光還是限在長江以北，沒有越過長江。但這批考古發現給我們開啟很大的眼界，改變以前的看法。所以我去南昌參加這個會議，會議主題就是中國南方的青銅文明。

現在我們的眼光應該放遠、放廣。中國古文明不是光靠中原一地就能發展得多采多姿，它與北方、南方、西南方或西方的青銅文明有關，甚至個別現象從新石器時代各地文明也能搭上線。中國所謂的華夏文化，我們從西周或春秋文獻所看到的面目，是遠自新石器時代以來，各個地區文明互相融會的結果。以前有過中原核心向外放射的理論，現在已經放棄，新的看法是，各個地方都有古文明，互相交叉、互相影響，而逐漸形成一種融合且多樣性的文化，這是對中國古文化的新理解。

具體研究，證據很多，譬如青銅文化的鉞（大斧頭）象徵王權，它的形制可能是從長江下游傳入中原的，更早或更遠也許與太平洋沿岸的有肩石斧有關。有肩石斧從江蘇、浙江、福建、廣東、臺灣一直到中南半島都發現過，在南方有很悠久的傳統，而且分佈的範圍很廣。

南方還有很多文化因素加入中原，商都安陽作為國家都會，除南方外，也有很多北方因素。安陽出土很多北方式的獸頭刀和有著鑿斧就是明證。管鑿武器和工具的分佈範圍可以推及北歐，至於人種方面，我希望大陸考古學家能較仔細地報導骨骼資料，供人類學者來判斷研究，看黃河流域在商周時期的人種跟當時南方的關係是怎麼樣？跟當時北方的關係又是如何？這關係我們對古代的了解是很大的。

向來太強調中國的統一性，無形中把文化現象單一化了

的確中國大陸新石器時代的人骨已出土了不少，現在還沒有很好的比較研究。當然我們要怎樣運用這種資料是另外一回事。當年北京協和醫學院解剖學教授步達生（加拿大籍），他比較研究過現代北方中國人和北方新石器時代的人，發現類似的程度是很讓人驚訝的。另外，就是留學過德國的劉咸，他的研究談到中國人的體質可分成三種類型，就是華北、華中、華南。華南他叫做珠江類型。像這一類的資料應該要怎麼運用及理解那又是另外一個問題。我很希望能夠有比較好的新石器時代，或者比較早一點的時期，人骨的比較形態學研究。我相信假如能夠做一些完整的研究，會跟步達生的看法不會差太遠。我所要反映出來的一點，就是不要太相信人骨本身所反映出來的資料是科學的資料，從人骨得到的資料說不定跟我們現在所知道的民族概念一樣，摻和有歷史背景、文化價值等因素而不是「客觀的」。

大體上我總覺得，認識中國古代文化，我們應該多注意她的複雜性、多元化。中國絕對不是單一的。我們往往把歷史想像得太簡單，所以會造成很多的誤會，這對中國或臺灣將來的發展也不好。向來太強調中國的統一性無形中把文化現象太單一化了。

以科學上來講，單一化是為了容易了解。例如從生物學的觀點來看，不同的地方有不同的生物，但是生物到底是怎麼來的？我們假設從一棵生物系統樹，從最原始的樹根慢慢分到其他的樹枝，也就是先有一個共同始祖，然後從此個體再產生相似的子孫，相似的子孫再變成不同的生物，漸漸分佈到各個地方去，當然現代每個地方的生物都會慢慢發展出屬於牠們自己的特色，這是絕對沒有錯的。這個特色同時又會immerge回去。研究生物學的人很喜歡找這個原因，譬如說不管華北、華中、華南都有不同的人群部落，有不同的人就會有不同的文化，不管是那一方的人，他們也都有人類的共同性。例如每個人都喜歡當皇帝，中國人特別喜歡當皇帝，當了皇帝以後就三宮六院七十二嬪妃，古代中國人如此，現在的中國人也是想如此。我們不止要找人類的共同性，也要找他們的不同性。從了解他們的共同性與差異性才能真正了解人類的特性到底是什麼。這是我的看法。研究文化也是一樣，其實人從古代到現在，變得很少。所以我認為研究古代人類的共同特性有助於了解人類的本性。

在臺灣，一個人文社會學家最大的任務是建立自己的學術傳統

杜先生當選中研院院士，對國內人文科學方面的發展有很大的鼓勵作用，能否談談您對今後的期待？

在人文社會科學方面，我們自己本身學術傳統的建立做得還不夠。這一件事往往還會落入另一極端，就是強調自己本身如何如何的好，顯得非常狹隘封閉。任何知識的探索，狹隘和封閉都不可能有什麼助益，那只安慰一時的情緒而已。但縱觀這幾十年，大陸基本上沒有什麼理論可言，馬克思主義就是最大的理論架構，讓他們去解釋、去索引。我們臺灣基本上沒有自己的路，而且不管歐洲或是美國，外面一波又一波的理論推陳出新，我們跟著隨波逐流，所知甚為膚淺，當然永遠追逐不上。我們既沒有好好建立自己的資料庫，也就不能形成

自己的理論。

在臺灣，我認為對一個人文科學家最大的任務應該是建立自己的學術傳統。對於目前碰到的問題或者是歷史上存在的問題，要有自己的解釋，這是目前人文社會科學界最應該努力的目標。這樣說絕對不是故步自封，也不是用狂妄的心態就能達到的自信。除了對資料下功夫以外，還是要多了解外面的行情，透過對外面的了解，才能更了解自己。以學歷史來說，除了研究中國史外，也應該知道一些外國史；而歷史家研究的課題固有其本行的獨特性，但也應尋求本行以外共同興趣的激盪。如果研究課題非常封閉，只有少數人有興趣，恐怕不易有大發展，或得到普遍的共鳴。

不管歷史學、文學、社會學或人類學，自己如果沒有發展性，這門學問便將結束。要有發展性的話，我想現在應該把中國的一些問題放在從太平洋一直到裡海、黑海甚至到多瑙河這樣的一個大領域裡面來考察；北邊到西伯利亞森林帶以南，南邊就是中國、印度、波斯、兩河、希臘、羅馬等幾大文明古國，從這樣的範圍來考慮。立足於臺灣，還應該朝向南洋、東南亞和南太平洋。畢竟臺灣的自然生態、土著族群與這一地帶是共成一圈的，大家趕快建立自己研究領域的資料，也把上述各地區、各時代的資料庫逐漸累積起來。我們必須不斷學習外面各個地區的研究，但不要只引述別人的理論。這是個人的淺見，提供給人文社會科學者參考。

《科學月刊》二十五卷四期，民國八十三、四月

三民叢刊書目

①邁向已開發國家　孫　震著
②經濟發展啟示錄　于宗先著
③中國文學講話　王更生著
④紅樓夢新解　潘重規著
⑤紅樓夢新辨　潘重規著
⑥自由與權威　周陽山著
⑦勇往直前
・傳播經營札記　石永貴著
⑧細微的一炷香　劉紹銘著
⑨文與情　琦　君著
⑩在我們的時代　周志文著
⑪中央社的故事(上)
・民國二十一年至六十一年　周培敬著
⑫中央社的故事(下)
・民國二十一年至六十一年　周培敬著
⑬梭羅與中國　陳長房著
⑭時代邊緣之聲　龔鵬程著
⑮紅學六十年　潘重規著
⑯解咒與立法　勞思光著
⑰對不起，借過一下　水　晶著
⑱解體分裂的年代　楊　渡著
⑲德國在那裏？(政治、經濟)
・聯邦德國四十年　郭恆鈺、許琳菲等著
⑳德國在那裏？(文化、統一)
・聯邦德國四十年　郭恆鈺、許琳菲等著
㉑浮生九四
・雪林回憶錄　蘇雪林著
㉒海天集　莊信正著
㉓日本式心靈
・文化與社會散論　李永熾著
㉔臺灣文學風貌　李瑞騰著
㉕干儛集　黃翰荻著

㉖作家與作品　謝冰瑩著
㉗冰瑩書信　謝冰瑩著
㉘冰瑩遊記　謝冰瑩著
㉙冰瑩憶往　謝冰瑩著
㉚冰瑩懷舊　謝冰瑩著
㉛與世界文壇對話　鄭樹森著
㉜捉狂下的興嘆　南方朔著
㉝猶記風吹水上鱗
・錢穆與現代中國學術　余英時著
㉞形象與言語
・西方現代藝術評論文集　李明明著
㉟紅學論集　潘重規著
㊱憂鬱與狂熱　孫瑋芒著
㊲黃昏過客　沙　究著
㊳帶詩蹺課去　徐望雲著
㊴走出銅像國　龔鵬程著
㊵伴我半世紀的那把琴　鄧昌國著
㊶深層思考與思考深層　劉必榮著
・轉型期國際政治的觀察
㊷瞬　間　周志文著
㊸兩岸迷宮遊戲　楊　渡著
㊹德國問題與歐洲秩序　彭滂沱著
㊺文學關懷　李瑞騰著
㊻未能忘情　劉紹銘著
㊼發展路上艱難多　孫　震著
㊽胡適叢論　周質平著
㊾水與水神
・中國的民俗與人文　王孝廉著
㊿由英雄的人到人的泯滅
・法國當代文學論集　金恒杰著
51重商主義的窘境　賴建誠著
52中國文化與現代變遷　余英時著
53橡溪雜拾　思　果著
54統一後的德國　郭恒鈺主編
55愛廬談文學　黃永武著
56南十字星座　呂大明著
57重疊的足跡　韓　秀著
58書鄉長短調　黃碧端著
59愛情・仇恨・政治
・漢姆雷特專論及其他　朱立民著

(60) 蝴蝶球傳奇 顏匯增著
・真實與虛構
(61) 文化啓示錄 南方朔著
(62) 日本這個國家 章陸著
(63) 在沉寂與鼎沸之間 黃碧端著
(64) 民主與兩岸動向 余英時著
(65) 靈魂的按摩 劉紹銘著
(66) 迎向眾聲 向陽著
・八〇年代臺灣文化情境觀察
(67) 蛻變中的臺灣經濟 于宗先著
(68) 從現代到當代 鄭樹森著
(69) 嚴肅的遊戲 楊錦郁著
・當代文藝訪談錄
(70) 甜鹹酸梅 向明著
(71) 楓香 黃國彬著
(72) 日本深層 齊濤著
(73) 美麗的負荷 封德屏著
(74) 現代文明的隱者 周陽山著
(75) 煙火與噴泉 白靈著
(76) 七十浮跡 項退結著
・生活體驗與思考
(77) 永恆的彩虹 小民著
(78) 情繫一環 梁錫華著
(79) 遠山一抹 思果著
(80) 尋找希望的星空 呂大明著
(81) 領養一株雲杉 黃文範著
(82) 浮世情懷 劉安諾著
(83) 天涯長青 趙淑俠著
(84) 文學札記 黃國彬著
(85) 訪草（第一卷） 陳冠學著
(86) 藍色的斷想 陳冠學著
・孤獨者隨想錄
(87) 追不回的永恆 彭歌著
A・B・C全卷
(88) 紫水晶戒指 小民著
(89) 心路的嬉逐 劉延湘著
(90) 情書外一章 韓秀著
(91) 情到深處 簡宛著
(92) 父女對話 陳冠學著

⑬陳冲前傳

嚴歌苓　著

在好萊塢市場，多少人一夜成名直步青雲，又有多少人一朝雲中跌落從此絕跡銀海。身為一個中國人，陳冲是經過多少的奮鬥與波折，身為一個聰慧多感的女子，她又是經過多少的心路激盪，才能處於這洶湧波滔中。本書將為您娓娓道出陳冲的故事。

⑭面壁笑人類

祖　慰　著

本書是有「怪味小說派」之稱的大陸作家祖慰，在巴黎面壁五年悟得的佳構。他的散文神遊八荒，情貫萬里，將理性的思惟和非理性的激情雜揉一起。讀其作品既能吸收大量的科普知識，又可汲取其飄逸文風的美感享受。

⑮不老的詩心

夏鐵肩　著

夏先生一生從事文化工作，大半心力都用在鼓勵培植有潛能的青年人，助他們走上文學貢獻之路。而他本身亦創作出不少的長短佳文。本書收錄計有：詩詞小品、散文、方塊評論等。作者一顆不老的詩心，洋溢在篇篇佳構中。

⑯雲霧之國

合山　究　著

使中國風土之特殊性獨具一格的，與其說是天地的廣大，不如說是因塵埃、雲煙等而為之朦朦朧朧的自然空間吧！精氣、神仙、老莊、龍、山水畫、奇書等，其產生是有如何玄妙的根源啊！就以「雲霧」為起點，讓我們一起走進這美麗幻夢般的世界。

⑰ 北京城不是一天造成的

喜樂 著

打從距今七百五十多年前開始，北京城走進歷史的繁華紛亂。現在，且輕輕走進史冊中尋常百姓的那頁，一盞清茶、幾盤小點，看純中國的插畫、尋純中國的足跡。由博學多聞的喜樂先生做嚮導，就讓你我在古意盎然中，細聆歲月的故事。

⑱ 兩城憶往

楊孔鑫 著

霧裡的倫敦、浪漫的巴黎，除此之外，這兩城你可還留有其他印象。本書是作者派駐歐洲新聞工作二十多年的記錄。透過作者敏銳的筆觸，且讓讀者徜徉在花都、霧城的政經社會、文化藝術、風土人情以及歷史背景中。

⑲ 詩情與俠骨

莊因 著

一顆明慧的善心與真摯的情感，經過俠骨詩情的鑄煉，將生活上的人情世事，轉化為最優美動人的文句，呈現出自然明朗灑脫的風格。文學對於作者而言，不僅是興趣，更是他的生命，但他不泥古而創新，在其文章中俯首可拾古典與現代的完美融合。

⑳ 文化脈動

張錯 著

「我是一個文化悲觀者，因為我個人一直堅持某種希臘式的古典禮範，而這種文學或文化古典禮範，已日漸有如夫子當年春秋戰國的禮崩樂壞。」作者就是以這顆悲憫的心，用詩人敏銳的筆觸，深刻而熱切的批判著臺灣的文化怪象。

⑩ 桑樹下

繆天華 著

本書是作者在斗室外桑樹蔭的綠窗下寫就的小品散文。作者試圖在記憶的深處，尋回那些感人甚深的、發人深省的，或者趣味濃郁的人文逸事，不惟激勵讀者高遠的志趣，亦能遠離消沈、絕望的深淵。

⑩ 牛頓來訪

石家興 著

本書為作者三十多年來從事科學工作的心情寫照，包括思想、報導、論述、親情、遊記等等。文中處處流露出作者對科學的執著與熱愛，及超越科學之外的人文情懷，篇篇清新雋永，理中含情，情中有理，為科學與文學的結合，作了一番完美的見證。

⑩ 深情回眸

鮑曉暉 著

作者生長在一個顛沛流離的時代，雖然歷經千辛萬苦，但行文於字裏行間，卻不見怨天尤人；有的只是對以往和艱苦環境奮鬥的懷念及對現今生活的珍惜，以及世間人事物的觀照及關懷。做為一本懷舊之作，或是清新的生活小品，本書皆為上乘之作。

⑩ 新詩補給站

渡也 著

你寫過新詩嗎？你知道如何寫一首具有詩味的新詩？本書是由甫獲得「創世紀四十周年創作獎」的詩人兼詩評論家渡也先生，深入而精闢的剖析一首新詩的形成過程，指導初學者從如何造簡單句到如何寫出一首詩，是一本值得新詩愛好者注意的書。

⑩⑤ 鳳凰遊

李元洛 著

一生從事古典與現代詩論研究的大陸學者李元洛先生，如何在放下嚴肅的評論之筆，轉而用詩人細膩的筆觸，摹寫山水大地的記行，以及人生轉逢的寄悵，書中句句是箴語，處處有真情，值得您細品。

⑩⑥ 文學人語

高大鵬 著

忙碌的社會分散了人們的注意力、淡化了人們對身旁人事物的感情，任由冷漠充填在你我四周……而本書的作者以感性的筆觸，表達了自己對身旁人事物的真心關懷，以平實的文字與讀者分享所遇所感，無疑是給每個冷漠的心靈甘霖般的滋潤。

⑩⑦ 養狗政治學

鄭赤琰 著

身處地理、政治環境特殊的香港，作者藉由動物的百態來反諷社會上種種光怪陸離的政治現象，在其輕鬆幽默的筆調背後，同時亦蘊含了嚴肅的意義。這一則則的政治寓言，讀之不僅令人莞爾一笑，更具有發人深省的作用，批判中帶有著深切的期盼。

⑩⑧ 烟塵

姜穆 著

作者是一位出生於貴州的苗族人，卻意外的捲入戰爭。在臺娶妻生子後，所抒發對戰亂、種族及親人的真誠關懷。內容深沈、筆觸清新，充分顯露在生活的烈焰煎熬下，早已視一切如浮雲，淡泊名利，將其一生的激越昂揚盡付千里烟塵中。

⑽ 河　宴

鍾怡雯　著

人間繁華的請柬處處，不如赴一場難得的野宴。聽一回水的演奏、看一場山的表演，再來細細品味鍾怡雯為您端出來的山野豐盛清淡的饗宴——極盡可口的綠、十分道地的藍，以及不加調味料的白。

⑾ 滬上春秋

章念馳　著

章太炎，這位中國近代史上的思想家、政治家，曾因領導戊戌變法失敗而流亡海外。他雖是浙江餘姚人，卻有大半輩子的歲月是在上海度過。本書是由章太炎的嫡孫章念馳先生，從家族的口述和史料中，完整的敘述章太炎的這段滬上春秋。

⑾ 愛廬談心事

黃永武　著

每個人心中都有一枝彩筆，然而在趕遠路、忙上班的歲月裏，枕頭上的日升月降中，像拋來擲去的跳丸，彩筆就這樣褪去了顏色……本書作者在辭去沈重的教職和繁雜的行政工作後，重拾心中的彩筆，為您宣說一篇篇的文學心事。

⑿ 吹不散的人影

高大鵬　著

時代替換的快速，不知替換了多少人生舞臺上出現剎那的面孔；而人類，偏又是最健忘的族群。本書中所收錄的文章，均是作者用客觀的筆，為曾替人類社會或文化默默辛勤耕耘的「園丁」們，做最真實的文字記錄。

⑪③

草鞋權貴

嚴歌苓　著

曾經叱吒風雲的老將軍，是程家大院的最高權威，九個承繼他刁鑽聰明的兒女，則個個心懷鬼胎……一個來自鄉下的伶俐女孩，被命運的安排，走入這權貴世家。威權的代溝、情份的激盪、所有內心的驕傲與傷痛，這會是怎樣的衝突，怎樣的一生？

⑪④

是我們改變了世界

張　放　著

從事文學藝術的工作者是「人類靈魂的工程師」。如果作家不能提高廣大讀者的精神生活品質，而僅為娛樂人心、滿足人們的好奇和刺激，那麼與馬戲團的小丑或兜售春藥的小販何異？故而作者不禁要問：是我們改變了世界，還是世界改變了我和你？

⑪⑤

夢裡有隻小小船

夏小舟　著

日本人參加婚禮愛穿黑色、日本料理味輕單調、日本人性格分ＡＢＣＤ、還有情書居然可以賣……於日本教書的大陸作家夏小舟，在木書除了告訴你作者旅日的見聞趣事外，也且隨她乘坐那夢裡的小小船，航行向那魂縈夢遷的故國灣港中。

⑪⑥

狂歡與破碎

林幸謙　著

你可曾聽過溯河魚的傳統？憑著當初離開河源的記憶，激勵著牠們回到了河川盡頭的故鄉。寧願冒著生命的危險，也不願成為溫暖海洋中的異鄉客。本書作者由溯河魚的傳統，引入海外華人的悲調，一種狂歡與失落、破碎而複雜的心靈面貌。

⑪⑦ 哲學思考漫步

劉述先 著

同樣的環遊世界旅行，企業家看到的是廣大的市場和商機；觀光客沈迷的是風景名勝和購物；文人墨客則歌詠人類史蹟與造物的奧祕。而哲學家呢？本書作者以其敏銳的邏輯思考，在具體的形象世界中悠遊漫步。期待您經由本書而拓寬自己的視野。

⑪⑧ 說 涼

水 晶 著

地鼠營巢於地下，專喜啃嚙花草植物的根莖。而玫瑰是酷愛陽光的美人，有潔癖，不能忍受穢物……。本書作者從事寫作近四十年來，筆墨蘸盡世間人情冷暖，猶然孜孜不倦的寫作。揮灑於字裡行間的，是一種識盡愁滋味後卻道天涼好個秋的豁達心境。

⑪⑨ 紅樓鐘聲

王熙元 著

文學博士王熙元教授，多年來一直不能忘情於散文的寫作。他的散文清新而感性，談生活點滴，筆端真情流露；論人生哲理，則深入淺出，發人深省。此外剖析文學之美，或回憶個人成長、求學的心路歷程，亦多令人有所啓發，值得一讀。

⑫⓪ 寒冬聽天方夜譚

保 真 著

本書為「青副」專欄「靜夜鐘聲」的結集。作者將其對生命與同胞的熱愛、執著，用感慨深邃的筆調，表現於一篇篇的短文中，告訴我們現今的臺灣與中國，需要我們付出什麼樣的關懷。在這些簡短的文字中，希望也能燃起我們一絲對民族的熱情。

⑫1 儒林新誌

周質平　著

本書是旅美普林斯頓大學周質平教授，將其多年在國內外的華文報章上所發表的四十多篇論述雜文結集成冊。書中呈顯出所謂海外學人的千般樣態，嘲諷中不失幽默，值得您細心體會。

⑫2 流水無歸程

白　樺　著

大陸知名作家白樺繼《哀莫大於心未死》之後又一本長篇小說。他的書取材是當代的，是改革開放後大陸所面臨的經濟文化與人慾的衝擊。書中的人物如高幹、富商、少女、情婦、歌星等，在金錢的誘惑下，一一呈顯出深沈黑暗而扭曲的人性面。

⑫3 偷窺天國

劉紹銘　著

善人走完了人生路途上天國，會幸福到什麼程度？天國的幸福，會不會只是塵世快樂的延續？在本書作者引領之下偷窺天國的結果，是否會發覺天國的無趣？永恆實在可怕，幸福和快樂如果遙遙無盡期，一樣會變為無聊、乏味。天國，是否就在當下。

⑫4 倒淌河

嚴歌苓　著

屢獲各大報文學首獎的嚴歌苓，繼《陳冲前傳》、《草鞋權貴》後又一本小說新著。內容包括十個短篇及一部中篇〈倒淌河〉。全書無論在寫景、敘事或對話，都極老練辛辣，辣得幾乎教人流出淚來。

⑫⑤ 尋覓畫家步履

陳其茂 著

出國旅行，是許多人心神嚮往的事。而世界各著名的美術、博物館，更是文人雅士們流連佇足之所。與其走馬看花、對大師們的作品僅留浮光掠影，淺嘗輒止；不如隨著畫家陳其茂教授的引領，在其敏銳且情感深致的筆觸下，一起尋覓畫家們的步履。

⑫⑥ 古典與現實之間

杜正勝 著

在古典與現實之間，一幕幕動人心弦的故事正激盪著你我的心。古典的真貌在不斷的探索中漸漸澄澈而透明。而現實的我們且懷著古典的情愫，在史學家杜正勝院士古典新詮的筆下，淺嘗歷史的滋味。

⑫⑦ 釣魚臺畔過客

彭歌 著

北京釣魚臺之盛名，並非全因這片神祕的迎賓貴地，而是在於它的歷史背景。是緣的牽引，將離去故都半世紀的作者引入這神祕的釣魚臺賓館……本書作者以纖細的筆觸，將自己多年飄泊生涯中的聞見感想，一幕幕真實清晰地展現在您眼前。

⑫⑧ 古典到現代

張健 著

涵泳於中國文學數十寒暑而樂此不疲的張健教授，在本書中除用粗筆勾勒歷代文學抽象的思潮外，更以細筆描述陶淵明、杜甫、孟浩然、王國維、魯迅、張愛玲……等文學家具象的風格與作品。篇篇都以作家的詩文為其依據，引領讀者一覽文學之美。

⑫⑨ 帶鞍的鹿

虹影 著

由一幅帶鞍的鹿畫中，牽引出一樁奇異的命案，主角和死者有著什麼樣的糾葛？帶鞍的鹿畫中又暗示了什麼樣的命運？

作者以其深沈的筆調，藉著本書各篇小說，帶領讀者走向人類心靈的深處，去探索深藏於內心的桎梏。

⑬⓪ 人文之旅

葉海煙 著

本書作者以「人鏡」自任，用經世的情、關懷的筆，鏡映出人文百態。全書集結作者對自我、社會和文化等面相的諸多觀察及反思。一字一句，皆為知識分子的圓融智慧與淑世熱忱；一言一語，盡是紛乘社會的暮鼓晨鐘。

⑬① 生肖與童年

小民 著
喜樂 圖

十二生肖在每個農曆新年來臨時，都為年節的歡樂帶來一股高潮。這些可愛的動物們，為童年的生活增添了無限的趣味。本書紀錄了作者對於十二生肖的情感，和童年難忘的美好時光。加上喜樂先生細膩的插畫，讓生肖與童年的故事，一一鮮活起來。

⑬② 京都一年

林文月 著

京都是一個新舊互容的都市，有著高樓矗立及寬敞的街道，又存有古典風味的低矮木屋與不平的石板路。作者在京都的一年中，品味著這古都對文化保存、人情往來及文藝活動的諸般樣態，藉由她的生花妙筆，使讀者沈湎於京都典雅、優閒的情調。

⑬³ 山水與古典

林文月 著

山水景致，勾起了幾許文人的多愁善感；而古典文學，又蘊含著多少古人的人生情懷。

本書探討古典作品和詩人之間的關係。筆調輕鬆而不輕浮；題材古典卻不枯燥。且邀您一同進入詩人的筆墨之間，翱遊在山水作品的世界裡。

⑬⁴ 冬天黃昏的風笛

呂大明 著

旅居法國的作家呂大明女士，以其一貫典雅柔美的風格和精緻細膩的筆觸，表達出她對生活、自然的樂觀態度。她如詩般的作品，彷如一幅幅精美瑰麗的圖畫，靜靜地訴說著對美好人生理想的浪漫情愫。

⑬⁵ 心靈的花朵

戚宜君 著

本書作者一生從事文化傳播的工作，積累數十年的工作經驗及閱讀習慣，創作出一篇篇詞美意深的勵志散文。除了用以傳達理性的知識和感性的情懷外，並深切期望本書能敲開你的心扉、溫暖你的心靈，進而耕耘你的心田，綻放出美麗的心靈花朵。

⑬⁶ 親戚

韓秀 著

人間真情不分種族國界；世間溫暖存在每一角落。在有風有雨的日子裡，亦或在恬淡如鏡的歲月中，是否有如詩般美麗的故事令人難以忘懷？是否忘了去感激那些曾經陪著你、關懷你的人呢？靜下思慮，就讓韓秀的慈心慧語洗滌你久未感動的心。

⑬⑦ 清詞選講

葉嘉瑩　著

清詞之盛，號稱中興，其作者之多、流派之盛，以及其對詞集之編訂整理，對詞學之探索發揚，種種方面之成就，固已為世所共見。作者以其豐富的文學涵養，旁徵博引地賞析其所鍾愛的清詞，相信定能讓讀者流連忘返於清詞的世界中。

⑬⑧ 迦陵談詞

葉嘉瑩　著

本書為以詩詞涵養享譽國內外的葉嘉瑩教授，繼《迦陵談詩》之後又一精緻力作。從詩歌欣賞入門到分析溫韋馮李四家詞風，兼論晚唐五代時期在意境方面的拓展等，作者以其細膩的詩心，帶領讀者一起感受詞中的有情天地。

⑬⑨ 神樹

鄭　義　著

曾以《老井》獲東京影展最佳編劇的作家鄭義，在因八九民運遭當局通緝而流寓異國之後，他以一個村落、一棵「神樹」，具體而微地映現當代中國的重重劫難。形象化的語言，原始潑辣的書寫，在魔幻詭麗的背後，透露出對生命與死亡的真實關懷。

國立中央圖書館出版品預行編目資料

古典與現實之間／杜正勝著.--初版.
--臺北市：三民，民85
面；　公分.--(三民叢刊；126)
ISBN 957-14-2381-5 (平裝)

1. 史學-論文，講詞等

607　　85000205

© 古典與現實之間

著作人　杜正勝
發行人　劉振強
著作財產權人　三民書局股份有限公司
臺北市復興北路三八六號
發行所　三民書局股份有限公司
地　址／臺北市復興北路三八六號
郵　撥／〇〇〇九九九八——五號
印刷所　三民書局股份有限公司
門市部　復北店／臺北市復興北路三八六號
重南店／臺北市重慶南路一段六十一號
初　版　中華民國八十五年三月
編　號　S 85326
基本定價　肆　元
行政院新聞局登記證局版臺業字第〇二〇〇號

ISBN 957-14-2381-5 (平裝)